人間はなぜ歌うのか？

人類の進化における「うた」の起源

ジョーゼフ・ジョルダーニア 著
森田　稔 訳

人間はなぜ歌うのか？　目次

第二部　人間はなぜ歌うのか？

第3章　人類の歌唱の起源　「歌」と「戦争」　121

column

凡例

(1)本書の英語版（LOGOS社刊）の章立ては全4章および「結び」となっているが、日本語版では第4章を二つに分け、後半を第5章とした。
(2)原著者は「歌う行為」にあたる用語にはすべて"singing"という単語を用いているが、邦訳においては前後の文脈に即して「歌うこと」「歌唱」「歌」「歌う」など異なる訳語を使い分けている。同様に、"choral"という単語は"choral polyphony"の場合「合唱ポリフォニー」、"choral singing"の場合は「合唱歌唱」あるいは「一緒に歌う（こと）」「声を合わせて歌う（こと）」など、前後の文脈によって訳語を使い分けている。"vocal polyphony"（声楽ポリフォニー）と"choral polyphony"は文中で使い分けられることがあるが、実質的には同じ意味で用いられている。
(3)本書に登場する外国人名のカナ表記については、その出身地での発音に最も近いと思われる表記を採用した。
(4)詳細な出典や解説が必要と思われる箇所には章ごとに註番号を振り、巻末に一括して出典・解説を掲載した。原著者があらかじめ原文に付した出典に加え、日本の読者のために、訳者と編集部が出典と註を補っている。
(5)原著者による文中の補足註は（）で示し、日本の読者のために訳者・編集部が補った註は〔〕によって示した。
(6)第1章に掲載した世界のポリフォニーとモノフォニーの分布地図は、本文の記述を視覚的に分かりやすくするために、原著者の作成した地図の提供を受け、著者の監修のもとに編集部で新たに作成し直した。
(7)第1章に掲載した地域ごとの「世界の歌う様式の分布」一覧表は、文中の多岐にわたる内容を分かりやすくするために、本文の記述にしたがって事項を整理し、一般的な地域分類にしたがって表にしたものである。
(8)日本国内におけるグルジアの国名表記については、二〇一五年四月にジョージアと改称されたが、本書の翻訳は改称以前に開始されたため、本書ではそのままグルジアと表記している。

序　「音楽の起源」をめぐる探究の広がり

「人はなぜ歌うのか」という疑問は、人類の進化の過程における最大の謎の一つである。チャールズ・ダーウィンは、この問題に頭を悩ませた最初の人物の一人である。『人間の進化と性淘汰』（一八七一）で、彼は「音楽を楽しむことも、音楽をつくり出す能力も、ともに人間の通常の生活に直接の役には立っていないので、これは人間に備わっている能力のなかでも、最も不思議なものの一つに数えられるべきだろう。★1」と述べた。他の多くの学者たちも同様に、歌唱のように非常に時間と精力を消費する現象が、あらゆる社会、文化、そして地域に、なぜこのように普遍的に拡がっているのか、疑問を感じていた。

「音楽の起源」に関する問題は、学者たちのあいだでは長いこと忘れられていた。ところがこの十年ほどのあいだに、突然、この問題に対して爆発的に関心が集まってきた。音楽の起源について、二十一世紀の最初の十年間に、二十世紀全体を通じてよりも多くの本や論文が出版された。音楽学者だけでなく、心理学者、言語学者、考古学者、進化生物学者、霊長類学者、人類学者、哲学者、神経学者たちが、音楽の起源をめぐって執筆を始めた。音楽の起源に対するこのような興味の爆発は、人間の脳の中で行われていることに関してわれわれの理解が進んだこと、さらに、『音楽の起源』★2（一九九九）という草分け的な一冊の本が出版されたことに由来している。新しい情報とともに、二、三十年前には存在しなかった新しい疑問が生じてきたのである。

最も重要な新しい疑問、まさに本書が答えようとしている疑問は、人間が歌ったり、音楽を聴いたりするとき、生存上の危機に直面したときにだけ活性化する人間の脳の最も古い層が、なぜ活性化するのかという点である。

このように音楽の起源に対する興味があらわになっても、人間の進化に関する音楽の機能の問題は謎のままであり、学者たちはこの問題について、非常に多様な態度を示している。

ジョン・バロウやダン・スペルベル、スティーヴン・ピンカーらは、人類の進化のうえで、音楽には生存上の価値はなかったと考えている。ピンカーは、「音楽がわれわれの種から消えてなくなっても、われわれの他の生活様式には実質上何の変化もないだろう」[★3]と明言した。

ハーバート・スペンサーとクルト・ザックスは、「歌や音楽は人間の言語の発達の結果である」と考えたし、チャールズ・ダーウィンやジェフリー・ミラーは、「歌や踊りは異性を惹きつける機能を持つものである」と考えた。

ジョン・ブラッキング、ウィリアム・ベンゾン、エドワード・ハーゲン、そしてグレゴリー・ブライアントは、音楽は人間社会に結束性を生み出す重要な手段であったと信じている。

カール・シュトゥンプは音楽を遠距離通信の手段であると考えたし、カール・ビュヒャーは音楽の起源を労働作業中のリズム運動と関連づけた。

ジークフリート・ナーデルは、音楽が宗教儀礼における神聖な言語として生まれたと提起した。

ロジャー・ウェスコットは、初期の人間の通信手段は歌ではなく、口笛であったと考えた。

イヴァン・フォナジーは、音型がわれわれの祖先のあいだで直接的に意味を伝えたという考えを提案した。テカムゼー・フィッチは、人間が太鼓を叩く行為はアフリカの類人猿のドラミング行動と直接的に関係していると考えた。トマス・ガイスマンは、人間の集団的歌唱とテナガザルの集団的に統一された歌唱とのあいだには関係があるだろうと述べた。エレン・ディッサナヤケは、母親と新生児とのあいだのコミュニケーションが、音楽の起源への鍵となっていると論じた。

歌唱や音楽の起源に関しては多様なアプローチやモデルがあるが、本書の筆者は、歌唱や音楽は、上述した学者たちのどの主張よりも、われわれの種の進化の歴史において重要な役割を果たしたと考える。

本書の中核をなす考えはきわめて単純であり、同時にきわめて複雑でもある。私は歌唱が人間の進化の歴史においてきわめて重要な機能を持っていたと考える。われわれの祖先を肉食獣から守ってくれたのも、われわれの祖先に食物を与えてくれたのも、人間の知性や道徳性や宗教を生んでくれたのも、人間の体型や容貌を形成してくれたのも、芸術や芸術的変容の神秘を与えてくれたのも、歌うことであった。それゆえ、本書は歌うことの起源について検証するが、実際には人類の進化に関する本である。本書で、歌唱に関する本では論じられないような、多くの巨大な問題が論じられているのは、そのような理由による。

以上のような目的から、本書はきわめて性格の異なる六つの章から構成されている。第1章では、世界の合唱ポリフォニーの多様性に興味を抱く読者が、この主題に関して数多くの情報を見出すだろう。第2章は、もっぱら合唱ポリフォニーの比較研究にあてられている。第3章は、人類の進化と人類の体型や行動に関連する音楽の役割を知りたい読者が、特に関心を抱かれるだろう。第4章では人間の知性や言語の起源について、第5章では分節した発話の発生から無意識の心という神秘にいたるまで、結びの「まとめ」へとつながる広範な話題が扱われている。

二〇〇六年に、筆者は『誰が最初の質問を発したか？ 人類の合唱歌唱、知性、言語、発話の起源』★4という表題で、人間の質問を発する能力に関する本を出版し、それに対して民族音楽に関する国際的な賞である「小泉文夫音楽賞」★5を受賞した。本書のタイトルからも、筆者が質問を発することを好むのは明らかである。本書の題名もまた疑問形になっているが、これは偶然ではない。読者諸氏は本書を読むにあたって、数多くの疑問を用意しておいていただきたい。

以下、本書で問われ、解答を与えられるであろう疑問を、いくつか列記しておこう。疑問のいくつかは人間の歌う能力に直接関わるであろう。

・人間はなぜ歌うのか？
・人間はなぜハミングをするのか？
・人間はなぜ口笛を吹くのか？
・人間はなぜ踊るのか？
・人間はなぜ音楽を聴くのが好きなのか？
・人間はなぜいっしょに音楽すると楽しいのか？

・音楽と踊りはなぜ密接に関わっているのか？
・われわれはなぜ、体を動かしながら音楽のビートに乗ろうとする衝動を感じるのか？
・ある音楽様式では聴いているときに音を出してはいけないのに、なぜ別の様式では演奏に合わせて手を叩いたり、いっしょに歌ったりしてもよいのか？
・ある人々は他人の歌の些細な間違いでも聴きとることができるのに、なぜ彼ら自身はそれに合わせて歌うことができないのか？

本書で、歌唱と音楽の進化を論じていくにつれて、歌唱の歴史についてさらに多くの疑問が生じてくるだろう。

・人間はいつ歌い始めたのか？
・歌うことの本来の機能は何であったのか？
・人間はポリフォニーによる歌唱をいかにして、また、なぜ発達させたのか？
・なぜ、ある文化では単旋律《モノフォニー》で歌うのに、別の文化では複旋律《ポリフォニー》で歌うのか？
・なぜ人間は、地上に住みながら歌う、唯一の種なのか？
・なぜ人間だけが、音楽の同じリズムに合わせて集団で歌うことができる種なのか？
・なぜ歌の伝統は弦楽器の伝統よりも、吹奏楽器の伝統のほうに近いのか？
・なぜ男性の声は女性の声と比べて、これほどに低いのか？

本書で扱われる疑問の一部は、「歌う」ということのさらに不思議な現象に関連している。

・音楽があらゆる文化において、肉体的および心理的障害の治療に用いられるのは、なぜか？
・多くの人々とともに歌ったり詠唱したりするのが心地よいと感じるのは、なぜか？

・歌うことは人間の宗教や信条と、どのように関係しているのか?
・一部の音楽家たちが、宗教指導者のように熱狂的なファン心理を獲得するのは、なぜか?
・メトロノームに合わせるよりも、人の打つビートに合わせるほうがやさしいのは、なぜか?
・すべての新生児が同じ音程で産声を上げ、絶対音感を持っているのは、なぜか?
・人類のすべての言語で、質問の抑揚が同じなのは、なぜか?
・エレベーター、ショッピング・モール、スポーツ・イヴェント、選挙運動、葬式、外科手術など、最もふさわしくない場で音楽が演奏されるのは、なぜか?

われわれは歌や音楽の聴取に結びついた脳の活動に関する、いくつかの重要な問題についても議論する。

・歌唱活動によって活性化する部位が、われわれの脳の深層部位、つまり、生存の危機に関わる身体活動の部位であるのは、なぜか?
・リズミカルな音楽を聴くことが、人間を催眠状態やトランス状態に導く最も良い手段のひとつであるのは、なぜか?
・脳に損傷を受けて過去のことを何も思い出せない人が、何十年も前に学んだ音楽作品を覚えているのはなぜか?
・脳にひどい損傷を受けて、自分の名前もはっきりと言えない人が、上手に歌をうたい、歌詞をすべて明確に歌えるのは、なぜか?
・恐怖を感じたときに、人が口笛を吹くのは、なぜか?
・気分が良いときに、人がハミングするのは、なぜか?

さらに、われわれは人間が歌うという問題とは、ほとんど何の関係もない、いくつかの問題も検討する。

・鳥は地面に降りているときには、なぜ歌うのをやめるのか？
・木の上や水の中にいて歌うほうが安全なのはなぜか？
・兵士たちが戦闘に出発する前に、大音量のロック音楽を聴くのはなぜか？
・ある人々が好んで独り言をいうのはなぜか？

そして最後に、読者は本書のなかに、「歌う」という話題とはまったく関係もなさそうに思われる数多くの疑問が溢れているのに気づくことになろう。

・人はなぜ長い髪を持っているのか？
・人はなぜ長い脚を持っているのか？
・人はなぜ眉を持っているのか？
・人はなぜ二本足で歩くのか？
・人はなぜ汗をかき、体臭があるのか？
・人の祖先はなぜ人食いの風習を持っていたのか？
・人とライオンの進化の歴史には、なぜ密接な関係があるのか？
・人はなぜ、吃音になったり、失読症になったりするのか？
・なぜアメリカン・インディアンよりもアフリカ人のあいだに、吃音が多いのか？
・中国には、なぜ専門の言語療法士がいないのか？
・人間の衣装の進化上の機能は、何であったのか？

・人間は、なぜ身体や顔を飾りつけるのを好むのか？
・オスのライオンは、なぜたてがみをもっているのか？
・クジャクは、なぜ驚くほど美しい尾をもっているのか？
・なぜ人間が質問することのできる唯一の種であるのか？
・複雑な疑問にも答えられるほど知的であるのに、なぜ質問を発することのできない人がいるのか？
・ジャクリーヌ・ケネディはJ・F・ケネディ大統領が射殺されたとき、動いている車から飛び降りたことをなぜ覚えていなかったのか？
・ジークムント・フロイトは、なぜ音楽を好まなかったのか？
・なぜ人間のさまざまな文化に仮面が普遍的なのか？
・なぜある人々は、二つのアイデンティティを持つのか？
・われわれの心の無意識の、進化上の機能は何か？

疑問、疑問、疑問。何百という疑問。すでに指摘したように、ある疑問は歌うことと直接的に関わりがあるが、多くの疑問はほとんど関係がなく、あるものは歌唱という主題とはまったく無関係だと思われるだろう。本書の中で著者は、これらすべての疑問が人類の進化という偉大な歴史の中で、たがいに密接に関連し合っていることを論じ、疑問に答えようと試みる。

どんな場合も同じであるが、このような疑問に答えることは、また数多くの新しい疑問を生みだすことにもなるであろう。

第一部

世界に分布する歌のポリフォニー様式

第1章

モノフォニーとポリフォニー

†世界の「歌う」様式の分布図

歌うことを知らない人間の文化は存在しないが、文化によって、歌うことは非常に異なる役割を果たしている。ある文化では、歌うことは話すことと同じくらいに自然なこととされており、その社会の構成員全員が歌うものと考えられている。中央アフリカのピグミー族はその一番よい例といえるだろう。ピグミーの社会では全員がすぐれた歌い手であり、和音で歌うことができ、複雑な裏声《ヨーデル》の技法を持つ伝統的な合唱に参加することもできる。このように驚異的な音楽的能力がありながら、ピグミーには職業音楽家が存在しない。

まったく反対に、大半の大人は歌わず、歌うことが職業の一つと考えられている社会がある。産業化された社会の多くが、このようになっている。たとえば、メルボルンで私の合唱団に参加している中年の人々は、最後に歌ったのは小学生の頃のことだったと語っている。基本的に、現代の人々は大人になってから一音符も歌うことがなくても、じゅうぶん成功した人生を送ることができる。

一般化するのは危険ではあるが、人々が伝統的な文化との関わりを失うと、社会において歌うことの役割が減少するということは言えるだろう。多くの西欧社会で人々があまり歌わなくなっているのはそのためである。興味深いことに、西欧の諸文化で一般の人々が歌わなくなるにつれて、それとは対照的な発展も見られる。合唱団で歌うことが、人々の心理と身体の健康によいこととして数多くの研究によって推奨され、その結果、西欧諸国では歌をうたったり、地域の合唱団に参加することがますます多くなっている。

今日の世界で歌唱の形態がどのように分布しているかを検討する前に、人間社会には基本的に異なる二つの歌唱の形態、つまり、一人で歌う場合と、いっしょに歌う場合とがあることに着目しよう。本書では主として、いっしょに歌う伝統を扱うので、集団による合唱歌唱に話題は集中するが、まずはじめに現存するさまざまな文化を調べて、あるところではなぜ一人で歌い、また別の所ではなぜ集団で歌うのかを検討することにしよう。

モノフォニー　一人で歌う

「モノフォニー」とは、端的にいえば、一声《ワン・パート》で歌うことである。たとえば、母親が自分の子供に子守歌をうたったり、熟練した職業歌手が舞台で《江差追分《えさしおいわけ》》という日本の美しい旋律を歌ったりするのは、モノフォニーである。残念ながら、この用語は見かけほど単純ではない。グループによる歌唱も、ときに、モノフォニーと呼ばれることがあるからである。これは全員が同じ旋律を歌う場合である。たとえば、誕生会で人々がいっしょに「ハッピー・バースデイ・トゥ・ユー」と歌うとき、これもまたモノフォニーの歌唱である。音楽の専門用語で言えば、「ユニゾン（斉唱）」による歌唱ということになる。

読者の中には、一人で歌うことと、大きな集団の人々が歌うこととを、同じ用語で呼ぶのが果たして正しいのだろうかと、疑問を抱く人もいるかもしれない。私自身も、一人の歌い手によるモノフォニーと、集団によるモノフォニーには、重要な違いがあると思うし、これらのあいだには明確な区別を設けなくてはならないと考える。

音楽を音楽的な観点からのみ考察する音楽学者のあいだでは、一人が歌ってもグループが歌っても、いずれも「モノフォニー」と呼ぶのが一般的である。音楽的に考えれば、集団の人々が歌っても、同じ旋律を歌っているのであれば、同時に聴こえるのは一つの音程だけであるから、これはモノフォニーである。

しかし、歌うことは、単なる音楽現象ではなく、それは同時に重要な社会現象でもある。社会的な視点から見れば、大きなグループの全員が同じ旋律を歌っているのと、一人が歌っているのとでは、大きな違いがある。私は、一人の歌い手が歌う旋律は「社会的モノフォニー」と呼び、その歌が二人以上の歌い手によって歌われるなら、これは「社会的ポリフォニー」と呼ぶべきであると考える。社会的ポリフォニーでは、歌っているときに、歌い手のあいだに協力関係や社会的な協同作業が存在することを意味する。共通の響きを達成するために、歌い手たちはたがいに音程やリズムを合わせなければならないからである。

歌い手が一人の場合には、旋律は一つだけだし、歌っているのも一人だけであるから音楽的にも社会的にもモノフォニーである。しかし、たとえばサッカー・チームのサポーターの大集団がいっしょにクラブの応援歌を歌っていれば、それは音楽的にはモノフォニーであるが、社会的にはポリフォニーなのである。

ポリフォニー　いっしょに歌う

「ポリフォニー」という用語は、基本的には、一群の歌い手たちが異なる声部を歌うことを意味する。さらに詳細に考察すれば「ポリフォニー」という用語は、きわめて複雑である。第一に、いま述べたように、歌手の大集団が同じ旋律を歌っていれば、音楽的には、これはモノフォニーということになる。

　いっぽう、「ポリフォニー」という用語の意味について、専門の音楽学者や民族音楽学者のあいだでも、ときとして意見が異なる。「ポリフォニー」という言葉には、「狭い」意味と「広い」意味が存在し、「ポリフォニー」という用語は、異なる声部間の組み合わせが複雑で、それぞれの声部が他の声部の旋律から独立しているとき（たとえばバッハの作品におけるような）にだけ用いるべきであると考える人々がいる。これはこの用語の狭い考え方である。いっぽう今日では、ほとんどの民族音楽学者は、歌い手が分かれて歌うすべての型に「ポリフォニー」という用語を用いる。これは「ポリフォニー」という用語の広い解釈である。

　本書では、ポリフォニーという用語を、その広義の意味で用いている。つまり、ここでいうポリフォニーは、声部に分かれて歌うすべての種類の歌い方を意味し、各声部が独立している複雑なポリフォニーの形式については、「対位法的ポリフォニー」という用語を使うことにする。

　ポリフォニーにはいくつかの類型があり、学者たちは、それらを分類しているので、基本的なポリフォニーの類型を、ごく簡単に検討しておこう。

（1）**ドローン・ポリフォニー**　少なくとも一つの声部が持続する長い音（ドローン）を用いるようなポリフォニーの型である。ドローンは、上声部・中声部・下声部、どの声部にあってもよい。ドローンはまた長い一つの母音（たとえば、「ウー」）でもよいし、同じ音程上であれば、歌詞を発音してもよい。

（2）**オスティナート・ポリフォニー**　広く知られているポリフォニーの型で、短く反復されるフレーズ（オスティナート）を用いる。オスティナートは一つの声部だけでも、複数の声部にあってもよい。ポリフォニーの伝統においては、すべての声部がオスティナートになっているような場合もあり、それに対してはは「トータル・オスティナート」という用語も使われている。

(3)平行ポリフォニー　この型のポリフォニーは、すべての声部の平行した動きに基づいている。さらに異なる型の平行ポリフォニーもあるが、ここでは詳細には立ち入らない。

(4)カノン風ポリフォニー　この型のポリフォニーでは、すべての声部が同じメロディを歌うが、歌い始めが、最初の声部よりも少しずつ遅れる。このタイプの歌い方は「ラウンド（輪唱）」として広く知られている。「模倣ポリフォニー」という別の名称もあり、同じような意味で（特にクラシック音楽で）用いられるが、われわれは主として「カノン風ポリフォニー」という名称を用いる。「模倣ポリフォニー」は一般に芸術音楽で用いられている。

(5)ヘテロフォニー　この型の歌い方では、すべての歌い手が同じ旋律を歌うが、どの時点でも同じ一つの音程しか聞こえないユニゾン（斉唱）とは異なり、ヘテロフォニーでは歌い手たちが同じ旋律を少しずつ異なったかたちで歌うので、少なくともところどころで二つ以上の音程が聞こえる。民族音楽学者の中には、ヘテロフォニーをポリフォニーの一つの型とは考えない人もいるので、本書では、「ヘテロフォニー的ポリフォニー」とは呼ばずに、単に「ヘテロフォニー」と呼ぶことにする。

このように、世界のさまざまな地域に、さまざまな型のポリフォニーが分布している。たとえば、ドローン・ポリフォニーはヨーロッパの歌唱伝統で特に重要であり、平行ポリフォニーはアフリカの歌唱伝統に、オスティナートはおそらく世界で最も広範に分布している。ヘテロフォニーは東ヨーロッパで特に重要である。また、カノンは伝統的音楽には比較的少ない。しかし、このような一般化は決して厳密なものではなく、一つの文化の中でほとんどすべての型のポリフォニーを聞くことができる地域もある。

「歌う」ということが音楽的であると同時に、社会的側面を持っていることを思い起こせば、ポリフォニーは、音楽的には歌い手たちが少なくとも二つの異なる音程を歌うことであるが、社会的には複数の歌い手の相互作用を意味する。

世界の歌唱様式の多様性は驚異的である。一人の人間が同時に二つの異なる音程（！）を発する様式さえもが存在する。この様式では、歌い手は長い音（すでに指摘した通り、ドローンと呼ばれる）を出しながら、この長い音の上方で、口笛のような音の旋律をも生じさせる。高い音程の旋律は倍音（ハーモニックス）に基づいているので、「倍音唱法」とか「ハーモニックス唱法」と呼ばれる。中央アジアやモンゴルの倍音歌手を聴いたことがあれば、私の言っている意味をすぐに理解できるだろう。

つまり、倍音唱法は音楽的ポリフォニーと社会的モノフォニーとの特異な組み合わせということになる。本書ではあとでこの歌い方の起源を検討するが（第２章１０９頁）、とりあえず、音楽と社会の諸要素について、ありうる四つの組み合わせを整理しておこう。

（１）一人の歌い手が一つの旋律を歌う：社会的にも、音楽的にもモノフォニー
（２）一つのグループが同一の旋律を歌う：社会的にはポリフォニーだが、音楽的にはモノフォニー
（３）一人の人が二つの声部を歌う：社会的にはモノフォニーだが、音楽的にはポリフォニー
（４）異なる声部をグループで歌う：社会的にも音楽的にもポリフォニー

◉モノフォニーとポリフォニーの分布地図

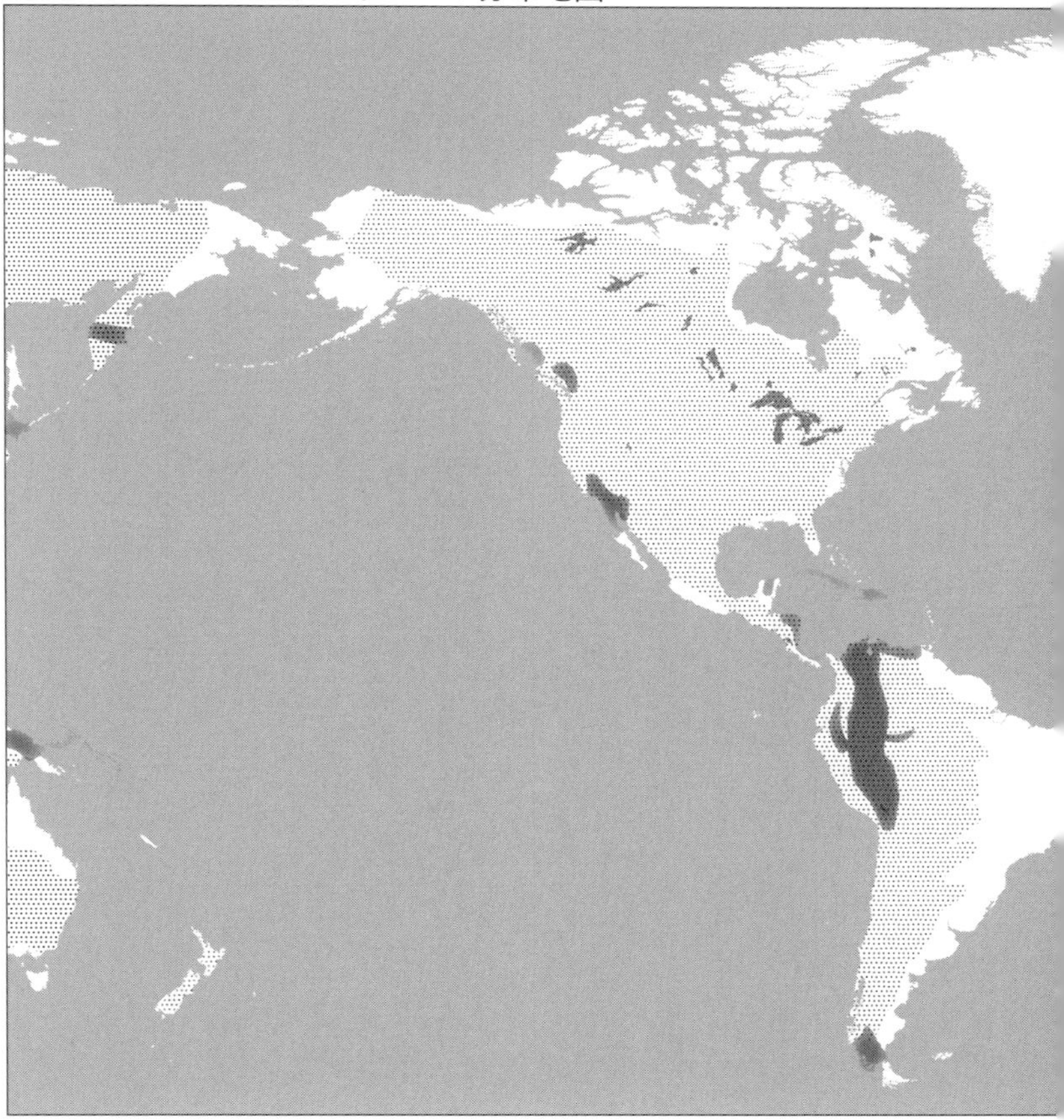

…ポリフォニーの地域

…モノフォニーの地域

本書ではこれ以後、「ポリフォニー」という用語を、ポリフォニーの音楽的要素と社会的要素が同時に存在する歌唱様式〔先述の（2）（3）（4）の様式〕に関して用いることにする。

本書の中心的な研究主題はポリフォニー歌唱の起源である。一般にポリフォニーは、モノフォニーから、後になって文化的に発展したものと考えられている。このような考え方は音楽史家にとってはきわめて自然であるから、誰もそのことを証明しようとしてこなかった。永いあいだ、これは自明の理であった。ダーウィン（一八〇九〜一八八二）でさえ一八七一年の著書『人間の進化と性淘汰』において、「ヘルムホルツは人間の耳に協和音が快適で不協和音が不快である理由を、生理学的原理に基づいて説明した。しかし、和声の音楽は後の発明であるから、われわれはこのようなことにほとんど関心がない」[★1]と書いた。よく知られているように、ダーウィンは人間の進化に関わりのありそうな古代の現象に興味を抱いただけであった。しかし、のちに第3章で検討するように、人間のポリフォニーによる歌唱は、人類進化の初期段階で重要な役割を果たした可能性がある。二十世紀に至るまで、ポリフォニーによる歌い方は中世キリスト教会の修道士たちが九世紀に考案したものだと固く信じられてきた。しかし、蓄音機による録音技術が導入されて以来、世界のさまざまな地域のポリフォニー音楽の録音が蓄積され、ポリフォニーは中世の修道士たちが「考案」するよりもずっと以前から、伝統音楽において存在してきたことが明らかになった。

二十世紀前半におけるポリフォニー歌唱に関する最大の権威、ドイツ人学者マリウス・シュナイダー[★2]は、ベルギー人学者ポール・コレールとともに、ヨーロッパの職業音楽におけるポリフォニーは伝統音楽に由来すると主張した。[★3]今日、このような考え方は広く認められており、現代の学者たちのほとんどが、ポリフォニーは伝統音楽において本来モノフォニーであった歌唱から発展してきた文化的所産であると考えている。

だが、本書において私が語ろうとしているのは、ポリフォニー歌唱がモノフォニー歌唱のあとから文化的に発展して生まれたのではなく、反対に、モノフォニーがポリフォニー歌唱という古い伝統を失い、音楽文化がだんだんと職業化した結果として、ずっと後になって人類の歴史に現れたということなのである。

私の考えでは、ポリフォニー歌唱の起源は、他の諸芸術形式と同様に、人類の生存戦略と直接的にかかわっており、したがって、ポリフォニー歌唱の起源は人類の進化という脈略の中で検討されなくてはならない。いっぽう人類の進化の研究は、音楽やその他の芸術（舞踊、絵画）の起源を考慮に入れずには成り立たない、と考えるのである。

そこでまず、人間社会における独唱歌唱《モノフォニー》と合唱歌唱《ポリフォニー》の起源や機能の検討を始める前に、現在の世界の伝統的声楽ポリフォニーの分布状況を確認しておかねばならないだろう。

世界の声楽ポリフォニーの分布

民族音楽学者たちは、世界のさまざまな地域に異なるポリフォニーの伝統があることを知ると同時に、ポリフォニーの伝統がモザイク状に、ところどころに分布していることに戸惑いを感じてきた。世界のある地域では全体的にモノフォニーが支配しているのに、別の地域はもっぱらポリフォニー的である。また、ある地域ではモノフォニーが支配的であるのに、そのなかに孤立したポリフォニーの孤島が存在する、というように。

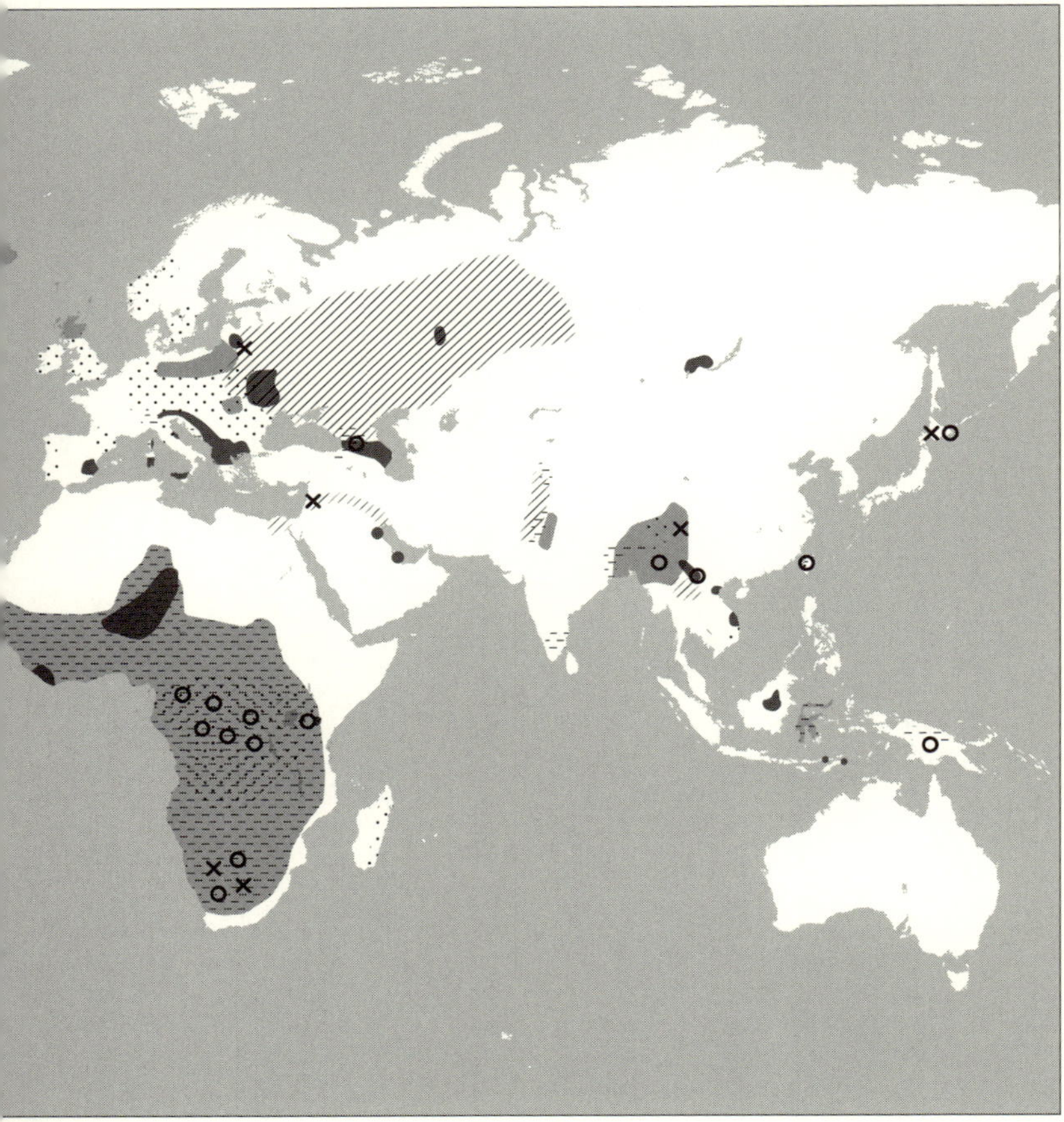

●世界のポリフォニー類型の分布地図

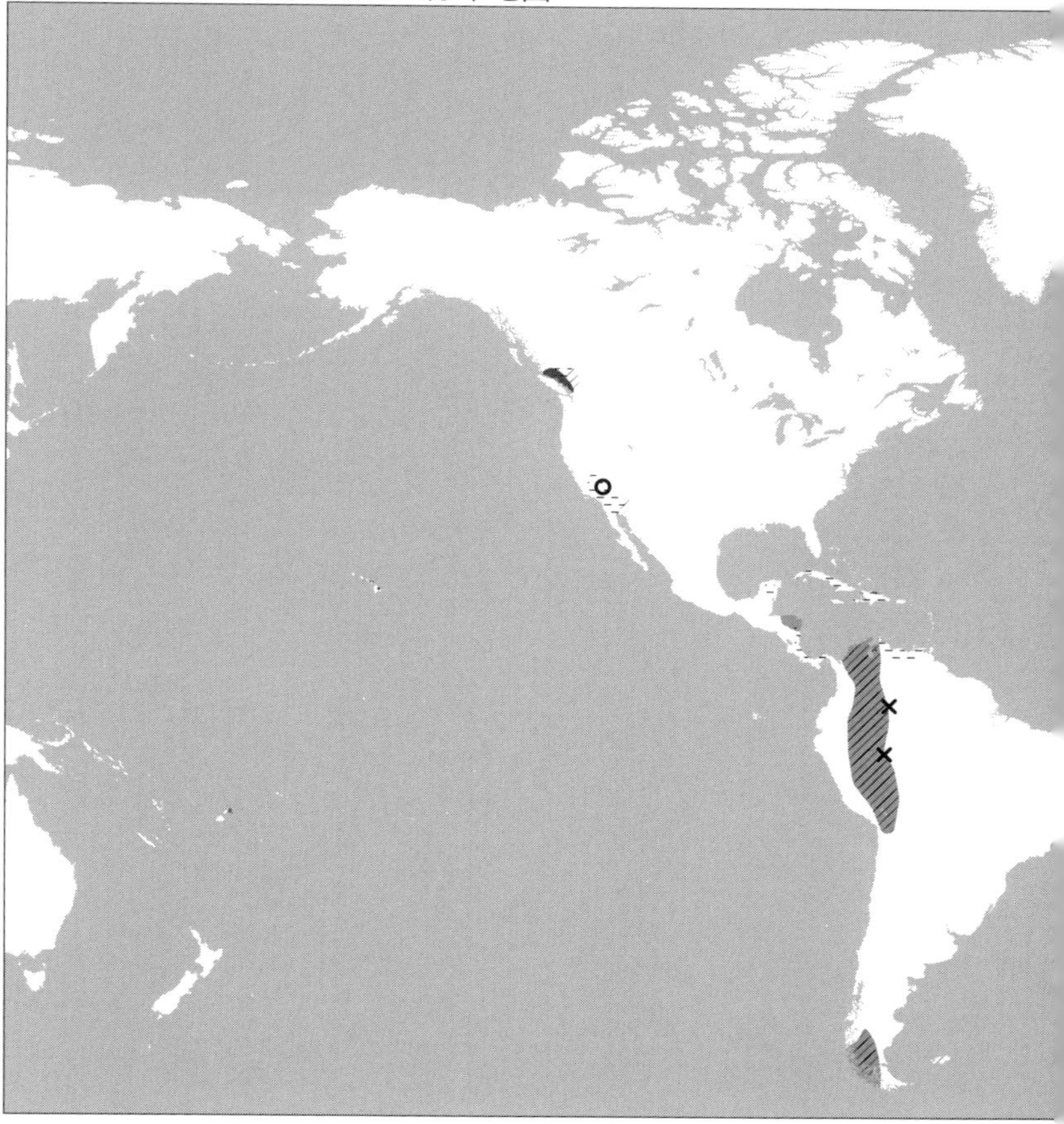

■…ドローン・ポリフォニー
▭…オスティナート・ポリフォニー
▨…ヘテロフォニー
■…平行ポリフォニー
⬚…和音的ポリフォニー
×…カノン風ポリフォニー
○…対位法的ポリフォニー

民族音楽学者たちのポリフォニーという概念についての関心や、ことにポリフォニーの起源の問題に対する強い興味にもかかわらず、世界におけるポリフォニーの分布に関する情報はほとんど見当たらない。マリウス・シュナイダーの『多声音楽《ポリフォニー》の歴史』★4（一九三四〜三五、一九六九第二版）と、本書の著者の二冊の本（一九八九★5、二〇〇六序章★4）が、世界で知られているポリフォニーの伝統を明示しようと試みた実質的に唯一の著作である。（本書は専門の音楽家や音楽学者だけでなく、一般の読者を対象としているので、譜例は使用しないことにしたが、もしさまざまな文化におけるポリフォニーの楽譜例を見たいと思われるなら、前出の『誰が最初の質問を発したか？』（二〇〇六）と、『人類の文化と進化における合唱歌唱』（二〇一五★6）を参照していただきたい。）

世界で最もポリフォニー的な地域は、アフリカのサハラ砂漠以南の地域、ヨーロッパ、メラネシア、そしてポリネシアである。アジアと両アメリカ大陸はもっぱらモノフォニー的であるが、同時にそこには、きわめて興味深い孤立したポリフォニーの伝統もある。世界におけるポリフォニーの分布の全体像を見るには、「世界のポリフォニー類型の分布地図」（３０頁）を参照されたい。

◆アフリカ

一般的な考えによれば、アフリカ大陸は地球上で最もポリフォニー的な大陸である。この印象は決して誇張とは言えず、アフリカには目立って強力な音楽の地方的伝統がある。ブルースやロックをふくめて多くのポピュラー音楽のジャンルがアフリカに起源を持っている。

音楽的にみると、アフリカは三つの区域、つまり、北アフリカ、サハラ砂漠以南のアフリカ、そしてサハラ砂漠に分けられる。これらの地域は声楽ポリフォニーの伝統という点に関して、大きく異なっている。

北アフリカ

北アフリカは世界中でも、最もモノフォニー的な地域の一つである。独唱歌唱、ことに職業的歌手に名人的な楽器演奏（しばしば楽器のアンサンブル）による伴奏がついたものが広く普及している。ベドゥイン人のあいだと、エジプトやオマーンでは、ポリフォニーの要素が少し見られる。

サハラ砂漠以南のアフリカ

サハラ砂漠以南のアフリカは、北アフリカと好対照をなしている。北アフリカが、世界で最もモノフォニー的地域であるのに対し、サハラ砂漠以南のアフリカは、世界でも最も声楽ポリフォニーが活発に行われている地域である。サハラ砂漠以南のアフリカには、グループによるポリフォニー歌唱の生きた伝統を持たない社会は、ほとんど見出すことができない。アフリカ文化ではリズムと舞踊が非常に重要で、あるアフリカの伝統音楽家は、「それに合わせて踊ることができなければ、それは音楽ではない」というほどである。

サハラ砂漠以南のアフリカ社会では、演奏の実践もまた際立っている。社会の中には「聴衆」と「演奏家」の区別がなく、社会の全構成員が演奏に積極的に参加するのである。有料の演奏会においてさえ、聴衆は歌ったり、手を叩いたり、踊ったりして演奏に参加する。演奏会へ行くことはネイティヴ・アフリカンにとって、たいていの西洋人の場合とは異なっている。シムハ・アロムが指摘したように、アフリカでは「人々は〝音楽を聴きに〟行くのではなく、〝音楽をいっしょにやりに〟行く」のである。[★7] アラン・メリアムは「アフリカでは（演奏家と）聴衆との区別は、われわれの文化におけるように明確ではない。アフリカのある地域では、文化的に、ほとんど全員が音楽的能力に関して同等であることが期待されている」と述べている。[★8] もしあなたがアメリカでアフリカ系アメリカ人の教会に行ったことがあれば、おそらく同様の経験をしたことだろう。

アフリカの伝統的歌唱におけるもう一つの重要な特徴は、歌唱と言語とのあいだに非常に緊密な関係があるということである。サハラ砂漠以南のアフリカの言語は、中国語やヴェトナム語、多くのアメリカ先住民の諸言語と同じく音調的であり、つまり、発話での音程差が単語の意味を変える。そのために、アフリカで最も多くみられるポリフォニーの型は平行ポリフォニーである。つまり、すべての声部が同じ方向に動くのである。

サハラ砂漠以南のアフリカの声楽ポリフォニーの分布を検討する際に、東、中央、南、そして西アフリカという分割に従うことにする。

東アフリカ　東アフリカでは、ポリフォニーはほとんどが旋律線の平行進行に基づいている。ケニアやタンザニアのマサイ族には、アフリカとしては少し変わったドローン・ポリフォニーがある。タンザニアのワゴゴ族には特徴的な歌唱様式があって、ユニークな音階と平行ポリフォニーと裏声《ヨーデル》の技術の広範な使用とが組み合わされている。エチオピアのドルゼ族のポリフォニーは、異なる声部が六つにも達する。

現代に関していえば、東アフリカはヨーロッパの合唱歌唱の様式を他のアフリカのどの地方よりも早く取り入れたと言えるし、ここではヨーロッパの合唱音楽、アフリカ系アメリカ人のゴスペル、そして地域の伝統との混淆が最も盛んである。

中央アフリカ　中央アフリカの歌唱様式は、ピグミーの特異な音楽伝統のために際立っている。ピグミーのポリフォニーは世界でも最も複雑なポリフォニー伝統の一つである。裏声《ヨーデル》の技法がピグミーのポリフォニーの最も大きな特徴である。ピグミーの歌は歌詞を持たないことが多く、その結果、旋律はいっそう自由に動く。ポリフォニーはオスティナートと対位法的ポリフォニーに基づいており、それぞれの歌い手たちは、短い反復的フレーズを延々繰り返しながら歌う。

ピグミーには職業音楽家はいない。そのかわり、全員が伝統的なポリフォニー歌謡を歌えることになっている。その音楽性と、声部に分かれて歌う彼らの能力は、まさに驚異的である。「二、三人のピグミーがいっしょになると、彼らはいつもポリフォニーで歌う。私はピグミーがユニゾンで歌うのを聞いたことがない」と、ピグミー音楽の専門家ジルベール・ルジェは一九五六年に書いている。★9

ピグミーのあいだでは、七声から八声にも及ぶポリフォニーが記録されてきた。西欧人によって高く評価されてきた驚異的な音楽性とリズム感を持つアフリカの黒人の中でも、ピグミーは際立って熟練した才能豊かな音楽家であると考えられてきた。アラン・ロマックスによれば、「今日でも近隣の黒人たちは、コンゴのピグミーがドラムとダンスでは誰もかなわないエンターテインメントの達人だと考えている」という。★10

興味深いことに、ピグミーたちは、近隣のバントゥー族の音楽文化からさまざまな楽器を借用したのであったが、音楽様式に関する限り、ピグミーは中央アフリカ全体の歌唱様式に絶大な影響を与えた。

中央アフリカにはピグミーの他に、数多くのバントゥー族がいて、彼らも声楽ポリフォニーを持っている。バントゥー族の伝統的ポリフォニーは、東アフリカのものとよく似た平行ポリフォニーに基づいている。

南アフリカ 南アフリカの歌唱様式は、中央アフリカの音楽様式がピグミーのポリフォニー歌唱の強い影響下にあるのに対し、ブッシュマンの歌唱伝統のおかげで、いくつかの際立った特徴を持っている。ブッシュマンとホッテントットはこの地域の先住民であり、彼らは長年にわたって南アフリカに住んでいた。一〇〇〇年ほど前に、バントゥー語を話す人々が北からこの地にやってきて、土着のブッシュマンやホッテントットの人々を砂漠に追いやった。今日ではここにはホッテントットは事実上残っていないが、サン人とも称されるブッシュマンのグループが残っている。ブッシュマンは、特徴的な舌打ちする音を多く使う、その一風変わった言語でよく知られている。

ブッシュマンにはポリフォニー歌唱があって、ピグミーのポリフォニー歌唱と興味深い平行現象を示している。たとえば、裏声《ヨーデル》の技法を広く使うことや、二拍と三拍を組み合わせた「スイング」するリズムに基づくポリリズムの使用は、ピグミーとブッシュマンのポリフォニーに共通している。ただし、ブッシュマンはピグミーとは異なり、ときどき、主要旋律のカノン風な反復に基づくポリフォニーを用いる。いっぽう、南アフリカのバントゥー語を話す人々（たとえば、ズールー族）のあいだでは、ポリフォニーの主要な型は、サハラ砂漠以南のアフリカの大部分と同様に、各声部の平行進行に基づいている。

西アフリカ 西アフリカでは、二つの非常に対照的な自然環境の地域に、二つのタイプの歌唱様式がある。第一の地域は大西洋側にあり、森林に覆われている。海岸の森林地帯に住む人々は、平行進行のポリフォニーと同じ原理に基づく、よりポリフォニー的な伝統を持っており、彼らのポリフォニーは他のサハラ砂漠以南のアフリカの人々のポリフォニーに近い。

第二の地域は大西洋からは離れた場所にあり、乾燥したサバンナや半砂漠である。この地域に住む西アフリカ人は北アフリカやサハラ砂漠の人々と文化的、宗教的そして商業的に密接な関係を持っている。このような関係のために、西アフリカのサバンナ地帯には、多くの職業音楽家とモノフォニーの歌唱伝統（北アフリカの影響）があり、いっぽうでは、大部分のサハラ砂漠以南のアフリカには珍しいドローン・ポリフォニーの伝統（サハラ砂漠のトゥアレグ族の影響）がある。

マダガスカル　マダガスカル島は、サハラ砂漠以南のアフリカの一部ではない。マダガスカルは地理的にはアフリカに近いが、音楽的（そして文化的）には東南アジアの南オーストロネシアやアラブの国々と強い関係にある。サハラ砂漠以南のアフリカの音楽的要素がマダガスカルに到着したのはおそらく、ごく最近のことであり、マダガスカルの声楽ポリフォニーはアフリカの伝統とオセアニアの伝統とが結合したものであることを示している。

サハラ砂漠　サハラ砂漠は、モノフォニー的な北アフリカと、ポリフォニー的なサハラ砂漠以南のアフリカとのあいだの中間地帯と考えられているが、彼らの豊かなポリフォニーの伝統からして、別個に考察されるべきであろう。私は彼らのポリフォニー伝統はヨーロッパ（なかでも地中海）の音楽系統に属すると考えている。このことは彼らが特にドローン・ポリフォニーを広く用いることからも明白である。

北アフリカの固有種属であるベルベル人やトゥアレグ人がヨーロッパ型の人種や文化に属していることを考えれば、このことは驚くにあたらない。七世紀にアラブ人が北アフリカへ進出してから、一部の先住種族は彼らに同化し、一部はサハラ砂漠に移動した。このことが、北アフリカの音楽様式が、「職業的音楽・名人芸的な楽器演奏・たっぷりしたメリスマ（装飾的なこぶし）風のモノフォニーによる歌唱スタイル」など、これらを発展させてきた中東の音楽に近い様式となった理由である。いっぽうで砂漠の奥深くに移動したトゥ

●アフリカの声楽ポリフォニーの分布地図

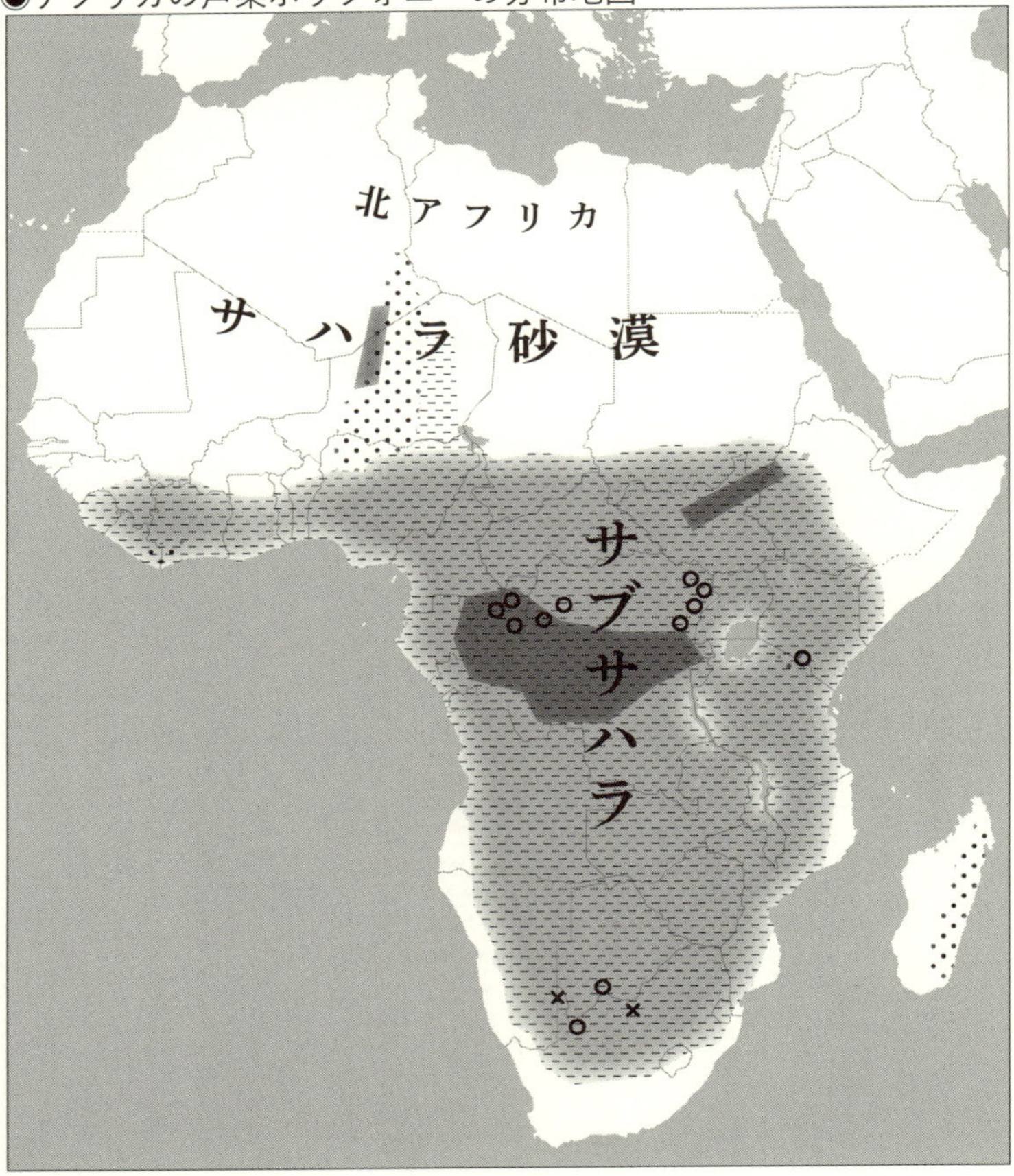

…ドローン・ポリフォニー
…オスティナート・ポリフォニー
…ヘテロフォニー
× …カノン風ポリフォニー
○ …対位法的ポリフォニー
…平行ポリフォニー

●世界における声楽ポリフォニーの分布 1

アフリカ

北アフリカ　※世界で最もモノフォニー的な地域の1つ

エジプトとオマーン、ベドウィン人のあいだにわずかにポリフォニーの要素が見られる

▪サハラ砂漠以南のアフリカ　※世界で最もポリフォニー的な地域の1つ

東アフリカ　ほとんどが平行ポリフォニー（旋律線の平行進行）

◎**ケニアやタンザニアのマサイ族**　ドローン・ポリフォニー

◎**タンザニアのワゴゴ族**　ヨーデル（裏声）による平行ポリフォニー

◎**エチオピアのドルゼ族**　異なる声部が6つにもおよぶポリフォニー

中央アフリカ

◎**ピグミー族**　7～8声部におよぶオスティナートと対位法による複雑なポリフォニー。ヨーデル（裏声）の技法に最も特徴がある

◎**バントゥー族**　東アフリカとよく似た平行ポリフォニー

南アフリカ

◎**サン人（ブッシュマン）**　ヨーデル（裏声）の使用などピグミー族に共通しているが、主旋律のカノン風な反復に基づくポリフォニーを持つ

◇バントゥー語を話す人々（例えばズールー族）は、サハラ砂漠以南の大部分のアフリカ人と同様に平行ポリフォニー

西アフリカ

◎**大西洋側の森林地域**　サハラ砂漠以南の人々に近い平行進行のポリフォニー

◎**内陸のサバンナ地帯**　北アフリカの影響によるモノフォニーと、サハラ砂漠のトゥアレグ族の影響によるドローン・ポリフォニーを持つ

サハラ砂漠

◎**トゥアレグ人**　ヨーロッパ（地中海）の音楽伝統に属するドローン・ポリフォニー

マダガスカル　オーストロネシアとアフリカの影響に基づくポリフォニー

アレグ人は彼らのポリフォニー伝統をより多く保持し、彼らの歌唱伝統は西アフリカの人々に影響を与えた。トゥアレグ族のより古い音楽伝統は、トゥアレグ人の女性たちのあいだにより強く伝承されている。トゥアレグ族は、制度的にはムスリムであるが、彼らの宗教生活のなかには、古いアニミズム的信仰が見てとれる。女性はヴェールを着用しない（トゥアレグ族では、男性がヴェールを着ける）ことが重んじられるなど、女性の行動の自由や社会的権利の点でも、ムスリム社会の中で異色といえる。

結論として、サハラ砂漠以南のアフリカとサハラ砂漠地域は、ともに世界で最も大きく、最も活発なポリフォニー歌唱の分布地域である。アフリカの伝統社会では、祝祭その他の音楽活動において、共同体のメンバー全員が、歌唱、舞踏、そして手拍子で参加するのが一般的である。音楽はアフリカの日常生活のなかで、やはり決定的な役割を果たしている。イギリスの民族音楽学者ジョン・ブラッキングが執筆した、人間の音楽性に関する素晴しい研究[★11]が、サハラ砂漠以南のアフリカの音楽伝統を俯瞰する視点から書かれたのは、偶然ではない。

◆ヨーロッパ

現代の民族音楽学は西欧の学者たちによって創始されたが、彼らが西欧のポリフォニー伝統を知るようになったのは、彼らが世界の遠い地域のポリフォニー伝統を知ってからずっと後のことであった。これは西欧の民族音楽学者たちの伝統音楽を研究する態度によるところが非常に大きい。つまり、彼らは「真の」伝統音楽は非西欧の国々でしか見られないと考えていたのである。そのために、西欧の学者たちは、たとえば北ギリシャや南アルバニアのポリフォニーよりも、アフリカやポリネシアのポリフォニーの方を、ずっと早くから学んでいたのである。

アフリカではポリフォニー伝統の分布が地理的に連続した地域として示されるが、ヨーロッパにおける声楽ポリフォニーの伝統は、それとは違って孤立した「島々」のようなかたちで分布しており、ヨーロッパ全体に点在している。

ヨーロッパでは必ず考慮に入れねばならない重要な要素として、職業的な合唱歌唱の影響がある。ヨーロッパの職業的な音楽の強い影響の結果として、ヨーロッパの地方的なポリフォニー伝統の本来の性格は大きな影響を受けてきた。民族音楽学者はヨーロッパ諸国ではポリフォニーの「古い」様式と「新しい」様式があるとしばしば指摘している。「古い」様式の最も重要な要素は、ドローンと非常に不協和な音の組合せの存在である（国際的にはブルガリアとグルジアの歌唱様式が知られている）。「古い」ヨーロッパのポリフォニー様式は山岳地帯、陸地の末端地域、そして島嶼《とうしょ》地帯に見られる。「新しい」様式[★12]はヨーロッパの職業音楽の影響下で十八～十九世紀に発展したもので、柔らかい響きの三和音や平行三度からそれがわかる。このような「新しい」ポリフォニー伝統は、今日ヨーロッパ全体で見出すことができる。

東ヨーロッパ

ロシア、ウクライナ、ベラルーシ　この地域の人々は、ヘテロフォニーとドローン・ポリフォニーという二つの異なる歌唱様式を持っている。すでに検討したように、ヘテロフォニーはモノフォニーとポリフォニーの中間的な様式である。この地域のヘテロフォニーはしばしば特徴的な性格を持っている。歌い手のグループがある旋律をヘテロフォニー的に歌うのとは別に、一人で歌う高い音域の声部があって、これがヘテロフォニー的な「厚い」旋律に対して対比的に歌われる。このような様式の歌い方は「ポドゴロースキ・ポリフォニー」（文字どおりには「副次的声部のポリフォニー」）と呼ばれて、広く知られている。ロシア、ウクライナ、そしてベラルーシの人々のあいだでは、ヘテロフォニーが非常に広範囲に存在しており、実質的に東ヨーロッパ全域を覆っている。

ドローン・ポリフォニーはヘテロフォニーとは異なり、ロシアのいくつかの孤立した地域、ブリャンスク、クルスク、ヴォローネジ、そしてベルゴロドにある。東ヨーロッパで最も重要なドローン・ポリフォニーの地域はウクライナとベラルーシのポレーシエ地方（ポレーシエは森林地帯を意味する）であるが、東ヨーロッパではヴォルガ川とウラル山脈のあいだに住むモルドヴァ人とコミ人のあいだにも広く存在している。ウドムルト、バシキール、タタール、そしてチュヴァシにもポリフォニーの要素は存在している。

コーカサス

コーカサスは、ヨーロッパの中でも、世界でも、ポリフォニーの最も豊かな地域の一つである。主としてコーカサス山脈（ヨーロッパで一番高い）のおかげで、長いあいだとぎれることなく続いている文化（言語、伝統文化、音楽）の歴史によって知られている。コーカサス人のほとんどが声楽ポリフォニーを持っている。**グルジア**のポリフォニーは比較的狭い領地の中に、いくつかのポリフォニー様式を持っている。東グルジアで広く普及している様式は、メリスマ風の自由拍節に基づくドローン・ポリフォニーである。西グルジアにはドローン・ポリフォニーも広く分布しているが、この地域で最も重要な歌唱様式は、不協和音を伴う非常に複雑な対位法的ポリフォニーである。（グルジアでは一九八四年以来、伝統的ポリフォニーに関する一連の国際会議が行われ、二〇〇二年にはトビリシ音楽院に「国際伝統ポリフォニー研究センター」が設立された。)

主としてドローンを伴う声楽ポリフォニーは、北コーカサスの人々のあいだでも広く行われている。これらの人々は主として固有のコーカサス言語を話す人々で、アブハズ人、チェルケス人、チェチェン人、イングーシ人、ダゲスタン人である。インド＝ヨーロッパ語を話すオセット人や、チュルク語を話すバルカル人やカラチャイ人のあいだにもポリフォニー歌唱はある。その他の二つの大きなコーカサス人種であるアルメニアとアゼルバイジャンには、多彩なモノフォニーの歌唱伝統のみがある。

バルカン半島　ヨーロッパのもう一つの非常に重要な声楽ポリフォニーのある地域に、バルカン半島がある。バルカンにはポリフォニー歌唱の二つの主要な様式、つまりポリフォニーの古い様式と新しい様式がある。古いバルカンのポリフォニー様式は、非常に不協和な和声や、ドローンの広範な利用といった特徴を持っている。この歌唱様式は、事実上すべてのバルカン諸国（南西ブルガリア、南アルバニア、セルビアのほぼ全域、マケドニア、ボスニアとヘルツェゴヴィナ、モンテネグロ南西部、クロアチアとスロヴェニアの山岳地帯、ギリシャの北側の一角）にある。この様式は、主として比較的孤立した山岳地帯に見られる。新しいポリフォニー様式はヨーロッパの専門的な合唱音楽の強い影響を受けていて、バルカン諸国では「"Singing on bass" バス（低声部）上の歌」という言葉で呼ばれている。**ルーマニア**はポリフォニーの伝統も少しはあるが、バルカンではおそらく最もモノフォニー的な国である。

北ヨーロッパ
北欧はスカンジナヴィアとバルト諸国からアイスランドまで広がっている。二十世紀の初頭まで、古い声楽ポリフォニーの生きた伝統はバルト諸国とアイスランドだけに見られた。バルト諸国では、**リトアニア**の歌唱様式「スタルティネス」(短い旋律を三声で執拗に繰り返す一種のカノン)が西欧の民族音楽学者のあいだでよく知られており、これはカノンと二度の不協和音のユニークな組み合わせである。**ラトヴィア**ではドローン・ポリフォニーが広く普及していて、ときに、非常に不協和な和音に基づいている。**エストニア**は主としてモノフォニー的であるが、セトゥという小さなグループが声楽ポリフォニーを持っていて、ドローン・ポリフォニーの例がエストニアの西部地域で録音されている。

スカンジナヴィアの状況は多様である。**フィンランド**はほぼ完全にモノフォニー的である。**ノルウェー**と**スウェーデン**は豊かな声楽ポリフォニーを持っていたが、それが次第に失われたことを示す文学的資料が残っている。

大ブリテン島のイギリス、アイルランド、そしてスコットランド人のあいだでも、状況はほぼ同じである。十二〜十三世紀の文学的資料は豊かなポリフォニー歌唱の伝統を描いているが、今日では、ほとんどポリフォニーは見られず、最近のヨーロッパの歌唱様式しか見ることができない。近隣の諸島(シェトランド、ヘブリディーズ、オークニー)では、伝統的な様式のポリフォニー歌唱が今でも見られる。

アイスランドでは、「トゥイソングル」として知られる、きわめて興味深い伝統が二十世紀初頭に記録された。この伝統は主として平行五度音程の進行に基づいており、増八度を持つというきわめて変則的な音階を構成する。これはオクターヴが常に完全八度をなすヨーロッパのクラシック音楽や多くの伝統音楽では、ほとんど聞いたことがないものである(増八度はグルジア、特に西グルジアにも存在するが)。

●東ヨーロッパとバルカン地域の声楽ポリフォニーの分布地図

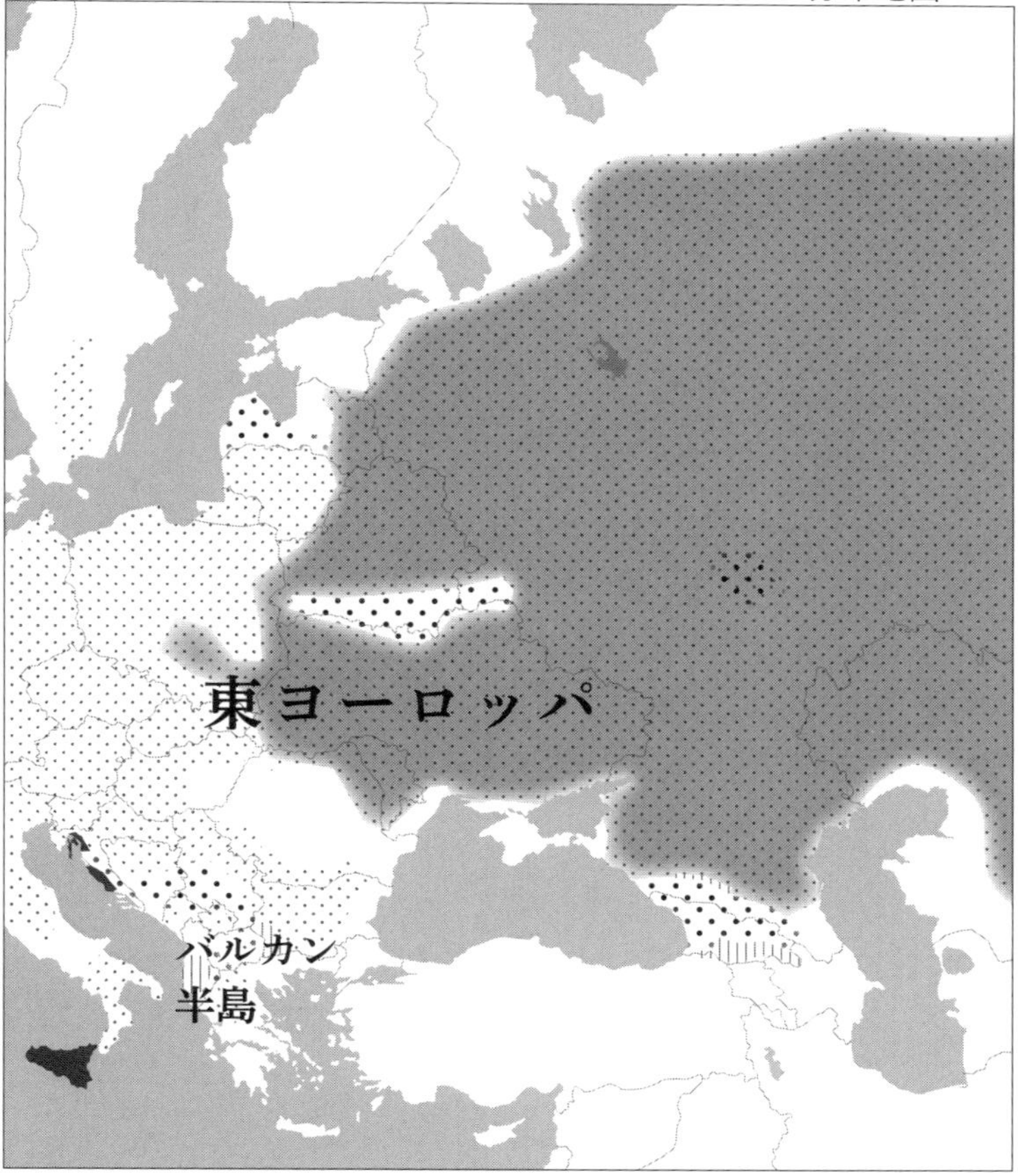

…ドローン - 不協和ポリフォニー

…メリスマ - ルバート・ポリフォニー

…3 和音的ポリフォニー

…ヴァリアント・ヘテロフォニー（同旋律の変形によるヘテロフォニー）

…メリスマ - 和音的ポリフォニー

◎**シェトランド、ヘブリディーズ、オークニー諸島**　伝統様式によるポリフォニーが残っている
◎**アイスランド**　「トゥイソングル」として知られる平行5度の進行に基づくポリフォニー伝統が20世紀初頭に記録されている

中央ヨーロッパ

◎**オーストリア**　近世クラシック音楽の影響を受けたポリフォニー伝統と、ヨーデル（裏声）の豊かな伝統で知られる
◎**スイス**　特にドイツ語圏およびイタリア語圏がポリフォニー的
◎**ドイツ、ベルギー、オランダ、チェコ**　近世ヨーロッパの新しい歌唱様式によるポリフォニー
◎**スロバキア**　北西部の一部に「古バルカン型」の2度音程によるポリフォニーが見られる

西ヨーロッパ

◎**フランス**　フィンランドと並んでヨーロッパで最もモノフォニー的な国
・**コルシカ島**　ドローンの上に2つの自由な旋律が乗る伝統的なポリフォニー
◎**ポルトガル**　北端部に女性のポリフォニー伝統があるが、主として南半分のアレンテージョ地方で男性のポリフォニー歌唱が行われている
◎**スペイン（バスク人を含む）**　主として西欧の新しい様式の影響を受けているが、アルバセテ地方にはメリスマ旋律を伴う自由拍節によるドローン・ポリフォニーが20世紀まで残っていた
◎**イタリア**　ヨーロッパで最もポリフォニー的な国の一つ
・**北イタリア（アルプス）**　イタリア都市部には高度な都会型のポリフォニー歌唱伝統がある
・**中部山岳地帯**　ユダヤのサマリア人のバルカン様式に似た不協和な古い様式が存在し、中世には広くロンバルディア地方やミラノまで広がっていた
・**シチリア島、サルディニア島**　ポリフォニーの伝統が根強く残っている。サルディニア島では複数のドローンと特徴的な音色を持つ4声部のポリフォニーが基本

●世界における声楽ポリフォニーの分布 2

ヨーロッパ

※ 18 世紀以降の「新しい」様式の影響を考慮する必要がある

東ヨーロッパ

■ロシア、ウクライナ、ベラルーシなど

ヘテロフォニーとドローン・ポリフォニーという2つの様式があり、ヘテロフォニーは東ヨーロッパ全域を覆う

■コーカサス地方　※世界で最も豊かなポリフォニー地域の1つ

◎**北コーカサス**　ドローン・ポリフォニー

◎**グルジア**　ドローンを伴う「古い」ヨーロッパの様式のポリフォニー

・**東グルジア**　メリスマに基づくドローン・ポリフォニー

・**西グルジア**　不協和音を伴う対位法的ポリフォニー

・**アルメニア、アゼルバイジャン**　多彩なモノフォニーの歌唱伝統のみがある

■バルカン半島

◎**ブルガリア**　不協和な和声やドローンを伴う古い様式のポリフォニー

◎**バルカン半島全域**　バス（低声部）上を動く、新しい様式によるポリフォニー

◎**ルーマニア**　バルカン半島でもっともモノフォニー的

北ヨーロッパ

※20世紀初頭まで古いポリフォニーの生きた伝統があった

◎**リトアニア**　2度の不協和音を伴う短い旋律を3声でカノン風に繰り返す「スタルティネス」という様式が知られている

◎**ラトヴィア**　不協和音を含むドローン・ポリフォニー

◎**エストニア**　主としてモノフォニー的（西部地域にわずかにポリフォニーが存在）

◎**フィンランド**　ほぼ完全にモノフォニー

◎**ノルウェー、スウェーデン**　文学的資料によると豊かなポリフォニー伝統を持っていたが、しだいにそれが失われ、消失したことがわかる

◎**大ブリテン島、アイルランド、スコットランド**　伝統的な様式は失われ、最近の歌唱様式しか見られない

中央ヨーロッパ

中央ヨーロッパ諸国の歌唱はヨーロッパの職業音楽文化に強い影響を受けてきた。**オーストリア**はクラシック音楽の影響を受けたポリフォニーの伝統と、特に裏声《ヨーデル》の豊かな伝統で知られ、声楽ポリフォニーのヨーロッパの伝統に関する会議も積極的に開催している。**スイス**（特にドイツ語圏とイタリア語圏の地域）がもう一つの非常にポリフォニー的な国である。**ドイツ**、**ベルギー**と**オランダ**、そして特に**チェコ**は、新しいヨーロッパの歌唱様式の影響を受けている。**スロヴァキア**では、古い「バルカン型」の二度のポリフォニーが、国の北西部の一角にあるいくつかの村落に見られる。

西ヨーロッパ

フランスは、一九九〇年代にシムハ・アロムの組織した「伝統ポリフォニー研究センター」が活動していたものの、フィンランドとともにヨーロッパでも最もモノフォニー的な国である。いっぽう人種的に異なるピレネー山中のバスクや、特に**コルシカ**はフランスの中でも豊かな声楽ポリフォニーの伝統を持っている。コルシカでは、一つの低音《ドローン》の上で豊かに装飾された二つの旋律線が自由に展開する。

ポルトガルでは、国の北端に女性のポリフォニー伝統があるが、主として男性によるポリフォニー歌唱が、国の南半分にあたるアレンテージョ地方で行われている。ポルトガルは伝統的ポリフォニー研究の中心地にもなりつつある。

スペインのポリフォニー（インド＝ヨーロッパ語族以前の人種であるバスク人のポリフォニーを含む）は、やはり主として西欧の職業音楽の影響を受けているが、アルバセテ地方では二十世紀に、メリスマ旋律を伴う自由拍節によるドローン・ポリフォニーが記録されている。

イタリアはヨーロッパでも最もポリフォニー的な国の一つである。北イタリア（アルプス）は新しいヨーロッパ様式の合唱団の故郷であり、イタリアの都市部は、高度な都会型ポリフォニー歌唱伝統（ジェノヴァの「トラッラレロ」★13のような）でもよく知られている。中部イタリアの山岳地帯では、バルカンの不協和な様式に似た、興味深い古い様式が存在し、歴史資料によれば、中世にはこの様式がもっと広く、ロンバルディア地方やミラノにも広がっていた。

イタリアの島嶼《とうしょ》地方、シチリア島や特にサルディニア島にもポリフォニーの伝統は根強く現存している。サルディニアのポリフォニー伝統は「テノレ風」と呼ばれていて、四声部のポリフォニーが基本で、複数のドローンと特徴的な音色が重要な役割を果たしている。

このように、ヨーロッパではポリフォニーは広く存在しているが、山深い地域の方がドローンや不協和音に基づく、より古いスタイルのポリフォニーを保存しており、その他の地域は職業的な合唱歌唱の実践から影響を受けて、平行三度や三和音に基づく新しいポリフォニー様式を持っているのである。

◆アジア

一般にアジアには非常に豊かで洗練されたモノフォニー音楽の諸形式があるが、民族音楽学者たちにも一般の人々にも、ポリフォニーは非常に少ない地域として知られている。アジアの大きさと、とりわけ人口の多さから、アジアのポリフォニー伝統がすでにすべて知られていると考えることはできない。ほとんどのアジア諸国では、その国の学者は地方的なポリフォニーの伝統に注意を向けようとしない。これにはいくつか理由がある。

(1)アジアのポリフォニーは、高い山中や深い森の中など、地理的に最も隔絶されたところにだけ見られ、それらの伝統を見出すのも、研究するのも容易ではない。

(2)ポリフォニーの伝統はその国の主要な民族ではなく、主として少数民族の中にある。

(3)学者たちはアジアの国々の文化的に最も重要な独自性、通常は職業音楽の豊かな伝統に注意を向けるので、声楽ポリフォニーの伝統はもっぱら彼らの興味の外におかれる。

このような理由から、今後アジアのポリフォニーの伝統について、われわれがもっと理解を深めていくことが期待される。

ともあれ、アジアの声楽ポリフォニーの伝統について見ることにしよう。

西アジア

ペルシャ湾の、主として**バーレーン**の真珠採りのあいだに、非常に興味深い声楽ポリフォニーの伝統が見られる。それは一群の漁師たちによって歌われる、非常に低いドローン（深い海から聞こえるクジラの声の模倣と考えられている）と非常にメリスマ的な旋律線に基づいている。中東では一部の**ユダヤ**のグループにも声楽ポリフォニーの要素を指摘することができるが、特にサマリア人のドローン・ポリフォニーがそれである。ポリフォニーの要素は**シリア**や**イエメン**にもまた見られる。

中央アジア

アジアで最も興味深いポリフォニーの伝統の一つは、**東アフガニスタン**の人里離れたヒンドゥークシ山中の**ヌーリスタン人**のあいだに見られる。彼らが長いあいだ文化的に孤立していたことが、ヌーリスタンの文化と身体的特徴（青い目と金髪）が保たれた主要な理由と考えられている。ヌーリスタンの伝統的歌唱は、リズミカルなドローンのまわりで歌われる二度の不協和音を伴うもので、ヨーロッパ的ポリフォニーの「古い様式」に驚くほど似ている。

column

ヌーリスタン人はアレクサンドロス大王の末裔か？

ヌーリスタンのポリフォニーは、（アイヌに次いで）おそらく世界で二番目に孤立している声楽ポリフォニーの伝統である。東アフガニスタン、人跡未踏の奥深いヒンドゥークシ山脈の向こう側に、アラブ、モンゴル、ペルシャといった拡大主義政策をとる勢力から隠れて、約十五万人のヌーリスタン人が、十九世紀末まで独立を守っていた。このように隔絶された場所に住む人々が往々にしてそうであるように、ヌーリスタンの人々もムスリム以前の習慣の要素を数多く保っており、なかでも際立っているのがユニークなポリフォニーと舞踊を伴う音楽である。彼らはまた近隣の人々とは異なる容貌をしていて、大多数の男女は金髪で青い眼をしている。男女ともに、ドローンと二度の不協和音を持つ三声体のポリフォニーを歌う。そのさまざまな特徴に関して、ヌーリスタンのポリフォニー伝統はバルカンやバルトのポリフォニー伝統と驚くほど近い。

では、バルカン型のポリフォニーがアフガニスタンのヒンドゥークシ山脈において見られるということは、何を意味しているのであろうか？　この地方の伝説によると、ヌーリスタン文化のきわだった特徴と身体的風貌は、紀元前四世紀におけるアレクサンドロス大王軍の長いあいだにわたる友好的な駐留の結果である。このロマンチックな仮説には、バルカンの歌唱様式への驚くべき音楽的類似を重ねて考えることができる。

もっと現実的に考えるならば、ヌーリスタンのポリフォニーは、かつてヨーロッパから中央アジアを経て、東アジアや北アジア（北海道のアイヌに至るまで）に広く拡がっていたヨーロッパのポリフォニーに共有される古層の名残であろう。残念ながら、ヌーリスタンのポリフォニーは、声楽ポリフォニーの伝統に興味を抱く専門の民族音楽学者のあいだでも、未だに殆ど知られておらず、さらに言えばヌーリスタンの歴史に関する研究は、そのユニークなポリフォニー歌唱の伝統を考慮に入れておらず、対象とすらしていない。★14

本書の読者には、同じ「バルカン」型ポリフォニーとの並行現象が世界のその他の多くの地域に見出されることを知っていただきたいが、このことに関しては本書のもっと後の方で検討することにしよう。

東アジア

チベット　現在得られる情報によれば、世界の最も高い山岳地帯であるチベットにも、ポリフォニー歌唱が存在する。ほぼ一世紀前に、少なくとも一つのドローン・ポリフォニーの例がヨーロッパの学者に知られていたし、最近、チベットの歌手たちがきわめて興味深い「古いヨーロッパ」様式の不協和な三声のポリフォニーを歌っている場面が、中国のテレビで放映された。

中国　チベットの他にも中国には、二十以上の声楽ポリフォニーを歌う少数民族がおり、彼らは主として中国の南西部に住んでいる。彼らは、ドローン・ポリフォニー、カノン、オスティナート、ヘテロフォニーなど、さまざまな歌唱様式を用いている。他の多くのアジア諸国とは異なり、中国の民族音楽学者たちは、少数民族のポリフォニー伝統の研究に大きな関心を寄せていた。

台湾　東アジアで最も有名で、調査も進んでいるポリフォニーの伝統は、おそらく台湾に見られる。何百万人という西欧の聴衆が台湾の伝統的な二声の歌を聴いたのだが、それが台湾の伝統的な歌であるとは気づかなかった。というのは、英国のロック・バンド〈エニグマ〉が、世界的なヒット曲《Return to Innocence》（一九九四）の主要旋律に、台湾のアミ族の二声のポリフォニーによる収穫歌を用いたが、彼らはその歌の出所も、歌い手も、オリジナルの録音も、その歌の民族的な起源も示さなかったからである。

台湾のポリフォニーは、山岳部に住むさまざまな部族（アミ、ブヌン、パイワンなど）に見られる。台湾には、対位法的ポリフォニー、カノン、ヘテロフォニー、非常に不協和な「古いヨーロッパ」タイプのポリフォニー、それに和音とドローンのポリフォニーなど、いくつかの様式の異なるポリフォニーが存在する。台湾のポリフォニー伝統は第二次世界大戦の前に、日本の学者たち[★15]によって深く研究された。二〇〇二年には台湾で伝統的ポリフォニーに関する国際会議（現在のところアジアで開かれた唯一の会議）が開かれた。

日本　世界で最も孤立したポリフォニーの伝統は、東アジア、つまり日本列島の先住民族であるアイヌのあいだに存在する。アイヌは北海道とクリル諸島（千島列島）に住んでおり、谷本一之[★16]の重要な研究があるにもかかわらず、彼らのポリフォニーは、ヨーロッパやアメリカの民族音楽学者には、まだほとんど知られていない。アイヌのポリフォニーは、カノン、ドローン、そして対比的ポリフォニー★17に基づくものである。

column

アイヌのポリフォニーの秘密

孤立したポリフォニー伝統は多いが、アイヌのポリフォニーは、中でもいちばん孤立した声楽ポリフォニーの伝統であろう。アイヌは東アジアという世界でも最もモノフォニー的な地域の中で孤立して存在しているため、学者たちにとってアイヌのポリフォニーはまったくの謎であった。アイヌは他の多くの点でもきわめてユニークである。彼らの言語は、いわゆる「孤立言語」であるし、大きな髭を蓄えた身体的特徴も遺伝学者たちの激しい論争を呼んできた。また、彼らの信仰の中心的要素となっている熊祭りは、ヨーロッパのネアンデルタール人の熊信仰と驚くほど類似しているのである。

アイヌの起源の問題に関しては可能性として、(1)初期のアジア人、(2)古いヨーロッパ人、(3)オーストラリア・アボリジニ、(4)台湾先住民、との関連を示唆するいくつかの説がある。

アイヌはその特徴的な口髭から考えると、東アジア人や台湾先住民との関係はなさそうだが、ヨーロッパ人やオーストラリア先住民との関係はありえる。ポリフォニーとの関連からすると、アイヌは、モノフォニー的な東アジア人やオーストラリア先住民との関係はありえないが、ヨーロッパ人や台湾先住民との関係はありうる。しかし、アイヌの純粋な血筋をひく者はほとんど残っていないので、人種研究はアイヌの起源の問題について確定的な結論を出すのは難しい。

そのため、不幸なことにアイヌたちの真にユニークなポリフォニーの伝統に関する研究は、現在まで

●世界における声楽ポリフォニーの分布 3

アジア　※一般にモノフォニーが多いが、調査・研究の余地がある

西アジア

◎**ペルシャ湾地域**　主としてバーレーンに、低いドローンとメリスマ的旋律に基づくポリフォニーがみられる
◎**ユダヤの一部**　サマリア人にドローン・ポリフォニーが見られる
◎**シリア、イエメン**　ポリフォニーの要素が見られる

中央アジア

◎**東アフガニスタン**　ヒンドゥークシ山中のヌーリスタン人の伝統に、ヨーロッパの古い様式に似たリズミカルなドローンおよび2度の不協和音による三声体のポリフォニーが残っている

東アジア

◎**チベット**　ドローン・ポリフォニーと古いヨーロッパの様式の不協和な3声のポリフォニーが確認されている
◎**中国**　南西部を中心に 20 以上の少数民族にポリフォニー歌唱が残る。ドローン、カノン、オスティナート、ヘテロフォニーなど
◎**台湾**　アミ、ブヌン、パイワン族　山岳部の複数の部族に、対位法的、カノン、ヘテロフォニー、ヨーロッパの古い様式、和音とドローンなど、様々なポリフォニーが存在している
◎**日本列島北部 アイヌ**　カノン、ドローン、対位法的ポリフォニーが存在する

インド

◎**インド南部**　「部族民」と言われる人々による平行ポリフォニー
◎**インド北西部**　アッサム地方に平行ポリフォニー
◎**北インド**　ジャンムー、カシミール、クマオンにドローン・ポリフォニーが存在する

東南アジア

◎**ヴェトナム**　中部〜北部山岳少数民族に平行ポリフォニーとドローン・ポリフォニー
◎**インドネシア**　フローレス島、スラウェシュ島などの島嶼部だけに、バルカンのポリフォニーに酷似したポリフォニーが存在する

のところまったく無視されてきた。アイヌのポリフォニーを、彼らの起源探究に組み込むことに興味を持つ人々に対して、私はアイヌの声楽ポリフォニーの伝統は古ヨーロッパ人ないしは台湾先住民の方向を指し示していると言いたい。アイヌのポリフォニーの中心的原則であるカノンは、ヨーロッパ諸国のポリフォニー伝統の一つであるリトアニアの「スタルティネス」との興味深い共通性を示しているのである。

インド

インドでは国の**南部**の、いわゆる「部族民」と呼ばれる人々のあいだに、ポリフォニー歌唱が存在している。それは主に平行ポリフォニーに基づいているが、地元の学者たちからは無視されてきた。民族音楽学者のあいだでは、インドの**北西部**、アッサム地方の平行ポリフォニーのほうがはるかに広く知られている。また、いくつかの情報によると、**北インド**のジャンムー、カシミール、クマオンにもドローン・ポリフォニーの伝統がある。

東南アジア

ヴェトナム 東南アジアは、アジアでもポリフォニーの伝統が分布する最も重要な地域の一つである。マリウス・シュナイダーはポリフォニーはここで「創り出された」と信じていた。ヴェトナム中部と特に北部の山岳部に住む少数民族はポリフォニー歌唱を持っており、彼らのあいだには平行ポリフォニーとドローン・ポリフォニーがあって、鋭い不協和な和音を響かせるものもある。入手できる情報によれば、その他いくつかの東南アジア諸国（ネパールやミャンマー）も、声楽ポリフォニーの伝統を持っているようだが、まだ調査報告はされていない。

インドネシア インドネシアでは、ポリフォニーはフローレス島とスラウェシ島など、いくつかの島嶼《とうしょ》部にだけ存在する。フローレス島のポリフォニーは、民族音楽学者たちには比較的早くから広く知られていたが、バルカンの人々のポリフォニーにあまりにも似ていたため、学者たちのあいだに強いショックを引き起こした。

すでに指摘したように、中央アジアはユニークな倍音唱法の伝統の生地である。この唱法では一人の人間がドローンと、音程の違う非常に高い口笛のような旋律と、二つの旋律を生みだす。この伝統はトゥバ（特に西部トゥバ）、西部モンゴル、そしてアルタイ山脈とサヤン山脈に広がっている。

まとめて言えば、アジアはポリフォニー的というよりはモノフォニー的であることに間違いはないが、ここにも非常に興味深く、豊かなポリフォニーの伝統が存在していると言うことができる。これらの伝統は主として高い山岳部、島嶼《とうしょ》部、そして大森林部など、孤立した地域に見られるため、発見も研究も困難で、その地域の民族音楽学者からはしばしば無視されている。アジアのポリフォニー伝統の研究は、アジア出身の民族音楽学者にとって非常に将来性のある研究領域である。

◆アメリカ

北アメリカ

北米先住民のあいだで、集団歌唱（特に、ドラム伴奏を伴う）は広く行われているが、歌はもっぱらユニゾンで歌われる。すでに述べたように、ユニゾンによる歌唱は音楽的にはモノフォニーであるが、「社会的ポリフォニー」である。真のポリフォニー歌唱（社会的要素も音楽的要素もともにポリフォニー的であるもの）も、北アメリカの先住民には存在する。

いわゆる**ブリティッシュ・コロンビア北西岸**（カナダ）の先住民（ヌートカ、クワキウトル、サリシ、マカーの人々）は、北アメリカでもおそらく最もポリフォニー的である。彼らはドローン・ポリフォニーをしばしば用い、それぞれの伝統によってドローンを最上声部（マカー）にも最下声部（サリシ）にも用いた。ドローンは主として女性が歌い、彼女たちはしばしば仲間の男性から「歌の旋律を歌えない」といって冷やかされたりもした。

アメリカ合衆国東海岸の先住民（たとえば、メノミニ、デラウェア、そしてフォックス）にも声楽ポリフォニーに関して興味深い情報があり、ドローンはここでも主要なポリフォニーの形式であったが、やはり主として女性がこのドローンを歌ったという。

南部の先住民のあいだでは、ヤクイ、パパゴ（南西部）、そしてクリーク族（南東・中部）のあいだでポリフォニーが知られていた。これらの伝統でも、主として女性がドローンを歌ったが、それは旋律よりも高い

◉世界における声楽ポリフォニーの分布 4

アメリカ大陸

北米先住民

◎**ブリティッシュ・コロンビア北西岸（カナダ）**　北米で最もポリフォニー的。主として女性がドローンを歌うドローン・ポリフォニーが残っている
◎**アメリカ東海岸**　ドローンが主要なポリフォニー形式
◎**南部**　旋律より高い音域で主として女性がドローンを歌うポリフォニー
◎**中北部平原地帯**　オグララ・スー族　平行3度のポリフォニー
◎**アメリカ中部 アラパホ族**　歌の終止部分にポリフォニーが認められる
◎**南カリフォルニア**　ポリフォニーを持っていたが現在は失われている
◎**アサバスカン（アラスカ、カナダ北西部）**　ポリフォニーとの関係を欠いている
◎**グレート・ベースン（ロッキー山脈とシエラネバダ山脈間の広い盆地）**　ポリフォニーとの関係を欠いている

南米先住民

▪ペルー

◎**ケロ族**　終始部分や儀礼的反復部分の旋律にドローンが伴う
◎**アマゾン川流域**　4度音程でヘテロフォニー風に歌う2声のポリフォニーとカノン

▪ベネズエラ

ヘテロフォニーとカノンの歌唱
◎**東ベネズエラ　ワラオ族**　治癒儀礼に伴う、シャーマンたちの自由なカノンに似たポリフォニー

▪メキシコ東南部

◎**マヤ高地**　16 ～ 17 世紀のヨーロッパのポリフォニー様式を保存
◇南アメリカ諸族の歌唱には全体にヨーロッパの合唱様式の影響が感じられる

音域にあった。
平原地帯の先住民ではオグララ・スー族のあいだで平行三度音程の声楽ポリフォニーが知られていたし、アラパホ族では歌の終止の部分にポリフォニーがあった。ブルーノ・ネトルは北米先住民のポリフォニーに関する論文で、アラパホ族のペヨーテ儀式の歌唱伝統に関して、旋律の歌い手がケトル型の太鼓でリズムを付けたドローンを伴奏にして歌う際、その太鼓の音程を自分の声の高さに合うように「調律」したと述べている。★18

南カリフォルニアの先住民でも、現在は失われているが、声楽ポリフォニーが録音されている。ネトルのこの論文によると、彼が北米先住民に関する画期的な研究で六つに分けた音楽圏のうち、「グレート・ベースンとアサバスカン、前者はきわめて単純なスタイルであり、後者はナヴァホとアパッチに代表されるが、この二つだけがポリフォニーとの関係を欠いている」と、される。

南アメリカ

南米の先住民では、声楽ポリフォニーの伝統が北米先住民よりも豊かであるように見えるが、はっきりと体系立てられた情報がない。また、私の知る限りでは、音楽例も見出せない。おそらく最も興味を惹くのは、アンデス山脈の高地、**ペルー**のクスコ近辺に住む**ケロ族**の歌唱伝統だが、現在ではケロ族の人々はわずかに二千人ほどしか残っていない。学者たちは彼らがインカ以前の伝統を引き継いでいると考えている。われわれの話題にとって最も重要なのは、ケロがポリフォニー歌唱の類のない伝統を保持している点である。それは終止の部分や儀礼的な繰り返しの部分で、いくつかの旋律がドローンを伴って歌われることである。

東ベネズエラの赤道直下の森に住む**ワラオ族**のあいだでは、シャーマンたちのポリフォニー歌唱を伴う治癒儀礼が記録されてきた。患者が重要人物である場合には、二、三人のシャーマンが必要とされており、音楽的には自由なカノンと似たものになっていた。

ペルーの**アマゾン河流域**の先住民は、四度音程で、ヘテロフォニー風に歌う二声ポリフォニーとカノンが知られている。アンソニー・シーガーに言わせると、「ほとんどのインディアンの音楽は儀礼と関連があり、和声やポリフォニーはほとんど持たず、あったとしても、そのポリフォニーは慣れていない耳には聴き取れない」[★19]。

ベネズエラの先住民にはヘテロフォニーとカノンの歌唱がある。彼らの独唱歌は、自由リズムが一般的であるが、ポリフォニー歌唱（特に舞踊に伴うもの）は、厳格なリズムを持っている。南アメリカの諸族の歌唱には全体にヨーロッパの合唱歌唱様式の影響が感じられる。たとえば、**メキシコ**の**マヤ高地**には十六～十七世紀のヨーロッパ多声音楽《ポリフォニー》の様式が保存されている。

南米の音楽伝統のもう一つの興味深い特徴は、コロンブス以前のアメリカの考古学的発掘物には、二本、三本、あるいは四本もの管を持つ、ポリフォニックな吹奏楽器が数多くみられることである。この問題については、次章で古代文化における声楽ポリフォニーの存在を検討するときに論ずることになる。

◆ポリネシア

ポリネシアのポリフォニーは他のどのポリフォニー伝統よりも早く、十八世紀にヨーロッパに知られるようになった。ヨーロッパの音楽家たちにとって、これはきわめてショッキングな発見であった。彼らはポリフォニーを高度な音楽文明の証として、キリスト教の修道士たちによって、ヨーロッパで創始されたものであると考えていたからである。ところが突然、十八世紀にヨーロッパの旅行者たちが太平洋諸島の先住民の人々と出会って、彼らの強力なポリフォニーの伝統が明るみに出たのである。初期の記録によると、ポリネシア人たちは不協和な和声を伴うドローン・ポリフォニーを持っていた。

多くの旅行者による詳細な記録から、オセアニアにポリフォニー歌唱の伝統が広く普及していることを疑う余地はなかったにもかかわらず、一部のヨーロッパの職業音楽家は、ポリネシア人に異なる声部に分かれて歌う能力があることを疑う者もいた。彼らは「未開の人々が偶然にも芸術音楽と同じ完成されたレヴェルに到達することは絶対にありえない」と考えた。「それは研究と、音楽作品の基礎となっている体系や理論の知識があって、初めて達成される」のであって、「半野蛮状態にある人々がこのような芸術の完成に自然に到達することは信じ難い」し、「地球上のどの民族よりもずっと以前から文明化していた中国においてさえ、まだ発見されていないのである」。[★20]

専門の音楽学者たちに、少なくともすべてのポリフォニーが中世の神学者たちの発明ではないと納得させるためには、一世紀あまりの時間と、ヨーロッパ文明とかかわりのない世界の別の場所（中央アフリカの熱

◉世界における声楽ポリフォニーの分布 5

太平洋地域

ポリネシア　※不協和な和音を伴うドローン・ポリフォニーの伝統

◎**トンガ、サモア、タヒチ、イースター島〜最西端の小さな島々まで**　伝統的声楽ポリフォニーがヨーロッパの合唱音楽の影響を受けながら広域に分布

メラネシア

伝統的なポリフォニー歌唱の特徴を保存した、ドローンと不協和な音程に基づく２声部歌唱

◎**フローレス島（インドネシア）**　古いヨーロッパの伝統的ポリフォニーと共通性を持つ

◎**ガダルカナル島（ソロモン諸島）**　1つのドローンの上で、２つの独唱歌唱が歌うポリフォニー。ヨーデル（裏声）の技法も用いる。また、パンパイプ合奏の豊かなポリフォニーの伝統も持つ

◎**ニューギニア島**　2度の不協和音を伴うドローン・ポリフォニー

◎**ボルネオ島（インドネシア）**　ドローン・ポリフォニー

ミクロネシア

グループ歌唱は広く普及しているが、ほとんどがユニゾンかヘテロフォニーであり、ポリフォニーの明確な伝統はない

オーストラリア

移民による歌唱伝統の影響を考慮しなければ、世界で最もモノフォニー的な大陸

◎**オーストラリア北端の先住民**　ディジュリドゥという楽器（ドローンを奏する）と歌唱の２声のポリフォニーのみがアボリジニにみられる

帯雨林やパプア・ニューギニアのジャングルを含めて）での声楽ポリフォニー伝統の発見が必要であった。

ポリネシアにおけるキリスト教聖歌の大成功は、ヨーロッパのポリフォニー伝統とオセアニアの人々のポリフォニー伝統との本来的な近似性の結果であった。ポリネシア諸島の多くにおけるポリフォニー歌唱がヨーロッパの合唱音楽の強い影響を受けているとはいっても、ポリネシアは世界で最も重要な伝統的声楽ポリフォニーの分布する地域のひとつである。このことはトンガ、サモア、あるいはタヒチなどよく知られた大きな島だけでなく、東の神秘的なイースター島のような小さな孤立した島にも、ポリネシアの最西端にあるほんの小さな島（ルアンギウア、ベロナ、ティコピア、アヌタなど）にもいえるのである。

◆メラネシア

ポリネシアと同様に、メラネシアもポリフォニー歌唱の豊かな地域の一つである。同時に、ヨーロッパの合唱歌唱様式の強い影響を受けてきたポリネシアと違って、メラネシアのポリフォニー歌唱は伝統的な特徴を保存していた。メラネシアで最もよく知られているポリフォニー歌唱の様式はドローンと不協和な音程に基づく二声部歌唱であろう。いわゆる古いヨーロッパのポリフォニー様式との共通性があまりにも明らかなので、衝撃を受けたヤープ・クンストは**フローレス島**および**インドネシア**と、バルカン山地のポリフォニー歌唱のあいだの共通性を比較研究した一冊の本を書いた。★21

その後、オーストラリアの民族音楽学者フロリアン・メスナー★22もこのポリフォニー伝統の驚くほどの近親性を研究し、歌い手自身でさえ、何千キロも離れた場所の歌唱様式と自分たちの歌が区別できないことを知った。本書でもあとで検討するように、驚くべき共通性はフローレス島とバルカンのあいだだけでなく、世界中の他の多くのポリフォニー伝統のあいだにも存在する。

ガダルカナル島とそのそばの小さな火山島サヴォのポリフォニーでは、一つのドローンの上で二つの独唱声部が旋律線を織り合わせる。彼らはまた裏声《ヨーデル》の技法も用いる。女性のポリフォニー歌唱はやはり持続するドローンに基づいている。民族音楽学者のあいだでは、ガダルカナルにパンパイプ合奏のポリフォニーの豊かな伝統があることも知られている。

ニューギニア島もポリフォニー伝統の重要な地域である。西のパプアニューギニアは中央イリアン・ジャヤ地域のいくつかの山岳民たち（モニ、ダニ、そしてヤリ）の土地で、彼らは声楽ポリフォニーを広く使っている。二度の不協和音を伴うきわめて興味深いドローン・ポリフォニーの伝統は、ニューギニアの北東部、マヌス島でも録音されている。**ボルネオ島**の先住民（特に有名なのはケニャとカヤン）もドローン・ポリフォニーを特徴としている。

ミクロネシアには、入手可能な資料によれば、われわれが検討したポリネシアやメラネシアのような強力なポリフォニーの伝統はない。ミクロネシアにもグループ歌唱は広く普及しているが、もっぱらユニゾンかヘテロフォニーに基づくものである。

◆オーストラリア

オーストラリア先住民の伝統音楽がグループ歌唱に強く基づいていることは事実であるが、ポリフォニー歌唱はこの大陸の先住民のあいだでは特徴的ではない。のちに世界のさまざまなところからやってきた移民の歌唱伝統を考えに入れないとすれば、オーストラリアは地球上でも最もモノフォニー的な大陸であると言ってよいだろう。ポリフォニーを含む唯一の伝統は、オーストラリアの北端にある声楽・器楽形式で、ここではディジュリドゥ★23という楽器がドローンを出し、歌う声がドローンと二声の声楽・器楽ポリフォニーを形成する。オーストラリア先住民のあいだでは、ポリフォニーが純粋な声楽形式で演奏されることはない。

われわれは現代世界における声楽ポリフォニー分布状況の概観を終えたが、それが非常に複雑であることを理解した。世界の多くの地域（ヨーロッパ、アジア、南北アメリカ）で、ポリフォニーの伝統はしばしば地理的に孤立している場所、主として山岳地帯、島嶼《とうしょ》、森林、あるいは大陸の末端部に分布している。サハラ砂漠以南のアフリカでのみ、ポリフォニー歌唱の伝統が一つの連続した地域として広がっている。

人々はなぜ歌うのかという疑問に答えるために、今日人々が歌う理由が、何世紀あるいは何千年前に人々が歌った理由とは異なっていることを、われわれは考えなければならない。次の章では、さまざまなポリフォニー様式の起源と相互の影響に関して、歴史的に検討することにしたい。

第2章

人類の「歌う」文化の歴史

†初期人類の進化過程における合唱歌唱

第1章では、合唱歌唱様式の世界的な分布について述べた。この章では人類のグループ歌唱の歴史に焦点をあて、人類の音楽文化を歴史的に遡《さかのぼ》って考える。現在入手可能な事実を概観した第1章とは異なり、本章は大部分が人類の歌唱の歴史の仮説的な再現に基づいており、人類の合唱歌唱という現象の、起源の問題に取り組むための確実な基礎を、少しずつ積み上げていく。

われわれが検討しようとしている一連の問題には、比較という方法論を広く適用する必要がある。私の同僚の多くは、現代の民族音楽学において比較研究が、しばしば強い疑念と、場合によっては敵意さえもって見られていることを知っている。そこで本章の主題の中心部分に入る前に、簡単にではあるが、民族音楽学における比較研究の歴史を検討しておく必要があるだろう。

比較研究 対 地域研究

第二次世界大戦後、民族音楽学の中心はドイツからアメリカに移った。これは単に地理的な変化ではなく、民族音楽学における重要なパラダイムの変化であった。簡潔に言うと、世界のさまざまな地域の音楽文化を比較し、そこから結論を導く広範な「比較研究」は、一つの文化や伝統に焦点を当てた綿密な「地域研究」へと取って代わられたのである。地域研究の方法論は文化人類学の伝統に基づいており、この方法の主要な目標は研究対象の文化に深く入り込むことである。この方法に従う民族音楽学者たちは、研究対象となる文化のあらゆる側面に目を向けようとする。社会的相互作用や音楽活動などのすべての体系の知識という、より深い「垂直型」の知識を獲得するために、さまざまな現地調査を実施し、地域の言語を学び、何年にもわたって住民とともに暮らし、地域の楽器演奏を習得する。研究対象となるどんな国、地域、あるいは村落であっても、社会的文化的生活の複合体系に入り込むこのような高度な水準の献身的活動は、当然、研究対象となる文化について注目すべき洞察を与えてくれよう。しかし同時に、どんな学者であっても生涯で研究することのできる文化の数はきわめて限定される。その結果、この方法に従う学者たちは、非常に限られた（通常はただ一つの）文化あるいは地域の専門家として自らを考えている。

いっぽう、戦前のドイツやヨーロッパの学者たちが用いた比較研究は、まったく異なる目的と方法をとった。比較という研究方法は地理的には広い範囲におよんだが、比較するそれぞれの文化に「垂直に」深く入り込むことはなかった。われわれはこの方法を「水平型研究」と呼ぶことができるだろう。学者たちはいくつかの文化を、ときには世界のまったく異なる地域について、それらの文化の深い知識もなしに比較研究を行おうとした。そうした研究では、彼らは自らが訪れたこともない文化から手に入れられる資料を頼りにしなくてはならなかった。もちろん、長期間にわたるフィールドワークをしたり、比較する文化の言語を学んだり、生涯にまでわたるような研究を目指すものではなかった。

「ヨーロッパ職業音楽ポリフォニーのコーカサス／グルジア起源という仮説」[★1]を著したナーデル[★2]やシュナイダー[1章★2]は、グルジアもコーカサスも訪れたことはなかった。つまり、比較音楽学の学者たちは、研究する音楽現象について地理的により広範な知識を持っていたが、比較される諸文化の深い知識は持っていなかったのである。

第二次世界大戦後、比較研究法は疑問視され、戦前のドイツの比較研究の大部分とともに拒否された。アメリカUCLA（カリフォルニア大学ロサンジェルス校）の著名な民族音楽学者ティム・ライスは、二〇〇一年、リオデジャネイロにおけるICTM（国際伝統音楽協議会）の大会で、このことに関して「だいじな赤ん坊が風呂水といっしょに投げ出されたのだ（不要なものを捨てようとして、肝心なものを捨ててしまった）」と私に語った。大きな議論を呼んだ、学会誌『Ethnomusicology（民族音楽学）』（二〇一〇）への、ごく最近のティム・ライスの論文[★3]は、この問題にもっと広い見地から取り組み、民族音楽学における普遍的な理論モデルを打ち立てようと呼びかけている。

文化人類学の方法を良しとし、深い地域研究という方法論にもっぱら依拠する私の同僚研究者のなかには、多くの文化に関する比較研究家たちの表層的な知識を批判し、彼らを「肘掛椅子に座る民族音楽学者たち」といって批判することもある。いっぽうで、広い比較研究家の研究をよしとする、その他の数少ない私の同僚たちは、深い地域研究の提案者たちを、研究視点の狭さや、もっと広い視点での研究に対して無関心であると言って批判する。

このどちらが「より良い」方法かという議論は、あまり意味がない。読者も同僚たちも、どんな研究の方法であろうと、その研究の目的に適っていれば、同意するであろう。もし、北インド集落の社会と音楽生活、あるいは、バリ島のガムラン中心の共同体の音楽生活や、北東ブラジルの都市における音楽生活を理解しようとすれば、われわれは何カ月も何年も費やして、彼らの社会・経済そして文化生活の詳細に立ち入り、彼らの言語を理解し、彼らの毎日の生活の流れを感じ取る必要がある。このような課題は、図書館に通って、その文化、地域、あるいは国について、出版物を読んだり、短期間その地域を旅行したりするだけでは、率直にいって解決できない。

いっぽう、たとえば弦楽器や、ドローン・ポリフォニーや、子守歌といったものの発達や分布の歴史を理解しようとすれば、一つの村や国に長期間にわたってフィールド調査を行い、言語を習得し、一つの伝統を驚くほど深くまた詳細に研究しても、その目的を達成することはできない。その代わり、われわれは洗練された現代の図書館やインターネットが与えてくれる、入手可能なあらゆるリソースを活用し、その他商業ベースで入手できるＣＤや諸資料などを含めて、可能な情報をすべて活用しながら、広範な比較研究を展開しなくてはならない。

それでもなお地域研究と比較研究の方法論を秤にかけようとするのなら、深い地域研究が民族音楽学の「バックボーン」をなすものであることを認めなくてはならない。地域研究は比較研究がなくても確かに存在しうるが、いっぽう、比較研究は地域研究の量と質に直接依存しているからである。

第二次世界大戦以前には比較研究のための地域研究の数は明らかに不十分であった。したがって、人間の音楽文化の発展に関する地球規模の理論や、一つの文化が別の文化から行う文化的「借用」などに関する広域にわたる理論は、不正確な事実認識や二次・三次資料の混じり合った情報に基づいていた。

今日、世界の多くの地域に関して優れた研究の数が増えているなかで、私は比較民族音楽学再興のときがきていると信じる。また、本書自体が比較研究の一例にほかならない。本書の著者である私はグルジア人であり、その第一の主たる専門はグルジア（およびコーカサス）の伝統ポリフォニーである。私がポリフォニーの起源の問題を研究し始めたとき、まず最初に明らかになったことは、この目的のためにはグルジア・ポリフォニーの深い知識だけでは不十分であり、ポリフォニーという現象、その分布類型や、世界中のさまざまなポリフォニー伝統のあいだに考えられる関係を研究する必要があるということであった。

ポリフォニー伝統はどのように比較できるのか?

さてそこで、比較という視点から入手可能な事実を分析しはじめる前に、比較研究という方法論の問題点を検討しなくてはならない。

私の生まれたグルジアでの音楽体験の具体的な例から始めよう。一九八〇年代の後半にグルジアの首都トビリシで、ソ連中央テレビの「虹」という番組が、コルシカ島の歌唱伝統に関するフィルムを放映したのだが、これはまさに歴史的な〝カルチャー・ショック〟であった。グルジア人たちはまだテレビ放映の続いているあいだに友人や親戚に電話して、〝グルジアの歌ではないのに、まったくそっくりの響き〟のポリフォニーの歌が聴けるから、早くテレビを点けて聴くように、と言ってまわったのである。

二、三千キロ離れたソ連の北部サンクト・ペテルブルグでは、同じ時間に同じテレビ番組が放映されていたが、民族楽器研究のオーソリティの一人である民族音楽学者イーゴリ・マツィエーフスキイは同僚のイザーリイ・ゼムツォーフスキイ★4に電話して、受話器をテレビに近づけて聴かせながら、「イザーリイ、いま誰が歌っているか、当ててみて?」と訊ねた。かつての私の先生で、世界的にも知られた民族音楽学者からは、「なるほど、これは確かにグルジア人だが、グルジアのどの地方かまでは分からない」と、イーゴリが期待した通り困惑した答えが返ってきた。ある意味で、ゼムツォーフスキイの答えは適切であった。コルシカのポリフォニー歌唱を聴いたことがなく、グルジアの歌唱をよく知っている人であれば、コルシカのポリフォニー歌唱はきわめて「グルジア的」に聞こえるのである。

実は、この歴史的な放送が行われるちょうど数年前から、私はグルジアの伝統ポリフォニーと歴史的に関係があると考えている声楽ポリフォニー伝統の研究に着手していた。私の研究は多くの友人や同僚たちの目には間違った目標を目指しているように映っていた。グルジアのポリフォニーはあまりにユニークなので、世界中どこにも深い関連物は見出せないものと考えられていたからである。コルシカ音楽に関するこのテレビ番組は、多くの私の同僚や親戚のものたちの態度を変えさせた。「あの驚くべきコルシカの合唱を聴いてから、君は間違っていないと思うようになったよ。グルジアのポリフォニー歌唱と関係の近い伝統があるかもしれない」と年配の同僚音楽学者は私に言った。

ごく最近になってからであるが、二〇〇八年にコルシカで、この地の優れた歌手フィリッペ・ロッキと会ったときに、私はコルシカの伝統音楽家たちも、一九七〇年代の初めにグルジアの伝統ポリフォニーの録音を初めて聴いたときに、同じような音楽的〝ショック〟を受けたことを知った。

というわけで、われわれは比較研究の基盤となるのは、（1）耳で聴いた印象か？　それとも（2）様式分析の結果か？　という決定的な疑問に到った。もちろん聴くことが最初で、いちばんだいじな手段であるが、最初に耳で聴いた印象というのは非常に強力で、誤解を生みやすいことも同時に心に留めておかねばならない。ゼムツォーフスキイがかつて私に語ったことであるが、バッハのフーガはカザフの伝統楽器で演奏されると、それだけでカザフの伝統音楽のように聞こえるのである。異なるポリフォニー伝統のあいだの並行現象を分析しようとするのであれば、比較する両文化間の様式分析という適切な基礎に基づかねばならない。

グルジアとコルシカのポリフォニー伝統の類似性〔の判断〕は、何よりもまず、聴いたときの強い印象に基づく。聴いたときの印象は聴き手に対して、詳細な様式分析よりも強い感性的な効果を与える。グルジア人の友人の何人かは（専門の音楽学者も含めて）、コルシカの歌唱を聴くまでは、他の歌唱伝統にグルジアのポリフォニーの〝親類〟のようなものがあるとは考えていなかった。様式的には、コルシカと東グルジアの宴席の歌のポリフォニーは異なっている。コルシカのポリフォニーはヨーロッパの職業音楽の和声体系に基づいているが、グルジアのポリフォニーはそうではないからである。一九八〇年代から一九九〇年代の研究を通して、私は一部の他のポリフォニー伝統（たとえば、アルバニアのポリフォニー）は、コルシカのポリフォニーほどグルジアの響きには近くないが、コルシカのポリフォニーよりも、様式的にはグルジアのポリフォニーに近いという結論に達した。

正しい方法を用いることは、どんな研究の企てにおいても非常に重要であり、ポリフォニー文化の比較研究においても同じことがいえる。私が採用しようとしている方法はきわめて単純である。この方法はポリフォニー伝統の様式上固有のパラメータ〔分類要素〕の組み合わせに基づいている。しかし、分かれて歌う歌唱伝統の分類と、様式上の比較要素の組み合わせを検討する前に、われわれはまず第一に、音楽の歴史を通時的に捉えた説明が、何らかの信頼に足る結論を出すことができるものかどうかについて検討しなければならない。さらにわれわれが検討するべき重大な問題は、音楽的資料が人類史上どれくらい昔まで遡《さかのぼ》ることができるか、あるいはもっと単純に、音楽が不変であるのかどうか、ということである。

言語と音楽のどちらが不変であるのか？

一部の読者にはこの設問はばかげていて「学問的でない」と思われるかもしれない。しかし、実際には、これはとても深刻な問題なのである。私はいくつかの民族音楽学会で、この問題に関して非常に激しい議論が交わされたことを思い出す。では、言語と音楽とどちらの方がより変化しにくいのであろうか？　多くの読者は、音楽のほうが人間社会や文化の中で変化しやすい要素の一つだと考えるであろう。おそらく「言語は流行によって変化するものでなく、何百年、何千年にわたって、人間の歴史と文化を通して生まれてくるものであり、何千年も何百万年もかかって、ゆっくりと変化する一定の規則のようなものがある。しかし音楽の様式はというと、それはほとんど十年ごとに変化し、いろいろな歌が文化や国境を越えて、驚くほど容易に伝わっていく。当然、言語の方が音楽よりもずっと安定したものであることに疑問の余地はない」と。私は言語学者の大半がこの主張に加わると思う。

しかしこの意見は、この話題に関する唯一の考えとはいえない。別の意見に耳を傾けてみよう。もう一つの見解に立つと、音楽は非常に変化しにくいものである。音楽がいかに変化しにくいかを正確に述べることは難しいが、この意見の支持者たちは音楽の方が言語よりもずっと変わりにくいと主張する。彼らに言わせれば、さまざまな歴史的（政治的、経済的、移住などの）理由によって、人々が（あるいは人々の一部が）

言語を失う例は数え切れないほどあるが、それでも音楽的伝統は受け継がれている。「そのうえ、最もすぐれた言語学的分析でも、人類の歴史を四、五千年以上遡《さかのぼ》ることはできない。しかし世界の伝統的音楽文化を見てみよ。――何千年以上、いや、何万年以上も前から続いている音楽伝統が見つかるではないか。もちろん、音楽のほうが言語よりもずっと変わりにくいものであって、この点に疑問の余地はない」のである。少なくとも一部の民族音楽学者はこの意見に賛成する。この考えを信じない人のために、この大胆な確言の背後にはもっともな理由があることを、私が知っているいくつかの文化の中から、音楽的伝統が変化しにくいことを示す歴史上の事例として二、三提示したい。

(1)オセット人はコーカサス山脈中央部の、ロシア側とグルジア側との両方に住んでいる。彼らはインド＝イラン系の言語を話し、中世のインド＝イラン系種族であるアラン人の末裔と考えられてきた。しかし、現代オセット人、中世アラン人、そしてこの地域の初期コーカサス人の身体的特徴の研究から、インド＝イラン系のアラン人は実際にはオセット人の遺伝子構成にあまり影響を与えていないことが分かった。[★5] 反対に、初期コーカサス人と現代オセット人のあいだには、明確な形質的連続性が存在している。このことは、言語の変化が原住人口の大部分の変化なしに起こったことを意味している。学者たちは人口が入れ替わることなしに言語が失われるこのようなケースがあることをよく知っている。いっぽう、オセット人の音楽は彼らの言語とは違って、他の原コーカサス人との明確な関連性を示している。このことから、中央コーカサス山脈の古オセット人は言語を失ったが、彼らの音楽伝統は(彼らの身体的特徴とともに)彼らの苦難にあふれた文化同化の過程を生き抜いた、という結論を導くことができる。

(2)隣接するバルカル人とカラチャイ人も同様の歴史を示している。両者ともチュルク系言語を話し、イスラム教徒であり、十六〜十七世紀に北コーカサスにチュルク語とイスラム教をもたらした中世後期のチュルク諸族の末裔であると信じられていた。だが、バルカル人とカラチャイ人の人類学的調査が証明したのは、オセット人の場合と同様に、バルカル人やカラチャイ人と中世後期のチュルク系の新来者とのあいだには、遺伝学的関係を示す重大な痕跡はなく、反対に、初期コーカサス人とバルカル人やカラチャイ人のあいだには、明らかに遺伝学的な連続性があることである。★6 このことは、原コーカサス人が新しい言語や文化の伝承者によって身体的に取って代わられることなく、新しい言語と宗教を採用したことを意味する。しかし、彼らの音楽は言語とは異なり、この過程の中で同化されることはなかった。

(3)音楽伝統の不変性を示すもう一つの例は、バルカン半島の山岳地帯である。この地域は、さまざまなインド＝ヨーロッパ語族の言語、少なくとも二つの大宗教、そして、数知れない文化伝統のつづれ織りのようなところである。と同時に、形質人類学者たちは、バルカンの山岳地帯の人々は明らかな形質上の均一性を示しており、いわゆる「ディナル型」人類学類型★7という、古代の前インド＝ヨーロッパ人からの遺伝的連続性もある、と主張している。この古代ディナル型は、南西ブルガリア、北ギリシャ山岳地帯、山岳アルバニア、マケドニア、セルビア、モンテネグロ、クロアチア、ボスニア、そしてヘルツェゴヴィナの住民たちのあいだでは、最も代表的である。これらの人々は現在では異なる言語や異なる宗教を持っているが、このことは新しい言語や宗教がこれらの地域に原住する人口を入れ替えることなく広がったことを意味する。形質人類学とは別に、音楽も同様にこれらのすべての地域の古代からの均質性を示しているのである。独特な不協和音を伴うドローン・タイプのポリフォニーはディナル型人類学類型と同じ山岳地帯全体、つまり、南西ブルガリア、北ギリシャ、山岳（主として南）アルバニア、マケドニア、セルビア、モンテネグロ、クロアチア、ボスニア、そしてヘルツェゴヴィナに広がっている。

というわけで、われわれは再び歴史の流れの中で、大きな人口統計学的変化のない住民の言語の変化を観察していることになる。言語は変化するにもかかわらず、ディナル型山岳地帯の歌唱伝統の古代からの一貫性は、彼らのポリフォニー歌唱の伝統によって、何千年ものあいだ保持されてきたのである。

これらいくつかの歌唱伝統の不変性の例で、音楽がきわめて変わりにくいものであることをじゅうぶんに示すことができたのではないかと思う。つまり、音楽様式や流行のメロディの万華鏡のような激しい変化にもかかわらず、音楽伝統には何かきわめて不変のものがあり、それこそがまさに、次に我々が検討しようとしていることなのである。

音楽文化において、何が変わらない要素で、何が変わる要素か？

どのような音楽伝統も、さまざまな要素の組み合わせを伴う、複合的な現象であることは記憶しておかねばならない。ある音楽言語の要素は驚くほど変わらないが、別の要素はきわめて変化しやすい。それらは容易に失われたり、反対に文化や領土を越えて獲得されたりする。たとえば、歌の旋律や楽器には、きわめて短時間のうちに文化を越えて広大な地域に広がっていくものもある。つまり、旋律は旅してまわるし、音楽の流行は確かに変化する。しかしそれでも、強固に変化しない音楽の要素も存在している。その変化する要素と変化しない要素を明確に区別することは、方法論上、決定的に重要である。不変の要素は、比較研究や歴史を再構成する際にわれわれが拠り所にしようとするものだからである。

この問題を検討するために、それほど古くない文化間の音楽の接触例を三つほど示そう。これらの接触例は、関わった人々も実際の状況も比較的よく知られている。これらのケースを詳しく見て、文化を越えた接触過程で、文化がどのように〝振るまう〟かを検討してみよう。これらの事例を見ることが、伝統的音楽文化における変化しやすい要素と、しにくい要素とを仕分けるのに役立つであろう。

(1)《私は幼い娘を失った》は東グルジアの都会の歌の典型的な例である。この歌の起源は明らかに近隣のアルメニアやアゼルバイジャンの伝統にある。そのことはこの旋律に用いられている中東の歌の伝統の特徴である増二度音程と、特有の旋律的装飾とを含む特徴的な音階によって明確に示されている。では、グルジアではこの旋律にどのようなことが起こったかを見てみよう。旋律の主要な要素は同じままであったが、この旋律がグルジアでは三声の和声を加えて歌われるのである。グルジアのポリフォニー伝統の原則にしたがって、本来モノフォニーの旋律が上下両側から、二つの和声づけの声部（主旋律よりも上の高い旋律の声部と、数人で歌われる低声部のドローン）によって取り囲まれるのである。

こうしたことは特別なことではなく、異なる文化のあいだで何千回となく起こってきたことである。ある文化の旋律が他の文化に入り、よく知られるようになる。どんな文化でもこのような借用の例は実にたくさんある。われわれにとって最も重要なのは、この移入の間に、**この歌がそれを受けとめる側の文化の固有の原則にしたがって、一定の変化を蒙《こうむ》った**ということである。この歌の場合は、モノフォニーの曲がポリフォニーの曲になっている。変化しなかったのが、グルジアのポリフォニーという固有の原則であったことは明らかである。

このような固有の原則は旋律よりもはるかに変化しないものである。言いかえれば、ある文化の変化する要素は「〈**何が**〉（他のどんな文化からも借用できる旋律が）演奏されるか」であり、変化しない要素は、それが「〈**どのように**〉（その文化の固有な原則に従って）演奏されるか」である。

あらゆる音楽文化は、他の文化から歌や旋律を受け取ることができるが、受け手の文化に固有の原則はそのままであるから、新たに受け入れられた旋律は、受け手の文化に自然に溶け込んでしまう。グルジアの伝統音楽で変わらないのは、（上声とドローンとの間の中間声部に主要旋律が置かれる）三声歌唱の伝統である。これがグルジア人が、中東、ロシア、ウクライナ、フランス、ジプシー、イタリア、イギリス、その他の旋律を歌うやり方なのである。

（2）次のケースは、グルジアの歌が、はるか遠く中央アフリカにまで旅した例である。このケースがとくに興味深いのは、二つのポリフォニー文化（グルジアとサハラ砂漠以南のアフリカ）の相互作用に関わるからである。

歴史のめぐり合わせから、一九八〇年代初めにグルジア人医師がソ連政府によって中央アフリカに派遣された。彼は見るからにグルジアの都会的歌謡の優れたアマチュア歌手であり、社交的にも親しみやすい人物で、新しいアフリカの友人たちにグルジアの都会の歌をいくつか教えた。グルジア人医師が帰国した後、グルジアのテレビ局が彼に関するドキュメンタリーを制作し、後にそれをグルジアで放映した。この番組のなかで三人のアフリカ人女性のライブ録音があり、有名なグルジアの都会の歌《春の雨がやってきた》を歌った。

単旋律《モノフォニー》のメロディがポリフォニー文化に取り込まれた前のケースとは異なり、今度はポリフォニー文化に属する一つの歌が別のポリフォニー文化に取り込まれたのである。したがって、オリジナルと新しいアフリカ版とのあいだの違いは少し込みいっている。多くの都会の歌と同様に、この歌では上二声が平行三度で進行する。そしてサハラ砂漠以南のアフリカの伝統的ポリフォニーは各声部の平行進行が支配的なので、オリジナル（グルジア）の平行三度は少しの変更もなく受け入れられていた。だがバス・パートは違っていた。グルジア風だとバス・パートはヨーロッパの和声体系にしたがって動くドローンなのだが、ドローン・ポリフォニーはサハラ砂漠以南のアフリカの歌唱様式には一般的ではなく、この歌のアフリカ版では、本来のグルジアのドローンは、上の二声といっしょに平行して動く違うパートに代わっていたのだ。

というわけで、このアフリカの場合でも、〈何を〉と〈どのように〉というあいだの同じ関係が観察されるのである。ここでもまた、中央アフリカの女性たちが「**何を**歌うか」と、「**どのように**歌うか」とを考察すれば、この二つの問いに対する答えが、われわれにまったく異なる事柄を教えてくれるだろう。「彼らは何を歌っているか？」という疑問に対する答えは、アフリカ人社会とはるか離れたグルジアとのあいだに、何か接触点があったに違いないということを、われわれに教えてくれる。「彼らはこの歌をどのように歌っているか？」という疑問は、「すべての声部が平行進行で歌われる」というアフリカの伝統ポリフォニーの主要原則を教えてくれる。この場合もやはり、別の文化の歌が新しい環境に入って、受け手の文化の固有の原則にしたがって吸収されているのである。

私はサハラ砂漠以南のアフリカの同様なケースを数多く知っているわけではないが、異なる文化からサハラ砂漠以南のアフリカに取り込まれたさまざまな文化の歌が、たいてい同じような変化を蒙《こうむ》っているに違いないとじゅうぶん確信している。

（3）もちろん、この種の借用はグルジアの例以外にも見られる。次のケースはアラブとポリネシアの音楽文化の興味深い相互作用を含んでいる。

一九八六年八月十九日付書簡で、ポリネシア文化と歴史の指導的専門家の一人であるヘイエルダール[★8]が私に、アラブ文化のモノフォニーの歌が、ポリフォニー的なポリネシア文化に取り込まれた非常に興味深い例について書いてきた。残念なことに、この手紙には楽譜は入っていなかったが、ヘイエルダールの言っていることは、これをきわめて明快に物語っている。「今年初めにイースター島を訪れた際に、三声で演奏するたくさんの合唱団を録音した。それらの歌の一部は、ポリネシアの他の場所で演奏されるものとはまったく異なっていて、私はそれらの曲がそのままアラブ世界から来たものであると、簡単に騙されてしまった」と。

このケースでも、ポリネシア人たちが「**何を**歌っているか（＝アラビア様式の歌を）」という問題が、ポリネシア人と遠いアラビア文化との文化／交易関係を教えてくれるし、「〈**どのように**〉歌っているか

（＝三声の和声で）」という問題が、ポリネシア伝統音楽の本来の規則について教えてくれる。ここでもやはり新しい旋律や新しい歌は容易にやってくるが、それらは取り込まれて、受け入れた文化の**固有の原則**にしたがって演奏されているのである。

われわれには、新しい旋律や歌がある文化から別の文化に取り込まれる現代のケースでも、伝統的な音楽文化がその歴史を通して用いたのと同じ、一般的法則を効果的に用いていると考えるじゅうぶんな理由がある。これこそが、オセット人、バルカル人、カラチャイ人、そしてバルカンの山岳民たちが、インド＝ヨーロッパ語族やチュルク人たちの激しい移動の時代を通して、しばしば言語や宗教の厳しい変化が伴っても、彼らの古代からのポリフォニー歌唱の伝統を保ったやり方であった。

結論を述べよう。「伝統的な音楽家たちは〈**何を**〉歌っているか？」という疑問に対する答えは、きわめて流動的であり、文化の接触を通して比較的変わりやすいということである。ときには散発的な接触であっても、じゅうぶんに新しい歌や旋律を文化の中に取り込む。反対に、「伝統的な音楽家たちは〈**どのように**〉歌うのか？」という疑問に対する答えは、彼らが根差す音楽文化の内在的原則についていっそう明確な情報を与えてくれる。言語と音楽の不変性に関する比較を思い起こしてみれば、特定の旋律は言語よりも文化から文化へと容易に動きまわり、旅をするが、音楽文化の内的な語法上の原則は、言語よりもはるかに永続的であるということができるのである。

ポリフォニー伝統の様式的比較要素《パラメータ》

われわれは、音楽文化のさまざまな要素が、時間の流れの中でさまざまに働くという結論に達した。ある要素は他文化との散発的な接触であっても、きわめて簡単に、またすぐに変化しうるが、他の要素は驚くほど変わりにくい。もちろん、変化しやすい要素も、しにくい要素もその文化に関して多くの情報を伝えてくれるが、「比較の道具」として最も役立つのは、音楽言語の不変の要素である。不変の要素を検討することこそが、時間的に最も隔てられた歴史上の出来事を扱うことを可能にしてくれる。

ほぼ三十年にわたる伝統ポリフォニーの比較研究を通して私が得たのは、ポリフォニー音楽の最も不変で最も重要な側面は、次の二つの様式上のパラメータ、(1)ポリフォニーの類型、(2)声部間の上下の組み合わせ、であるという結論であった。

もちろん、ポリフォニー伝統の比較研究に際して考慮に入れるべきパラメータは、たとえば、歌唱グループの社会的組織、音階、リズム、あるいは拍節などほかにもあるが、右記の二つのパラメータは決定的であり、われわれの研究ではもっぱらこの二つに依拠することにする。まず、これら二つのパラメータについて論じておこう。

(1)ポリフォニーの類型　このパラメータは、様式上最も重要なパラメータである。その理由は、これがどのポリフォニー伝統においても主要な特徴要素であるからだけでなく、人間の歴史の流れの中で顕著な不変性を示しているからである。人種と文化の複雑な混淆のあいだに、そして移住の過程の中で、ポリフォニーの類型は比較的生き残りやすい。

ポリフォニーの類型は、

(a)オスティナート：ほとんどのポリフォニー伝統に存在し、ピグミーのように一部の文化では、完全に支配的である。

(b)ドローン：多くのヨーロッパや太平洋のポリフォニー伝統に存在する。

(c)平行ポリフォニー：とくにサハラ砂漠以南のアフリカのポリフォニー伝統に広く行われている。

(d)変奏ヘテロフォニー：特に東スラヴ地域で一般に行われている。[★9]

(2)声部間の上下の組み合わせ　ポリフォニー文化はポリフォニーの類型だけでなく、歌の中で人々が好む音程間隔も異なっている。より学問的にいえば、各文化では声部間の縦の組み合わせの原理が異なるのである。縦の組み合わせには二つの基本的な類型があり、ある文化は不協和な音程（主として二度）の響きを好むが、ある文化では協和音程（主として三度）の響きが好まれる。

以上で比較研究に移る上での方法的な準備が整ったが、その前にポリフォニー歌唱伝統の比較研究に関して、さまざまな学者たちがどのような考えを述べてきたかを概観しておこう。

ポリフォニーに関するさまざまな比較考察（年表）

できるだけ簡潔に分かりやすくするために、伝統ポリフォニーの比較考察に関連する考え方や重要な出来事を、年表にまとめてみた。この年表は、中世から近代に至る伝統的ポリフォニーについての記録である。

1180年代 ギラルドゥス・カンブレンシス★10はブリテン諸島のポリフォニー歌唱の伝統を詳しく描いているが、ブリテン島北部のポリフォニーがノルウェー人やデーン人〔デンマーク語を話すヴァイキングと呼ばれ恐れられていたノルマン人の一派〕たちによってもたらされたことを示唆している。

column

初期ヨーロッパ・ポリフォニーに関するギラルドゥス・カンブレンシスの論述

広い教養を備えたウェールズ人の思想家ギラルドゥス・カンブレンシス（一一四六～一二二三）は、ヨーロッパのポリフォニー分布に関して、おそらく最も重要な初期資料を残している。彼がはるか昔の十二世紀末におけるウェールズとイングランドの音楽生活について書いているのを読んでみよう。

「彼ら〔ウェールズ人〕の音楽の快い響きについて言えば、彼らは、他所《よそ》で行われているように一律に歌うことはせず、多くのリズムや旋律をまちまちに歌う。そのため、この歌い手たちの間からは、それがこの人々の慣例であるのだが、彼らの頭数と同じ数の異なる歌や違った声が聞こえ、変ロ音の滑らかな甘い響きと調和した、有機的な（ポリフォニックな）メロディが聞こえてくるだろう。また、大ブリテン島の北部ハンバー川を越えたヨークシャーの国境地域では、この地に住むイングランド人たちも同じように調和した和声を用いるが、こちらは二声で、一つの声部は低く囁くように歌い、もう一つはその上で同じように柔らかく、楽しげに歌う。

どちらの国の人々もこの特徴を技術によってではなく、長い習慣から獲得しているので、これはあたかも自然に生まれたかに見える。そのうえ、これは両国で流行し、今や深く根づいていて、どんな音楽も単純には演奏されず、前者では多数の、後者では二つの声部で演奏される。さらに注目すべきは、やっと幼児期を越すかどうかの子供たちが、ようやく泣き声が歌に変わるかどうかの時期から、同じ音楽行動を示すのである。……一般のイングランド人はこのような音楽の演奏法を用いず、北部に住む人だけがこうした演奏をする。つまりこの島のこの地域は、デンマークやノルウェーから来た人々にしばしば侵略され、長い間占領されていたため、人々は話し方ばかりでなく、このような歌い方の特徴をも身につけたのである。[★11]」

1496年　イタリアの音楽理論家フランチーノ・ガフーリオ[★12]は、当時のヨーロッパの職業音楽にはきわめて珍しい、二度の不協和音に基づく、ミラノ教会の歌唱スタイルについて書いている。同じような不協和な音によるポリフォニーは、もっと初期の一〇二〇年代と一〇三〇年代の史料に、グィード・ダレッツォ[★13]によって記されていて、中世の音楽家達のこの歌唱様式は「狼の吠え声」と呼ばれ、嫌われたことが知られている。

1770年代

ジェームズ・クック[14]の探検隊の参加者がポリネシア人のポリフォニー歌唱を記述した。詳細な描写の性格によって、かえってこの情報はヨーロッパの職業音楽家から不快感をもって受け止められた。

column

ポリネシアのポリフォニー　ヨーロッパの音楽家たちへの衝撃

ヨーロッパの旅行者たちが太平洋諸島の村落に初めて遭遇したとき、人々がポリフォニーの歌を非常に好んで歌っていることが明らかになった。「彼らは声部に分かれて歌い、同じ拍子を保ちながら、決してたがいの音高を越えることなく、四つの音を変化させる。多くの歌い手たちと、きわめて限られた旋律がいつもいっしょに聞こえる。歌詞と声部の違いには、少しバラエティがある。（私が聴いた）歌手たちは全員が女性だった。ある者はドローンをなす低音だけをずっと歌っていた。」――この雄弁できわめて専門的な描写は、一七七二～一七七五年のクックの二度目の航海時のものである。

オセアニアの人々の多声で歌う能力に関する非常に明確な情報は、クックの三度目の航海からももたらされている。「たくさんの人々がいる場合には、彼らはいくつかの声部に分かれて、それぞれが違った調で歌い、非常に快適な音楽を醸し出す」と。初期の記録は通常では使わない和音（おそらく不協和音）でも歌うと指摘している。「われわれは時々いくつか不協和な音に気づいた。しかしその音に、これらの人々の耳はとても満足しているようだった」と。
初期の旅行者たちのこのように明快で正確な描写は、ヨーロッパ人と初めて遭遇する前から、ポリネシアの人々のあいだでポリフォニー歌唱の伝統が広く普及していたことに疑いをはさむ余地はない。驚くことに、それでもヨーロッパの職業音楽家たちは、ポリネシア人たちが声部に分かれて歌うことができることに疑いを持った。ヨーロッパの音楽学者たちが、ポリフォニーは中世の修道士たちがそれを「発明」するよりも前から存在していたと確信するまでには百五十年の年月が必要であり、ヨーロッパ文明と接触のない世界のさまざまな地域に、さらにいくつもの声楽ポリフォニーの伝統が発見されることが必要であった。

1906年　ヴィクター・レーデラーは、北欧がポリフォニー現象の生誕地であったと考えた。★15

1909年　ドイツの比較音楽学を発展させた、もっとも影響力のあった学者であるホルンボステルは、非西欧のポリフォニーに関する最初期の論文の一つを発表した。彼はまた、アフリカと中世のポリフォニー間に一定の並行現象があることについて見解を述べ、ポリフォニーの「和声的」タイプと「旋律的」タイプという考えを着想した。★16

1909年　チェコ人のルドヴィク・クバは、バルカンの山岳地帯の村落で聞かれる、異常な不協和な歌い方は、非常に古い共通の歌唱伝統の名残りであると考えた。★17

1924年　二十世紀最大の音楽学者とも呼ばれることのあるクルト・ザックスは、シュメールの石板を研究して、そこに多声の曲の楽譜が含まれていると考えた。★18　この考えは一九三三年に厳しい批判を受けて、その後ほとんど忘れられた。

1925年 ヴァシル・ストインは、ブルガリアの伝統ポリフォニーの初期研究者の一人であったが、ヨーロッパのポリフォニーの起源がブルガリアにあると考えるにいたった。★19

1926年 最初のアフリカ出身の有力な音楽学者とも言われるジョージ・バランタが、アフリカの旋律は和声の背景の上に構成されており、二拍子が基本であると書いた。★20

1932年 ジョーゼフ・ヤッサーは音階組織と平行ポリフォニーの類型との相互関係に着目した。彼は平行四度と平行五度が半音をもたない音階と関係があり、平行三度が全音音階と関係していると書いた。★21 このような音階組織とポリフォニーの類型との関係は、後にサハラ砂漠以南のポリフォニーを説明するのに広く受け入れられた。

1933年 ジークフリード・ナーデルがグルジアの伝統ポリフォニーを研究して、それが中世の職業音楽の起源に貢献した可能性があるという考えを述べた。★22

1934年〜 ホルンボステルの弟子で、『多声音楽《ポリフォニー》の歴史』の著者であるマリウス・シュナイダーは、伝統的および職業的ポリフォニーに関する世界規模での詳細な研究を行った唯一の著者であり、生涯にわたるポリフォニーという現象の起源をめぐる調査によって、ポリフォニーは東南アジアからアジアの南部とコーカサスを通って、後にヨーロッパに達したと論じた。★23

1940年 チャールズ・シーガーは、『シェイプノート歌集』〈アメリカの中西部で現在も用いられている箇易記譜法による歌集〉と、アフリカ系アメリカ人のスピリチュアル、そして中世ヨーロッパのポリフォニーの初期の例のあいだに興味深い共通点を考察した。★24

1952年 ハンス・ヒックマンは、古代エジプト人がドローン歌唱によるポリフォニーの伝統を持っていたと結論づけた。★25

1953年 ヤープ・クンストは、バルカンとインドネシアのポリフォニーのあいだの著しい類似性は、これら二つの地域が古代において接触があった結果ではないかという、民族音楽学上の有名な仮説を出版して論議を呼んだ。★26

1955年 ロイド・ヒッバードが、ギラルドゥス・カンブレンシスの有名な文章を検討して、「オルガン」という用語は（それが楽器の名前と見なされる以前には）「多声歌唱」を指す古い用語「オルガヌム」の意味で用いられていた、と結論づけた。★11

1956年 イヴェット・グリモーはジルベール・ルジェとともに、中央アフリカのピグミーと南アフリカのブッシュマンのポリフォニー伝統の近親性に着目した。1章★9

1957年 エーリヒ・シュトックマンは、アルバニアとグルジアのポリフォニー歌曲を含む、初めての比較研究論文の一つを発表した。★27

1958年 ツヴェトコ・リートマンは、バルカンの人々のポリフォニー伝統は、非常に古い時代の共通の歌唱文化の生き残りでありうると指摘した。★28

1960年 ポール・コレールは、ヨーロッパのポリフォニー伝統を研究し、ヨーロッパの職業音楽としてのポリフォニーの出現は、ヨーロッパ人の古代のポリフォニー伝統から刺激を受けた結果である、と結論づけた。1章★3

1961年 アルバート・ロイドは、バルカン半島の孤立した山岳地帯の、進化した複雑なポリフォニー伝統（アルバニアの四声歌唱のような）は、最近になって発展したものではなく、ずっと古い伝統の生き残りであるにちがいない、との考えを表明した。[★29]

1961年 ブルーノ・ネトルは北米先住民のポリフォニーに関する情報をまとめ、ドローン・ポリフォニーの要素が散在するのは、（1）これらの孤立した小地域のポリフォニー歌唱がもっと広く存在していたことの名残りであるか、（2）北米先住民が、本来のモノフォニー伝統から自身のポリフォニー伝統を発展させる直前にあったことを示しているのかもしれない、と示唆した。[1章★18]

1963年 オスカール・エルシェックは、ヨーロッパのポリフォニー伝統の比較研究を行った。彼は東スラヴ、カルパチア、アルプス、地中海（バルカン、サルディニア、ポルトガル）、コーカサス、そしてアイスランドという六つの主領域を区別して、ポリフォニーは一つのヨーロッパ的現象ではないと結論した。[★30]

1964年 エルンスト・エムスハイマーは、研究者らしい慎重な態度で、ヨーロッパのポリフォニー伝統について書き、ヨーロッパのさまざまな地域の個々に孤立した伝統間の相違を強調して、ポリフォニーの声楽形式と器楽形式とのあいだには、一般に関係がないことを示唆した。[★31]

1966年 ニコライ・カウフマンは、リートマンとは別に、ポリフォニー伝統はバルカン人（おそらくイリュリア Illyrian 諸族〔イリュリアはすでに死滅した印欧語族の一派〕）に共通する非常に古い歌唱文化の名残りであるという、同じような結論に達した。[★32]

1968年 オーストリアのゲルハルト・クービクは、サハラ砂漠以南のアフリカのポリフォニーの最も積極的な研究者のひとりであり、サハラ砂漠以南のアフリカの音階組織と声楽ポリフォニーとの関係について研究した彼の学説は広く受け入れられている。[★33]

1968年　ICTMがガーナで年次世界大会を開催したが、その二つの主要テーマのうち、一つは「民俗音楽・舞踊における多声技法」であった。

1968年　アラン・ロマックスは「カントメトリック Cantometric」[★34]計画の主唱者であったが、ポリフォニー歌唱が実践されている社会では、社会的結束力があることと男性支配がないことが、特に重要であると書いた。彼は西ヨーロッパのポリフォニー伝統は、山岳地帯や島嶼《とうしょ》など「西ヨーロッパの周縁」に生き残った古い伝承であると考えた。

1971年　アン・ドラフコーン・キルマーが、素焼き粘土板に記録された古代メソポタミアの古い音楽例を研究し、それがポリフォニー（器楽）音楽を示していると示唆した。[★35]この考えは批判を受けたが、今日でも広く知られている。

1972年　ソ連作曲家同盟伝統音楽委員会（議長・エドゥアルド・アレクセーエフ）が、伝統ポリフォニーだけを議題にした、最初の会議をグルジアで組織し、旧ソ連から広範な音楽学者や民族音楽学者が集合した。

1973年　オーストリアのザンクト・ペルテンで国際会議「ヨーロッパ民俗音楽におけるドローン」が開催された。これは私が知るかぎり、ヨーロッパで初めて開催されたポリフォニーについての会議である。

1980年　エーディト・ゲルソン＝キヴィは、サマリア人のポリフォニーとシリア教会のオルガヌムと

のあいだに、また、おそらくコーカサス系民族のポリフォニーとのあいだにも、歴史的関係がありうると論じた。★36

1980年
フロリアン・メスナーは、バルカン、インドネシア、そして太平洋地域のポリフォニー伝統を研究し、ブルガリアの不協和歌唱に関する本を出版して、二度の音程間隔による不協和な歌唱という現象を、より広い視点から考察した。★37

1981年
アリカ・エルシェコヴァは、バルカンとカルパチアの声楽ポリフォニーの比較研究を行った。★38

1983年
カール・ブラムバツは、バルト諸民族のポリフォニー伝統を検討して、それらを地中海と東ヨーロッパという広い関係の中に置き、ヨーロッパにおけるドローン・ポリフォニーという現象の古い起源（おそらくインド＝ヨーロッパ語族以前に遡《さかのぼ》る）について、ヨーロッパの多数の学者グループと意見が一致した。★39

1984年
アメリカ合衆国のバプティスト派賛美歌の専門家ウィリアム・H・トールマッジは、現代の集会歌唱のさまざまな例を使って、民俗ポリフォニーの起源をモノフォニーから説明しようと試みた。★40

1980年代～1990年代
クワベナ・ウンケチアは、サハラ砂漠以南のアフリカの多くの地方伝統を研究し、研究者が実地で集めたものではない「二次資料」の重要性について書いた。「……一人の人間が一つの国や地域全体（ましてやアフリカ全体）をカバーするようなフィールドワークを行うことは不可能である。ラジオ局や政府機関、情報局などの未公開資料も含めて、二次資料からの情報も用いざるをえない。情報局にはたいてい写真のアーカイヴがあり、音楽イベント、演奏者、そして楽器などの写真を保管している」。[★41]

1984年

隔年で開かれる、伝統的ポリフォニーに関する一連の国際会議の第一回が、グルジアのトビリシで開催された。これらの会議はさまざまな国の学者たちのあいだの直接的な接触を促し、これからの世界のポリフォニー伝統研究への基盤を準備した。

1988年

音楽と民族の起源に関する二つの論文（イザーリイ・ゼムツォーフスキイとジョーゼフ・ジョルダーニア）が、ソ連の全国誌《ソ連民族学 Советская Этнография》の同じ号に掲載された。

1989年

ロシア共和国の諸民族に関する特別会議がヴォローネジで開催された。この会議はそれまでほとんど無視されてきた、ロシアにおけるドローン・ポリフォニーの伝統が初めて注目されたという意味で重要であった。

1989年、2005年

ルドルフ・ブランドルが、二度音程のポリフォニーの起源は古いものであるという考えに疑念を表明し、また、声楽のドローンは十九世紀に器楽のドローンの影響下で始まった可能性があると示唆した。[★42]

1991年

シムハ・アロムはピグミーの研究を広範に展開し、ポリフォニー音楽の革新的な記録方法で広く知られるようになった。一九九一年、アロムはパリに伝統的声楽ポリフォニーに関する初の国際研究組織を設立した。

1991年、1998年
ニノ・ツィツィシヴィリは、グルジアと南スラヴ諸族の民族誌におけるポリフォニー伝統といくつかの要素について、並行現象があることを研究した。別の研究で、彼女は東グルジアの祝宴の歌に見られるドローンを基本としたポリフォニー歌唱には、インド＝ヨーロッパ語族の要素が存在していることを示唆した。[★43]

1992年
マーティン・ボイコはバルト諸族のポリフォニー伝統を研究し、バルト地域のポリフォニー伝統（スタルティネス）と特徴的な考古学上の文化の保持者たちとのあいだに直接的な関係があることを示唆した。[★44]

1999年
エマニュエル・オリヴァーとスザンヌ・ファーニスは、ピグミーとブッシュマンのポリフォニーのあいだの関係を批判的に検証し、他のほとんどの研究者たちとは異なり、彼らのポリフォニー伝統間の類似性は、表面的なものに過ぎないと結論づけた。[★45]

2002年
伝統ポリフォニーに関する第一回国際シンポジウムがトビリシで開催され、当初の定例会議を隔年ごとの大規模な国際会議とした。同時にユネスコと日本政府の助成を受けて、トビリシ音楽院に「国際伝統ポリフォニー研究センター」が設立された。

2002年
国立台北芸術大学音楽学部の主宰で、ポリフォニーに関する国際会議が開催された。このような会議は、アジアで開催される最初の（そして現在のところ唯一の）ものであった。

2005年
ヨーロッパの伝統的ポリフォニーに関する特別の会議「ヨーロッパの声」が、ウィーンで開催された。このシリーズの第二回会議は二〇〇八年に行われた。

2005年　ボゼナ・ムシカルスカは地中海地方の鋭く不協和な歌唱を研究し、ヨーロッパの職業音楽家によるポリフォニーが、「音調の最大限の純正さ」を得るために「かなり知的な作業の関与」が要求されるのに対し、〈不協和な〉二度音程の歌唱は、ほとんど「直感に基づいており、かなり感情の影響下で形成される」と結論した。★46

2006年　ヴィクター・グラウアーは、世界中の声楽および器楽ポリフォニー形式という広い観点から、中央アフリカ・ピグミーのポリフォニーを研究し、ピグミーのポリフォニーが十万年前の先史時代にまで遡《さかのぼ》る、人類の合唱歌唱の最初期の型の生き残りである可能性を示唆した。★47 グラウアーは、二〇〇七年にはアフリカの歌唱様式と遺伝子マーカーとの比較研究を開始したが、★48 これは画期的な予備的成果をもたらすかもしれない。★49

2009年　ICTMに伝統ポリフォニーに関する研究グループが設立された。この研究グループの最初の会議が二〇一〇年にイタリアのサルディニア島で開催された。

2010年　ダイヴァ・ラチウナイテ＝ヴィチニエネがリトアニアとアイヌの伝統ポリフォニーの比較研究に関する論文を発表した。★50

2012年　伝統ポリフォニーの比較研究が、グルジアのトビリシで開催された伝統ポリフォニーに関する第六回国際シンポジウムの中心テーマとなった。

以上、ポリフォニーの研究における、分布や起源に関する考えや出来事の比較一覧を記したが、もちろん、これが完全なものとは考えていない。しかし、この一覧によって、中世から今日に至るまで、さまざまな学者や思想家が記した考えの多様さと豊富さを、読者に感じていただけたと思う。
では、伝統的ポリフォニーという現象の起源探究の歴史に向かって、さらに深く歩を進めよう。

ポリフォニーの起源　どのようにしてそれを探り出すか?

人間の歌唱において、モノフォニーとポリフォニーという、きわめて異なった二つの様式があることに目を向けたとき、音楽家たちはすぐさま、モノフォニーのほうが最初で、最も原始的な様式であると考えた。ポリフォニーはあとからできた文化的創造で、音楽の新しい、より高度な発展段階であり、人類のすべての文化が、結局はそこに到達すると考えたのである。

この考えは人間の音楽性の発達にとって、きわめて自然なことのように思われたので、この仮説に対して誰も説明を加えようとはしなかった。実際、これは仮説というより、なんら証明の必要もない公理と(たとえば「全体は、いかなる部分よりも大きい」という公理のように)考えられたのである。

初期のモノフォニーからポリフォニーへの進歩が公理に等しいと考えられた理由は、(1)単声での歌唱はいくつか組み合わせた声部の歌唱よりも、一般に歌いやすいこと、(2)十九世紀まで研究探求されてきた唯一の音楽様式であるヨーロッパ職業音楽の歴史もまた、モノフォニーからポリフォニーへの発展の明確な歴史だったこと、であった。

驚くにはあたらないが、ポリフォニーは、九世紀にヨーロッパのキリスト教修道士によって新たに発明され、中世のキリスト教修道士を通じてさまざまな文化に伝播した、と長いあいだ信じられてきた。すでに指摘したように、ダーウィンでさえ、古典的な名著『人間の進化と性淘汰』において、周知の事実として、和声は後から発展したものであると述べている。

このきわめて論理的で、一見明白な図式の唯一の問題は、それが世界中のモノフォニーとポリフォニーの伝播において、現実に存在する事実と一致しないということである。そのような不都合な事実はすでに十八世紀から見られるようになっていた。

十八世紀にポリネシア人のあいだに声楽ポリフォニーが発見されたとき、ヨーロッパの音楽家たちはそれを、かのポリネシア人たちが、ヨーロッパの修道士や音楽家たちの助けなしにポリフォニーを発達させたなどとは、まったく信じなかった。ポリフォニーの起源がヨーロッパの職業音楽であるという考えが間違っている、という最初のサインは簡単に無視されたのである。同様のことは、いくつかの他のポリフォニー伝統に対しても起こった。それがきわめて明白な場合でも、これらの事実は「原則からこぼれた例外」と考えられたのであった。しかし、一九三〇年代までに声楽ポリフォニーの伝統が、ヨーロッパの伝道者たちと歴史的接触のまったくないいくつもの文化で記録されたことで、パラダイムの転換の環境が整ったのである。

マリウス・シュナイダーとジークフリート・ナーデルが（ほとんど同時に）、少し遅れてポール・コレールが、ポリフォニーの起源について新しい仮説を立てた。彼らの説によれば、ポリフォニーはヨーロッパの職業音楽家たちではなく、伝統的な歌手たちが発明したもので、それも九世紀以前に起こった。

彼らの新しい仮説によれば、声楽ポリフォニーの誕生地は東南アジアであり、そのポリフォニーが東南アジアからインド、ペルシャ、そしてコーカサスを経て、はるばるヨーロッパにまで到達したというのである。

ナーデルはグルジアのポリフォニーがヨーロッパの職業音楽のポリフォニーの誕生に影響を与えたと考えた。ポール・コレールによれば、ヨーロッパの職業的ポリフォニーの出現は、土着の古いヨーロッパのポリフォニー伝統の発展の結果であった。

というわけで、一九三〇年代に最初の大変化が起こった。このときからポリフォニーがヨーロッパの職業音楽家たちの発明であるとは、あまり考えられなくなった。ポリフォニーがモノフォニーからの「発明品」という考え方はまだ生きていたものの、二十一世紀初頭になって初めて、この公理ともいうべき考え方にも変化が訪れたのである。

ここで一つ確認しておこう。ポリフォニーがモノフォニーから発展したという考えが、読者にとって最も自然であると思えるとしても、それを当然のことと考えたり、推測によってヨーロッパの職業音楽のポリフォニーの歴史を、世界の他の地域に当てはめようとすることはやめよう。

われわれは、学問的方法の基本的前提には従わねばならない。つまり、まず事実を蓄積しなくてはならない。その後で初めて、これらの事実に適合する仮説を見出すべきである。もし仮説が正しければ、矛盾する事実は少しも残らないはずであり、幸いにして正しい仮説を見出すことができれば、ジグソーパズルのピースはすべてしかるべき場所に適切に収まり、図柄に合わせて無理に押し込む必要はないだろう。

しかしわれわれは、ポリフォニーがモノフォニーからの発展であると考えるなら、その事実をどうやって確かめることができるだろうか？　それは現実的であろうか？　もちろんタイムマシーンに乗って、数世紀前、あるいは何千年も前に、われわれの祖先が何を行っていたかを確かめに行くことはできない。しかしそれでもなお私は、**人間の文化の記録された歴史**の助けを借りて、これを行う方法を提案することができる。

音声記録技術は一世紀あまり前にできた。これはそれほど古くはないが、過小評価すべきではない。音声記録技術の他にも、世界のさまざまな地域から数多くの書き記された資料が集まる。それらは何百年も何千年も過去に遡《さかのぼ》ることができるし、ある地域では四、五千年も前にまで達する。さらに、多くの読者はご存じないかもしれないが、音楽の記録法は人類文化の最初の記録文書とほとんど同じくらい古くからあり、数千年も前に書き記された音楽作品さえ残っているのである。あとで、古代メソポタミアにポリフォニーが存在した可能性を検討する際に、われわれは最古の音楽作品に目を向けることになるだろう。

さまざまな文化の歴史的および考古学的記録を検討することで、われわれは数世紀、あるいは数千年にわたる、ポリフォニーを含む人間の音楽文化の発展に関して、歴史的概観や発展の傾向を知ることができるだろう。これらの記録は、ポリフォニーが最近の文化的「発明」であるという学説を提示した人々が考えたように、ポリフォニーが次第にモノフォニー文化に取って代わっていくということが真実であるかどうかを検証する上で役に立つ。もしこのような流れが実際にあるとすれば、以前にはポリフォニーの伝統がなかった地域に、新しいポリフォニーの伝統が生まれるのを実際に目撃するはずである。これがまさに、これから私が試みようとしていることである。

column

アンデス山脈の出現とポリフォニーの起源

チャールズ・ダーウィンは二十六回目の誕生日の一週間後、森の中で休んでいるときに、一八三五年二月二十日にチリを襲った大地震に遭遇した。地震の数日後に海岸を散歩していたチャールズは、いつも水中の岩の上に棲んでいる軟体動物が、水面よりもずっと高い岩の上にいることに気づいた。彼は、これが最近の地震の結果であり、より大きな歴史的スケールでいえば、何百万年ものあいだに起こった一連のこのような地震が、実際の地面の隆起をもたらし、アンデス山脈の巨大な山並みの原因になったと結論づけた。ダーウィンは風景が変化する歴史的ダイナミックスを正しく理解しており、残るのは短いタイムスパンでの（人が実際に目にすることのできる）変化の結果を重ねて、人が目にすることのできない大きな進化の尺度に積み上げるという問題であった。

ある事柄は信じがたいほど緩やかである。たとえば両アメリカ大陸は、人の指の爪が成長するのと同じくらいの速度で、西側に向かって動いている。このような規模での緩やかな発達を理解するためには、「歴史動学 historical dynamics〈歴史的変化の類型を研究する学問〉」を学ぶ必要がある。数世紀、数百万年をかけて進むどのような過程も、それを正しく理解するには、歴史動学の問題が決定的に重要な役割を果たす。声楽ポリフォニーの起源に関わる過程もそこに含まれるのである。

ポリフォニーは出現しているのか、消滅しているのか?

ここで、声楽ポリフォニーが消滅したことが歴史的にはっきり記録されているケースの一覧に目を通そう。

北欧 教養のあるウェールズ人、ギラルドゥス・カンブレンシスによって明確に書き記された記録によると、大きなグループをなす北欧諸国（スカンジナヴィアから大ブリテン島まで）が、十二世紀末まで声楽ポリフォニーの活発な伝統を持っていた。利用できる資料としては、今日これらのほとんどの国々では、最近のヨーロッパ共通の様式である平行三度を伴うポリフォニー以外に、声楽ポリフォニーに関して何の情報もない。アイスランドだけは二十世紀の初頭まで、初期の形式のポリフォニーを保存してきた。

イタリア　ロンバルディア地方に、二度の歌唱が十五世紀に記録されたが、のちに消滅した。

リトアニア　絶えず持続する二度の不協和音に基づく、「スタルティネス」と呼ばれるユニークなポリフォニーの形式があったが、この二世紀のあいだに消滅した。

ラトヴィア　十九世紀末に、中央にドローンが響き、第三パートがその長二度下の音程で歌う三声のポリフォニー歌唱の伝統が、アンドレス・ユリアン[★51]によって記録されたが、消滅してしまい、ほとんど痕跡を残していない。

エストニア　二十世紀初頭にヘルベルト・タンペレ[★52]がドローン・ポリフォニーの伝統を記録したが、この伝統の痕跡は消滅した。

ロシア　独立した旋律を伴う二重唱と三重唱の歌唱伝統が、一九二〇年代にエヴゲーニ・ギッピウス[★53]によって記録されたが、その後二度と聞かれることはなかった。

シチリア　保存されている録音では、シチリア島の西部も、地中海の島の他の地域と同様に多声的であったが、一九六八年の地震以降に、この伝統は失われたと思われる。

マケドニア　マケドニアの民族音楽学者によると、政府の政策の結果、不協和な二度間隔の音程で歌うマケドニアの歌唱伝統は一九五〇年代から一九八〇年代のあいだに消滅した。

カリフォルニア　歴史資料や保存されている録音によれば、南カリフォルニアの先住民族のあいだに声楽対位法の興味深い形式があったが、これもまた失われた。

ベネズエラ　イザベル・アレツ[★54]によると、ララ、ファルコン、そしてポルトゥゲーザの諸州では、一般的傾向として、三声部の歌唱が消滅しつつある。

台湾　日本の学者たちが台湾の先住民諸族のあいだで録音した記録によると、山岳部の部族、サイシャットは平行四度で歌う伝統を持っていたが、後に失われた。

インドネシア　ダナ・ラッパポルト[★55]によると、中央スラウェシの声楽ポリフォニーの伝統の一部は、この数十年のあいだに消滅した。

ポリネシア　アドリエンヌ・ケプラー[★56]によると、トンガの六声の声楽ポリフォニーの伝統は、物知りの年配の歌い手は今でも覚えているが、結局失われ、一部は最近のヨーロッパ風の三声歌唱に取って代わられた。

アフリカ　シムハ・アロムによると、一九七〇年代以降、ピグミーのあいだで声楽および器楽ポリフォニーの伝統は消滅しつつあり、四声で知られていたいくつかの歌は今日では三声または二声の形でしか知られていない。

グルジア　南部、東部、そして北部グルジアでは、声楽ポリフォニーの伝統が喪失（ないしは大きく減少）したことが記録されている。

以上、声楽ポリフォニー伝統の消滅が記録されたケースを挙げたが、これですべての失われた伝統を、完全にリストアップしているわけではない。声楽ポリフォニー伝統の消滅について書くことは、民族音楽学において決して目立った顕著な傾向ではない。私は伝統的ポリフォニーのあらゆる側面にずっと目を向けてきたが、ポリフォニー伝統に興味を抱く民族音楽学者たちが、世界のさまざまな場所における声楽ポリフォニー伝統の消滅や退化について、この他の多くのケースを挙げてくれることを願っている。

このような消滅や退化の理由が分かっている場合もある。たとえば西シチリアでは、それは伝統社会の社会生活を破壊してしまった自然災害であった。また、マケドニアの場合は、「時代遅れ」の文化習慣に対して戦うという、社会主義国家政府の政策が主たる理由であった。幸運にも「逃がれる」ことができた例もある。フェリクス・キリチとヴォルフガング・ラアデによれば、コルシカの偉大なポリフォニーの伝統は一九五〇年代から一九七〇年代にかけて、消滅への道を進んでいた。[★57] しかしその後、国家の文化政策の変化と国際的成功によって、コルシカのポリフォニー歌唱の伝統は、コルシカの文化とアイデンティティのシンボルとして保護され、広く知られるようになった。

リトアニアの「スタルティネス」は、そこまで幸運とはいえない。〝スタルティネス〟は二〇世紀にリトアニアの国民的アイデンティティのシンボルとなった。しかし、現在では大学生やアマチュア・アンサンブルによって聴くことはできるが、農村の伝統は失われてしまった。

もちろん、政府の政策やイデオロギーを語る際には、古い異教の神々に捧げる歌唱と舞踊の「時代遅れな」慣行に対して、公的な教会が千年にもわたって行ってきた、激しい禁止活動を忘れるべきではない。古い伝統的歌唱や舞踊に対するヨーロッパ諸国（グルジアも含めて）の歴史的記録は、この戦いの激しさを証明するものである。ヨーロッパだけでも、「異教」の「恐ろしい響き」の、大声で不協和なポリフォニーを歌う人々が被った、直接・間接の迫害がどれほどであったか。その姿を、われわれは決して知ることはできないであろう。

以上がポリフォニーの伝統が失われた記録の一覧である。では次に声楽ポリフォニーの伝統がモノフォニー歌唱伝統から発展（ないしは創造）された記録を見てみよう。もしポリフォニーが後の文化的創造で、モノフォニー伝統に徐々に取って代わったという考え方が正しいとすれば、ポリフォニーの誕生が記録されている文化の立派な一覧表があるはずだ。

読者諸氏が、先行するモノフォニー文化から、新しいポリフォニー伝統が出現したケースがたくさんあると期待されるなら、私はその期待を裏切らざるをえない。私は生涯にわたってさまざまな人々や地域のポリフォニーの問題に強い興味を抱いてきたが、かつて「モノフォニー」文化であった伝統的（民俗）音楽の中から声楽ポリフォニーが発展したケースに関する記録は、ただの一つも挙げることができないのである。

どのような仮説にも「例外」のないことがいかに大切であるかを思い起こすならば、この事実はいっそう重要性を増す。

したがって、ポリフォニーが純粋なモノフォニー文化の中で内的発展の結果として自然に生まれることは、ありそうもない。何百年、何千年にわたってモノフォニー文化がポリフォニーの伝統と隣りあって存在し、強力な職業的音楽文化を持っていても、ポリフォニー伝統からの借用は到底起こり得ないのである。例えば、グルジア人とアルメニア人は少なくとも三千年にわたって、最も近い隣人でキリスト教の同盟者として、ともにコーカサスに住んできたが、グルジアの伝統歌唱が深くポリフォニー的であるのに対して、アルメニアの伝統歌唱は同様に深くモノフォニー的である。

かつてのソ連の文化政策もまた同様な方向で、この国の二億人の国民に七十年間にわたる興味深い大量実験を残してくれた。ソ連政府はすべての人民共通の社会主義音楽文化を創造するために、合唱、和声、そしてポリフォニーを旧ソ連の全国民にもたらそうと試みた。巨大な予算がつぎ込まれ、モスクワで訓練を受けた作曲家や合唱指揮者が、モノフォニーの中央アジア諸国やシベリアの諸民族に送り込まれ、その土地の伝統音楽や新しく作曲された単声音楽に和声付けし、大合唱団を組織するのを援助した。このような努力にもかかわらず、伝統的にモノフォニー的な中央アジアやシベリアの人々は、誰一人として彼らの伝統的な歌をポリフォニーで歌い始めることはなかった。そして「ペレストロイカ」が始まると、すぐにそれらの合唱団は解散してしまった。

このように、ポリフォニー歌唱の歴史に関する入手可能な資料を検討した結果、われわれが得た結論は、**ポリフォニー伝統が消滅するのは単に優勢な流れというのではなく、それ以外にはない唯一の流れなのである。**したがって、ポリフォニーが後から生じた文化的創造であるという仮説は時代遅れであり、完全に否定されねばならない。このような仮説を支持する事実の記録は一つもない。しばしばモノフォニーからポリフォニーの起源への経過的モデルとされるヘテロフォニーという現象も、よく調べてみると、実際には、ポリフォニーの古い形式よりも、より新しい現象であることが分かる。

column

ヘテロフォニーはポリフォニーの祖先か、末裔か?

ヘテロフォニーは、モノフォニーとポリフォニーのあいだの曖昧な位置づけのために、しばしばモノフォニーからポリフォニーへの緩やかな発展の自然なモデルと考えられた。もしポリフォニーがモノフォニーより後に発達したと考えるのであれば、モノフォニーがポリフォニーへ少しずつ変化して行ったと考えるのは容易である。つまり、最初にユニゾンの歌唱があり、それからヘテロフォニーの要素が加わり、さらにヘテロフォニーの要素が増して、ついには完全なポリフォニーができあがるのである。

どんな文化現象の起源を探るにも、その地理的分布とその地域の歴史の研究が最も参考になる。それがヘテロフォニーに関して何を語ってくれるかを見てみよう。

ヘテロフォニーの最大で最重要な地域は東ヨーロッパ、なかでも東スラヴ族（ロシア人、ウクライナ人、そしてベラルーシ人）の住む地域である。ヘテロフォニーは実質的に東スラヴ族の全地域にある。

また、東ヨーロッパにはもう一つの歌唱様式、つまりドローン・ポリフォニーも存在している。ドローン・ポリフォニーにはまったく異なる分布の型があって、しばしば地理的に孤立した場所（ウクライナとベラルーシの間の広大で最も住みにくい湿地帯であるポレーシエ地方のようなところ）に見出される。

東ヨーロッパの地域におけるヘテロフォニー散在のパターンは、明らかにそれが後からやってきたことを示している。このことは、ヘテロフォニーと東ヨーロッパのもう一つの歌唱様式であるドローン・ポリフォニーとの重なり具合を較べてみると、特に明らかになる。そのことから、東ヨーロッパのドローン・ポリフォニーは年代的には、ヘテロフォニー歌唱の伝統よりも、はるかに古いといわなければならない。ヘテロフォニーはポリフォニーの前身ではない。反対にヘテロフォニーは、おそらく東ヨーロッパ地域の未住地帯（例えば、先述のベラルーシのポレーシエ地方は湿地帯のために人がほとんど居住できない場所であった）への活発な移住と民族の混淆の結果、それより古いドローン・ポリフォニーの伝統が失われ、その結果として出現したのである。

また、倍音唱法というユニークな伝統をさらに立ち入って研究すれば、中央アジアでは、過去にグループによる声楽ポリフォニーがあったに違いないことが分かる。

column

中央アジアの倍音唱法の起源

このユニークな歌唱様式の起源については、さまざまな学者がさまざまな考えを表明してきた。それらは先史時代から紀元一千年紀の終わり頃までにわたっている。倍音唱法〔ホーミーまたはホーメイ〕の起源を探索するためには、まず初めに倍音唱法の地理的分布と、この現象が分布している地域で起こった歴史的経緯に目を向けねばならない。倍音唱法は中央アジアのいくつかの民族のあいだに拡がっている。特に、(1)西トゥヴァ、(2)西モンゴル、そして(3)アルタイ・サヤン山岳地帯である。

歴史的経緯に関していえば、中央アジアには、当初ヨーロッパ起源の人々が住んでいたという多くの証拠がある（そのことは中国の歴史書にも書かれている）。紀元九世紀ごろに東アジア人が中央アジアに侵入して、状況が変化したのである。その結果、現在この地域の人々は、ヨーロッパと東アジアの両祖先の人種的、文化的痕跡を保持している。古いヨーロッパ的下層は、(1)西トゥヴァ、(2)西モンゴル、そして(3)アルタイ・サヤン山岳地帯に、特に明らかに見られる。したがって、倍音唱法の分布している地域とヨーロッパ的下層を持つ地域とは、明確に一致している。この事実から、われわれは、(1)中央アジアの倍音唱法という現象は、古代ヨーロッパのドローン・ポリフォニーと東アジアのモノフォニーという二つの対照的な音楽文化類型の混淆の結果である。

(2)この混淆の結果がよりよく保存されている地域は、倍音唱法の伝統が分布している地域と一致する。
(3)倍音唱法現象が生まれた時期は西暦一千年紀の末、九世紀頃である。

という結論を導くことができる。興味深いことに、倍音唱法が「低いうなり声と高い口笛のような音との奇妙な混淆」として初めて記録されたのは、同じ九世紀の中国の史料であった。

そして最後に私が指摘しておきたいのは、この歌唱様式が完成された文化現象となったのは中央アジアにおいてだけであるが、倍音を出すことは世界のさまざまな地域(アフリカ、北アメリカ、ヨーロッパ)の文化に見られるということである。

column

ポリフォニーとインド＝ヨーロッパ語族の問題

ヨーロッパ大陸における声楽ポリフォニー伝統の分布を理解するためには、インド＝ヨーロッパ語族の移動の問題が重要である。ヨーロッパでは、ポリフォニーは多くの孤立した、地理的に近づきにくい地域、つまり、山岳、島嶼《とうしょ》、大森林に覆われた山塊、大陸外辺などに散在している。このような地理的分布は、新しい移住者やその文化によって追い出された古い時代の現象に典型的である。したがって、ヨーロッパにおけるポリフォニー分布の類型に関する唯一の無理のない説明は、ヨーロッパでは声楽ポリフォニーが何らかの古い文化的体系の名残りであるということである。

ヨーロッパ大陸の歴史を考えると、ヨーロッパに残っているポリフォニー伝統は前インド＝ヨーロッパ文化の全体的な特性の名残りと考えるのが自然である。インド＝ヨーロッパ語族の移動の波が起こったのち、大移動の場合にはいつもそうであるように、ヨーロッパの古い先住民族はより辺鄙《へんぴ》な場所に押しやられたに違いない。ヨーロッパにいる前インド＝ヨーロッパ語の現代の話し手たち（バスクやコーカサスの人々）は、強力なポリフォニーの伝統を保っている。いっぽう、古代ギリシャや他のインド＝ヨーロッパ語族の人々（アルメニア、イラン、タジクなど）の音楽的特徴を考えると、インド＝ヨーロッパ語の初期の話し手たちは、厳密な拍節を持たない長いメリスマ的旋律の〝オリエンタル〟なモノフォニー音楽の一族であった。

インド＝ヨーロッパ人の移動は、古いポリフォニー伝統と新しいモノフォニー伝統とのあいだの混合の機会をヨーロッパにもたらしたに違いない。このような混淆文化として、ドローン・ポリフォニーに基づく自由リズムの長いメリスマ的旋律が見られる。この型の混合歌唱伝統はヨーロッパの多くの地域、つまり、カルトリやカヘチアの東グルジア、トスクやチャムの南アルバニア、マケドニア人の一部、ルーマニアのファルシェロティ・アロマニア人、ブルガリアのピリン人、ギリシャのイピロス、コルシカ、そしてスペインのアルバセテに見られる。ヨーロッパのドローン・ポリフォニーは、おそらく古い前インド＝ヨーロッパ文化体系の最も代表的な残存要素であるだろう。

したがって、われわれは人類の歴史や先史に深く踏み込めば踏み込むほど、いっそう多くのポリフォニーを見つけることができると結論づけることができる。第3章では、声楽ポリフォニーの起源を探究するためにホモ・サピエンスの進化の歴史を検討するが、それを始める前に、続く数ページで人類の歴史で最も初期の文明において、ポリフォニーが存在していた可能性を検討しよう。

シュメール人とフルリ人は声楽ポリフォニーを持っていたか？

シュメール人[★58]の文明は現代文明に最も重要な痕跡を残すものの一つとして広く認められている。車輪、暦、灌漑、君主制、文字体系などが、数多いシュメール人の発明の中に含まれている。楽譜の発明は、通常もう一つのメソポタミア人であるフルリ人のものとされているが、フルリ人は本来はシュメール人に由来する文字体系やその他多くの文化的発明を利用しているので、これもシュメール人の発明の一つであったかもしれない。しかし、現在シュメール人のものと認められている、書き記された音楽作品例は残っていない。シュメール人とフルリ人が声楽ポリフォニーの伝統を持っていたというさまざまな指摘があるので、簡単にそれらについて検討しておこう。

双管の吹奏楽器の存在　吹奏楽器は声楽の伝統と密接な関係を示しているので、多声をなす吹奏楽器の存在は声楽にもポリフォニーが存在していたことを示す可能性が高い。クルト・ザックスによると、双管の吹奏楽器は古代メソポタミアに初めて現れている。

column

器楽音楽は声楽ポリフォニーについて何を教えてくれるか？

器楽音楽は声楽音楽よりも一つの明らかな利点を持っている。化石になることのない声楽音楽と異なり、楽器はごく初期の考古学的遺跡にも発見されるし、過去の音楽活動について多くの有益な情報を与えてくれる。管楽器の場合、考古学的諸文化から得られる情報は、音階の型、ポリフォニーの存在の有無、さらにはポリフォニーの型など、特徴的な細部に至るまでをも知らせてくれる。われわれにとって最も重要なのは、吹奏楽器で演奏される音楽が、しばしば同じ文化の声楽音楽と非常に近いということである。したがって、声楽の伝統がポリフォニー的であれば、同じ文化の双管の吹奏楽器は同じ型のポリフォニーに基づいて、やはり多声的であるだろう。

しかしここで注意すべきことは、双管の吹奏楽器の構造を注意深く調べねばならないということである。その構造はモノフォニー的でも、ポリフォニー的でもありえるからである。管の長さが一定でなかったり、指孔の数が違っていれば、ポリフォニー的であり、管長も指孔の数も同じであればモノフォニー的である。双管のフルートで、一つの管がまっすぐで、もう一つが少し曲がっていて、指孔の数が同じ、というものもあるが、この楽器はおそらく二度の不協和音に基づくポリフォニーが演奏されたことを示している（このような楽器は古代メソアメリカ〔メキシコおよび中米北西部をさす考古学用語〕で発見されている）。

弦楽器はこのような歌唱との関係を見せることはない。歌唱と吹奏楽器の演奏は、いずれも呼吸という同じ生理学的機構に基づいているが、歌唱と弦楽器の演奏は、おそらく完全に別のメカニズムになっているからであろう。したがって、異なる管をもつ双管の吹奏楽器が存在することは、その文化が声楽ポリフォニーを知っていたことを強く示唆するのである。

記譜された音楽例　驚くべきことに、古代メソポタミアの記譜された音楽例が現存するのである。クルト・ザックスによる、シュメールの「賛歌」の一九二四年の解読（現代譜への書き替え〔トランスクリプション〕）は一般的に否定されたが、アン・キルマー[★35]によって解読された、粘土板に楔形文字で書かれたフルリ人の音楽作品がある。よく知られているように、キルマーはこの作品が二声と三声のポリフォニーであるという結論に達した。多くの学者がこのような考え方はまったく信じられないと批判したが、その主な理由は、彼らがこれほど古い音楽文化にポリフォニーが存在したと信じるのが難しかったからである。

一部の学者たちはポリフォニーとして解読することを避けて、古代メソポタミアの楽譜から別の意味を引き出そうと試みたが、アン・キルマーの行った記譜《トランスクリプション》が現在でも最も信頼できるものと考えられている。

古代メソポタミアにポリフォニーがあったというこの考え方は、ポリフォニー文化消滅への世界史的変遷のダイナミックな動きに目を向け、ポリフォニーが後から発展したものであるという考え方を否定する私の議論を強く支持してくれているのである。

—*column*

メソポタミアの楽譜は本当に読めるのか?

グルジアの同僚が私に、「わずか八百年前にわれわれグルジア人の直系の祖先が用いていた楽譜が読めないのに、何千年も前に完全消滅した、われわれにはまったく未知の音楽文化の楽譜が、どうして読めるのか?」と、大変もっともな質問をした。この一見困難な質問への答えは、きわめて簡単である。楽譜の書き方には基本的に(1)「おおよそ」と(2)「正確」という、二つのシステムがある。いくつかの曲がった線で旋律を書けば、旋律の方向しか書くことができないので、これはおおよその書き方である。中世のビザンツやグルジアで用いられていたネウマによる表記法(旋律の高低などを図式的に表記する記譜法)がそれである。しかし、それぞれの音の高さに独自の名前を付けて(たとえば、アルファベットの文字「A」「B」「C」などを使う)、文字で旋律を書き記すならば、こちらの方がはるかに正確な書き方になるだろう。

最初の表記システム(楔形文字のシステム)の発明者であるシュメール人は、おそらく最初の音楽表記システム(つまり、楔形文字に基づくシステム)の発明者でもあるといえるだろう。古代メソポタミアの音楽表記システムは数千年間続き、古代ギリシャのいくつかの作品も同様なアルファベットの体系で書き記されている。この体系はわれわれの現代的な体系よりもずっと長いあいだ用いられていた。中世初期になると、メソポタミアの体系はほぼ完全に忘れられており、キリスト教会の音楽家たちは八世紀から九世紀にかけて、正確な記譜体系ではない新しいネウマの体系を使いはじめた。したがって音楽の表記体系は、正確な表記システムから、正確でない表記システムに移り、その後、正確な体系にもどったのである。

このような逆説的な転換が起こったことは、音楽がポリフォニーであれば正確な体系を必要とするという当然の事実を考慮すれば、理解できる。シュメールの音楽はもっぱらポリフォニーであった。古代ギリシャはモノフォニーの音楽伝統を持っていたが、多声的なメソポタミアで発明された正確なシステムを用いた。いっぽうグルジア人は豊かなポリフォニー伝統の持ち主であったが、初期キリスト教聖歌のモノフォニーの伝統で発明されたシステムを用いたのである。それが、初期キリスト教会やグルジアの楽譜よりも、フルリ人や古代ギリシャの音楽作品のほうが、今日解読しやすい理由である。現在われわれは音名として文字(A、B、C、D、E、F、G)を用いるが、四千年前に古代メソポタミアで発明された音楽の表記体系を、われわれは今でも用いていることになる。

シュメールのポリフォニーの声楽的本質

キルマーもザックスも、シュメール人が声楽ポリフォニーを持っていたとは考えていなかった。彼らは書き記された楽譜例を器楽音楽、もっと正確にいえば、(歌を伴奏する)ハープが二音や三音の和音を演奏すると考えた。このことはいくつかの疑問をいだかせる。つまり、

(1)音楽家が器楽伴奏を伴う歌唱を楽譜に書く場合に、あまり重要でない器楽伴奏を楽譜に書いて、最も重要な声楽パートを書かないというのはきわめて不自然である。二十世紀であっても、民族音楽学者が弦楽器の伴奏を伴う伝統的な歌唱を楽譜に書くとき(たとえば、カザフの叙事詩伝統の譜例)、通常は、声楽パートだけを楽譜に書いて、二声部の伴奏はまったく無視する。つまり、シュメール人が器楽のパートだけを楽譜に書いたとは考えにくい。おそらく、声楽パートも器楽パートも二声であったと考

えるべきなのである。

(2)楽譜の横に記されている歌詞は、この作品が声楽曲であったことに疑問の余地を与えない。

(3)シュメールの寺院が「ナル・ナル」と呼ばれる合唱歌手たちを抱えていたことが知られている。

(4)シュメールの三声体の音楽には、理解しにくいオクターヴや、二重オクターヴもいくつか出てくる。二重オクターヴは同じ音符が三つ（A, A, Aのように）あったことを意味する。三つの音が同時にあるということは、これが声楽ポリフォニーの一例であると考えるのが論理的である。この場合、ユニゾンで歌う三つの声楽パートがあるのであろう。つまり、ハープのために〈同じ音名の〉三つの音が記されていれば、異なるオクターヴ・ピッチで演奏しなくてはならないが、声楽音楽であれば、三つの声部がユニゾン〈同音程〉に合流することになる（声楽音楽ではきわめてよくあることだ）。

(5)古代メソポタミアの周囲には、古代メソポタミア文明と歴史的・文化的接触があったと考えられるいくつかの地域（バーレーン島、コーカサス、そしてバルカン）があり、これらすべての地域は声楽ポリフォニーの古い伝統を持っている。このこともまた、古代メソポタミアもおそらく声楽ポリフォニーを持っていたであろうことを示唆している。

(6)メソポタミアの人々は正確な記譜の体系を発明し、使用したが、これはポリフォニー音楽の演奏と記録に不可欠な道具と見られている。

以上のような検討の結果、また声楽ポリフォニーの伝統が消滅していくという一般的な歴史的傾向と考えあわせれば、少なくとも古代メソポタミアの一部の人々（なかでもシュメール人やフルリ人）が声楽ポリフォニーの伝統を持っていたと、われわれが推測する強力な根拠となる。

ここで付言しなくてはならないのは、古代エジプト音楽文化の最もすぐれた専門家であるハンス・ヒックマンもまた一九五二年に、古代エジプト人が声楽ポリフォニーに親しんでいたと述べたことである。★25 また、古代の中東とは別に、声楽ポリフォニーの存在は、メソアメリカのもう一つの古代文明で推論される。メソアメリカには二重、三重、四重もの管をもつ吹奏楽器が豊かに現存しており、あるものは二つの異なるドローン、またあるものは演奏者がもっぱら二度の不協和音を奏するように配置されているのである。

本章を終わるにあたって、本章の最も重要な結論は、(1)声楽ポリフォニーは人間の文明におけるきわめて不動の要素であり、文化や言語の激しい変容を越えて生き延び、その古代の人々とのさまざまな関係を教えてくれるが、同時に(2)声楽ポリフォニーは地球上から少しずつ消滅しつつあるということである。声楽ポリフォニーの伝統は、現代では、地理的に最も孤立した地域——山岳地帯、島嶼《とうしょ》、大森林地帯、そして大陸の周縁地域——に散在している。ポリフォニー伝統のこのような分布形態と、緩やかに消滅するという歴史的傾向とは、ポリフォニーがきわめて古い現象であることを強く示唆している。したがって、ポリフォニーの起源を、後から現れた文化的発明とする既存のモデルは完全に否定されなくてはならない。

というわけで、われわれがポリフォニーの起源を見出そうとするならば、モノフォニーからポリフォニーを発展させた最初の創作者個人や民族を探すことは止めなくてはならない。そうではなく、われわれは人類の前史にさらに深く入り込み、初期人類の進化という広い文脈のなかで人間の歌唱行動を探り当てたとき、そこではじめて、われわれは人間の声のポリフォニーの起源を明らかにし、人間がなぜ歌うのかという疑問に答えることができるだろう。

第二部

人間はなぜ歌うのか？

第3章

人類の歌唱の起源

†「歌」と「戦争」

さまざまな伝統文化の音楽生活に関する書物では、「この社会では生活のあらゆる機会に歌が伴う」と指摘するのが決まり文句のようになっている。また実際、多くの伝統的社会では、その社会のどの人々にとっても、歌は人の誕生とともに、母親の優しい子守歌から始まって、子供時代の遊び歌、恋歌、婚礼歌、宗教歌、狩猟の歌、農耕の歌、旅の歌、戦いの歌、癒し歌、そして最後には、誰も逃れることのできない葬式の歌まで、人生のあらゆる段階につきものである。歌うことは人間の文化のまさに中心にあるので、歌唱の普遍性を疑うものは、かつて一人もいなかった。この章で取り上げようとしているのは、歌唱のさまざまな機能の中でも、あらゆる人間社会の営みにおいて、そのユニークな位置と重要性を与えている要点は何か、という問題である。

エレン・ディッサナヤケが提案したように、それは母親と子の関係であろうか？[★1] それとも、ダーウィンやジェフリー・ミラー[★2]が論じたように、異性を魅惑するためだろうか？ あるいはジョン・ブラッキングが示唆したように、人間社会に結束性を生みだすことであろうか？ あるいは、ハーバート・スペンサーが考えたように、人間の言語の派生物であるのか？ もっと単純に、スティーヴン・ピンカーが考えるように、われわれの耳を楽しませるために思いつかれた、進化上は無用なツールであるのか？

音楽の起源に対する関心は、現在のところ揺らいでいる。この問題は「まともな」音楽学の領域には馴染まないものと長いあいだ考えられてきた。これはよく知られているように、言語の起源に関する議論が、一八六六年にパリ言語学会によって学術的会議から締め出されたことと似ている。[★3] こうした禁止の理由は単純で、言語が生まれた真の理由は決して解明できないとするなら、無駄な空論に煩わされるべきではない、というのである。もちろん言語学者たちはこの不自然な禁止に長く耐えることはできなかった。二十世紀のあいだに言語の起源に関する理論や仮説は、特別の会議や多くの出版物で、非常に活発に論議されてきた。音楽や音楽学は暗黙のうちに言語や言語学の「妹」と考えられてきたから、音楽の起源に関する議論に公式の禁止があったわけではないが、ほとんどの音楽学者は長年にわたって言語学における禁止の影響下にあった。音楽の起源に関する研究を支援するのが、時間とエネルギーと金の無駄遣いであるならば、そもそも、このような儚《はかな》い話題を論議する必要があるのだろうか？

二十世紀のあいだに、音楽がもつ独自の感情的な、また心理的な力を示す、多くの新事実が現れた。たとえば、第一次世界大戦中、外科手術のあいだ患者に音楽を聞かせると、医者が鎮痛薬の投薬量をほぼ半分に減らせることが分かった。また、卒中や重症の精神障害を受けた患者のリハビリに役立つことも分かった。このような発見とは別に、当然のこととして音楽療法が音楽研究の急速に発展する領域の一つになった。これらの実用的な発見とは別に、きわめて興味深い理論的な発見もあった。たとえば、音楽は意外にも人間の脳の深いところに根差しており、音楽の聴取や実践が、生命にかかわる重大時にしか働かない脳の古層で行われることが分かった。[★4] また、生まれたばかりのほとんどすべての赤ん坊が（プロの音楽家でも稀とされる）絶対音感を持っていること、そしてすべての新生児が同じ音程で、「A（イ）音」として知られる音程で泣くことも分かった。[★5]

音楽にかかわる神経が脳の非常に深い部位にあることや、音楽にユニークな感情的、心理的な力があるという事実は、次々と積み上がっていき、その説明を求めている。このような疑問が山のように出てきた結果、音楽の起源に関する問題に向けて、突然、関心が噴出した。この話題が復活したことを示す最初の国際的に大きなきっかけとなったのが、一九九九年に『音楽の起源』という書物が出たことである。一冊の本のなかで、音楽学者、心理学者、霊長類学者、考古学者、言語学者などが、それぞれの立場から音楽の起源の問題を論じた。その結果、二十一世紀の最初の十年間に、この話題に関する本が、おそらくこれまでのどの時代よりも多く出版された。音楽の起源に関する興味の爆発がどれほど続くか予測はできないが、来るべき何年かのあいだに、われわれは人間の音楽性に関してさらに多くの事実を知り、音楽の起源と、その感情と心理に与える特別な力への理解に、いっそう近づけるよう期待したい。

そこで、人類の歴史に歌唱や音楽が登場した理由の検討を始める前に、今日までに表明されてきた音楽の起源と役割に関するさまざまな考え方を、まず簡単に検討しておこう。

音楽の起源に関するさまざまな考え方（年表）

まず、音楽の本質と起源に関するさまざまな考え方や発見の一覧表を示そう。読者がこの問題への学問的アプローチの発展を理解しやすくするために、この表は年代順に並べた。

まず、古代ギリシャに表れたいくつかの重要な考え方から始めよう。古代ギリシャの思想家たちは音楽の本質に強く興味を抱き、彼らの考え方のいくつかは、現代の研究者の著述の中にも見られる（実際にはこのことに気づいていない場合も多いが）。

紀元前6世紀〜5世紀

ピタゴラス[★6]が音楽の本質は数にあると主張した。より単純な数学的関係を持つ音を協和音、より複雑な数学的関係の音を不協和音とする彼の考えは、ある意味で、自然倍音によって音楽の音響を考えるヘルムホルツ[★7]の考え方の前身であった。

紀元前5世紀〜4世紀

プラトン[★8]は音楽に独自の感情的な力を認め、古代ギリシャ市民に道徳的な力を植えつけるうえで、音楽が最も強力な手段であると考えた。プラトンは著作の中で、社会の利益のために一部の音階を推奨し、一部の音階を禁止するよう述べた。ある音楽様式や作曲家や作品などを排斥する試みは、現代西欧社会を含めて、多くの宗教や国家の政策となってきた。

紀元前4世紀

最も偉大な古代ギリシャの哲学者で、西欧哲学の始祖であるアリストテレス[★9]は、芸術や音楽が自然を模倣する手段であると考えた。

紀元前4世紀

アリストテレスの弟子、アリストクセノス[★10]はピタゴラスの、音楽の数学的モデルに反対し、音楽という現象の背後にあるのは数ではなく、感情であると主張した。アリストクセノスにとっては、たとえば協和音は単純な数学的関係をもつ音ではなく、何よりもまず、われわれの感覚を楽しませる音であった。

紀元前1世紀

エピクロス[★11]の弟子フィロデモス[★12]によれば、「音楽はわれわれの耳をくすぐり、美食の芸術のように喜ばせることはできるが、何かを表現することはできない」。その二十一世紀後に、スティーヴン・ピンカーは同様の考えを、ほとんど同じ言葉を用いて述べた。

1722年 ジャン＝フィリップ・ラモー[★13]が有名な和声学の本を出版して、和声が音楽の自然な基礎であり、旋律は和声から生まれると断言した。

1761年 ジャン＝ジャック・ルソー[★14]がラモーに反論し、旋律が音楽の本来的要素であって、和声は後から加えられたと考えた。彼の考えでは、音楽も言語も共通の祖先を持っていた。初期の人類のコミュニケーションは主として歌唱に基づき、現代の人類の言語よりもずっと官能的で情動的であった。

1832年 ウィリアム・ガーディナー[★15]は英国の聴衆にベートーヴェンを紹介した音楽家であったが、音楽の起源に関する初期の論考で、音楽はわれわれを取り巻く自然界の音から生まれたと主張した。

1857年 ハーバート・スペンサー[★16]は、音楽が、われわれの祖先の誇張された感情的言語、言いかえれば、人間の言葉の韻律的要素（音調）から発展したと考えた。

1871年 チャールズ・ダーウィンは、音楽が人間の言葉から生まれた自然な結果であるというスペンサーの考えを批判して、音楽は言語よりも古い起源を持ち、音楽の技量によって異性を魅了して、性選択に役立つものであったと考えた。おそらくもっと重要なことは、ダーウィンは「音楽を楽しむことも、音楽をつくり出す能力も、ともに人間の通常の生活に直接の役には立っていないので、これは人間に備わっている能力のなかでも、最も不思議なものの一つに数えられるべきだろう。」と述べていることである。

1891年　リヒャルト・ワラシェクは、音楽も言語も共に同じコミュニケーションの原始段階に生じ、音楽は原初の「踊り／遊び dance-play」に由来するという考えを述べた。★17

1895年　オットー・イェスペルセンは、言語が「個々の生存や出来ごとに対する半ば音楽的な、未分化な表現」として始まったはずだという仮説を述べた。★18

1895年　アーネスト・ニューマンは、音楽の起源は言語からは独立しており、人間は言語を発達させるよりもずっと以前から、音楽で感情を表現する能力を持っていたと提言した。★19

1911年　カール・シュトゥムプは、音楽が初期人類のあいだで遠く離れた通信手段として生まれたと考えた。★20

1919年　カール・ビュヒャーは、人間の音楽とリズム的運動の重要な関連性を強調し、音楽が労働に関連するリズム運動と騒音から発達したと考えた。★21

1923年　ボリス・ヤヴォールスキイは、音楽言語の最小で最古の要素として「イントナーツィヤ」（イントネーション）という概念を導入したが、これは二十世紀を通じてロシアの音楽学で用いられ、ボリス・アサーフィエフの音楽文化の本質と発展に関する考え方の基本となった。ヤヴォールスキイはイントネーションが人間の言語の最初の形式であると考えた。★22

1930年　ボリス・アサーフィエフは、音楽と言語は共通の祖先をもち、それが後に人間の進化を通じて、関連はあるが時に矛盾する二つの現象へと分化したと考えた。★23

1933年　ジークフリート・ナーデルは、音楽は宗教や儀礼の中で用いられた超自然的な言葉として生まれ、その音楽的言語は芸術的表現を通して日常の表現手段に加わったと提案した。2章★22

1943年 クルト・ザックスは、音楽は（1）言語と（2）感情という二つの起源をもっていたに違いないと考えた。後に（一九六二年）ザックスは音楽の起源に関するすべての説を、証明不能であり誤りであるとして否定した。[★24]

1956年～ ブルーノ・ネトル[1章★18]は初期の著作の一つで、音楽と言語はともに共通の祖先を持ち、両者の要素を共有する特別のコミュニケーションのシステムから生まれたと書いた。[★25] 彼は二〇〇〇年の論文と二〇〇五年の著作で、音楽の普遍的特性と音楽の起源の問題を、文化創造の問題として論じた。

1971年 ロジャー・ウェスコットは、アウストラロピテクス[★26]〈猿人〉における人類の最初の言語の前身は、「手拍子、足拍子、そして胸や外界の物を打つ」といった、声以外の何らかの音といっしょに、口笛を吹くことであったと考えた。[★27]

1972年 ミロン・ハルラープは、人類の音楽文化の歴史的発展は、音楽史家が広く信じているようにモノフォニーからポリフォニーへ進んだのではなく、ポリフォニーからモノフォニーへ、グループから個人の音楽活動へと進んだと考えた。[★28]

1973年 ジョン・ブラッキングは、音楽は純粋に人間の創造物であり、社会的文脈と不可分のもので、本来人間の集団間における社会的結束の必要に応じたものであると考えた。音楽は「人間的に組織された音響」であるという彼の定義は、動物の世界にも音楽が存在する可能性（たとえば、鳥やザトウクジラ）を排除しているし、人間の話し言葉を音楽の一部としている点で矛盾している。[1章★11]

1981年 イヴァン・フォナジーは、われわれの祖先の言語は音楽的で、音程を調整することで伝達する意味を直接伝えたと考えた。そして言葉は、より複雑な考えをより効果的に表現するための、いっそう複雑なシステムとして進化していった。★29

1983年 フランク・リヴィングストンは、アウストラロピテクスまで遡《さかのぼ》るわれわれ人間の祖先は、歌によって意思疎通を図っていたと考えていたが、★30 後には見方を変えて、歌唱の起源を道具製作技術の起こる時期に関連づけて考えるようになった。★31

1984年 ジュアン・レーデラーは、特に音楽の生存上の価値を探究し、音楽は人間の脳が言語を獲得するのを助ける役割を果たすために発達したと考えた。★32

1986年 イザーリイ・ゼムツォーフスキイは集団歌唱の起源と初期の形式について、コミュニケーションの対話的な諸形式の重要性を強調した。★33 ゼムツォーフスキイと、その指導を受けた筆者を含む四人の著者たちが、一九八六年にアルメニアで開催された音楽文化の初期諸形式の起源と特性に関する特別学会に参加した。

1986年 ヴャチェスラフ・イヴァーノフは、さまざまな文化において、社会の各人に「個人の歌」が存在すること〔エスキモーなど、各人が自分個人の歌を持っている文化がある〕は、これが個人を「名付ける」最古の形式であることを示しているかもしれないと考えた。彼はまた音楽活動の神経学的側面の重要性を強調し、筆記の体系が確立される前の初期人類史において、重要な語句を記憶する上で、音楽が決定的な役割を果たしたと考えた。★34

1986年 ボリス・フロローフとアルマスド・デミルハニャンは、人類の音楽および社会活動の初期段

階におけるリズムの決定的な重要性を強調した。[★35]

1986年

本書の著者ジョーゼフ・ジョルダーニアは、この話題に関する最初の著作において、〈伝達手段としての〉音楽言語と〈後の文化的表現、または芸術としての〉音楽文化を区別するように提唱し、人類の諸文化が多声と単声のグループに分かれることは、人類進化の早い時期に始まったに違いないと考えた。二〇〇六年に彼は、人類の進化という広い観点から見た声楽音楽の起源に関する本を出版した。[序章★4]

1991年

ジェームズ・ブラウンとウィリアム・グリーンフッドは、コミュニケーションが、進化の第一段階であることを特記し、ホモ・エレクトゥス〈原人〉の旋律的な叫び声が、ホモ・サピエンス段階で長い叫び声を伴うスタッカート風な発話に転じたと考えた。[★36]

1991年

ニルズ・ウォーリンが、人間の脳、生理学、聴覚と発声機構にわたる学際的研究に基づき、人間の音楽能力の生物学的基礎を研究した。[★37] また、ウォーリンはビヨルン・メルケルやスティーヴン・ブラウンとともに一九九七年に、音楽の起源に関する諸文化間の学際的会議を組織し、その成果として一九九九年に『音楽の起源 The Origins of Music』〈本年表の**1999年**の項参照〉という画期的な書物の出版をもたらした。

1992年

ブライアン・レヴマンは音楽の起源に関する既存の学説を巧みにまとめ、発話も音楽も共通の祖先を持っていたに違いないと考え、音高の変化が人類の原言語では重要な役割を果たしていた、と論じた。[★38]

1993年

ブルース・リッチマンは、初期の合唱歌唱〈声を合わせて歌う歌唱〉は、言語というさらに複

雑なコミュニケーション・システムの発展において、決定的な要素であったかもしれないと述べた。[★39]

1995年 ジョン・バロウは、音楽は人類にとって生存上の価値はないと述べ、音楽は特定の音響パターンに対する本能的な反応から生じたもので、それそのものが適応の結果であると述べた。[★40]

1996年 ダン・スペルベルは、音楽は人間のコミュニケーションの初期段階において用いられた複雑な音のパターンを処理する認識能力を開発するときに、その副産物として生じたものであると述べた。[★41]

1997年 スティーヴン・ピンカーは、人間のコミュニケーションの進化における音楽の役割を、主に言語発達の副産物として後から出てきた現象であると片づけ、[★42]よく知られているように音楽を「聴覚のチーズケーキ」と決めつけたギリシャの哲学者フィロデモス[★12]の考え方を引き継いだ。

1997年 ネイサン・コーガンは、音楽が適応機能であった可能性を論じ、音楽は狩猟に必要な集団行動の結束と協同を高めることができたと示唆した。[★43]

1999年 ニルズ・ウォーリン編による『音楽の起源』がマサチューセッツ工科大学出版会から出版され、音楽の起源に対する関心を爆発的に高めるうえで重要な刺激を与えた。この年表の以下に登場する著者たちの何人かが、この論集でそれぞれの考えを表明した。

1999年 ジェフリー・ミラーが、音楽や舞踊の機能は、踊り手が異性を惹きつけ、つがいへの適性を誇示することであるという、ダーウィンの先行する考え方を復活し、洗練させた。[★44]

1999年 フランソワ＝ベルナール・マーシュが、人間の音楽と動物の発声とのあいだに存在する並行現象を数多く挙げて、人間の音楽的能力は動物の歌唱行動と強い関連があると指摘した。[45]

1999年
エレン・ディッサナヤケ[1]は、音楽の起源は母親と幼児の相互関係、特に幼児の発達の初期における相互関係に深く関わっていると考えた。

1999年
ビヨルン・メルケルは、音楽が原人のあいだで、つがいを求めて歩く女性たちと、それを誘って競いあう男性集団との、つがいを呼び掛ける集団活動として始まったのではないかと考えた。[46]

1999年
スティーヴン・ブラウンは、音楽と言語の共通の前身として「musilanguage〈音言語〉」という概念を提案した。[47] 二〇〇三年には音楽の起源として、「伝染性ヘテロフォニー」というモデルを提案した。[48] このモデルによれば、音楽のまず一番初めに集団歌唱行動があり、この過程でミラーニューロン[49]がカギとなる役割を果たした。

1999年
トマス・ガイスマン[50]は、テナガザルの歌唱と人間の歌唱との比較研究を行い、音楽の初期の機能の一つは攻撃者や競争者を脅して追い払うことであったと考えた。

1999年
ピーター・マーラーは、動物の歌唱行動の研究が、人間の音楽の起源研究にモデルとして役立つことを示唆した。[51]

2000年
ジャン・モリノは、音楽、言語、舞踊、歌唱、詩、そして〝ゴッコ遊び〟が、定型のリズムや模倣に基づく共通の起源を持っていると提示した。[52]

2001年、2006年
イアン・クロスは、人間の音楽的能力の、あり得る生物学的、文化的基盤を論じ、一九九〇

2001年　年代半ばにしばしば見られた音楽に対する否定的態度を批判した。★53
　ウィリアム・ベンゾンは、ジャズ音楽家の視点から、人と共有する音楽の創造性の特別な重要性について書き、「音楽は、共有される活動の中で、個々人の脳が一つになるメディアである」と論じた。★54

2003年　エドワード・ハーゲンとグレゴリー・ブライアントは、音楽と舞踊は、まず第一にグループの結団力の質（の高さ）を他の人間集団に間違いなく伝えるサインとして用いられたと考えた。★55

2003年　イザベル・ペレツは、脳における音楽機能をつかさどる部位に関する最近の研究を以下のように要約した。「私の考えでは、音楽の基礎となっている大脳組織に関して、今日得られている共通認識は、大脳が音程差の処理にかかわっている……ということだけである。しかしながら、このメカニズムが特に音楽にかかわるものかどうかは決められない。発話のイントネーションの型についても完全に同じとは言えないが、同じの脳回路を用いるように見えるからである。★56」

2003年、2005年　ジョシュ・マクダモットとマーク・ハウザーが、いくつかの音楽的能力の先天性に関する文献を総括的に検討した。この検討は「音楽の進化の起源と適応の意味を理解したいという欲求が動機」であった。★57

2004年　ロビン・ダンバーも、人間の言語の発達は音楽的段階を経由すると考えた。★58

2005年 スティーヴン・ミズンは、「Hmmmm コミュニケーション」(Holistic, multi-modal, manipulative, and musical features 全体的、多様式的、操作的、そして音楽的特徴)の組み合わせから音楽が始まったというモデルを提案し、言語を持つ以前の原人のほうが、現代の人間よりも音楽的能力を持っていたと指摘した。[★59]

2005年 ティモシー・ジャスタスとジェフリー・ハツラーは、人間の音楽能力が先天的なものであるかどうかを研究し、たしかに先天的なものである可能性が強いが、音楽以外の領域における選択圧から、音楽能力が生じた可能性もあると示唆した。[★60]

2006年 ヴィクター・グラウアーは、中央アフリカのピグミーの対位法的ポリフォニーが、解剖学的にみて、現生人類のグループが十万年前にアフリカを離れたときに持っていた、原初の人類の音楽の名残りであると考えた。[2章★47]

2006年 テカムゼー・フィッチは、アフリカの類人猿(チンパンジー、ボノボ、ゴリラ)のドラミング行為を研究し、類人猿のドラミングは、人間の器楽音楽の有力な先駆と考えることができると示唆した。フィッチはまた、コミュニケーションの前言語的体系に「韻律的原言語 prosodic protolanguage」という術語を提案した。[★61]

2006年 デイヴィド・ヒューロンは、期待する過程があって感情的な満足を得るという感情のメカニズムを研究し、音楽のさまざまな要素や様式に対する人間の感情的反応について学際的理論を提示した。[★62]

2006年 エリック・ジャーヴィスは、音楽の起源を研究するためには、鳥や哺乳動物の発声の学習を

研究することが重要であると論じた。★63

2008年　ダニエル・レヴィティンは、歌の六つの主要な型が人間の音楽文化の基礎をなしていたと考え、いわゆる「覚え歌 songs of knowledge」という歌謡の最も古い型は、「記号化された情報の強力な記憶補助手段」を与えたと提案した。この考えは一九八六年にヴャチェスラフ・イヴァーノフが表明した考え方（本年表の**1986年**の項参照）に近い。レヴィティンはまた人間が戦闘の前に敵を威嚇するために集団歌唱を用いるという〝ぞっとさせる人間の発明〟についても指摘した。★64

2009年　スティーヴン・リヴィングストンとウィリアム・トンプソンは、バロウ、スペルベル、ピンカーの非適応主義者の線（本年表の**1995年**、**1996年**の項参照）を引き継いで、音楽は心の理論 Theory of Mind（ＴＯＭ）、つまり、他の人間の感情状態を認識できる能力に発する二次的な現象であろうと示唆した。★65

2009年　アンドレア・リナルディは、音楽の生物学的基礎とその発話や言語との関係に関する見解を述べた。★66

2010年　レオニード・ペルロフスキーは、音楽の起源に関する諸説について広範な概観を発表し、人間の脳における音楽の感情的な力に注目した。★67

以上、さまざまな著者とその考えに関して長い一覧表を掲げた。音楽の起源に関しては、このように多くの考え方が存在する。しかし、この概観はけっして完全なものでないことを読者には理解していただきたい。

そこで、このような概観を終えたところで、われわれは人類の進化という観点から、人間の歌唱の起源の探究に着手したい。きわめて重要であるにもかかわらず、しばしば無視されている一つの問題から、歌唱の歴史の検討を始めることにしよう。

歌唱は生命に危険を与えるだろうか?

しばしば見すごされている歌うことの最も重要な特徴の一つは、それがほとんどすべての生物にとって、潜在的に非常に危険な行為であるという点である。つまり、歌うことは周囲にいるすべての肉食獣たちに、その歌い手の存在を明かしてしまうのである。これが、ほとんどの動物が歌わない理由である。

ちょっと待て、それはおかしい! と、読者は言われるかもしれない。歌うことのできる動物種はたくさんいるし、彼らは実際に巧みな歌い手ではないか? たとえば、夜鶯やカナリヤは伝説的ともいえる歌い手だ! クジラやイルカも素晴らしい歌い手だし、即興や新しいメロディの作曲さえできる。

おっしゃる通りで、さまざまな動物種の中に歌う種はたくさんいる。もっと正確に言えば、さまざまな数え方はあるが、歌う種はほぼ四千種から五万四千種にまでおよぶ。実際に何千種という動物が歌い、いっこうに問題なく繁栄し続けているのだから、どうして歌うことが生命にとって危険だと言えるのか?

それはこういうことである。歌うことが危険であるかないかは、どこに住んでいるかによる。確かに、何らかの理由で樹の上に住んでいる動物種にとっては、歌うことは危険でないように見える。しかし地上に住んでいる動物種には、歌うことは命とりになるほど危険である。このような主張が信じられないなら、統計資料を見ていただきたい。今日われわれが知っているほとんどすべての歌う種が、鳥やテナガザルのように樹の上高くに住んでいる。**地上に住む動物種で歌う種は、ただ一つもない**のである。一つだけ例外がある。地上に住んでいながら歌う唯一の種、それが人間なのである。繰り返すが、われわれは地上に住みながら歌うことのできる唯一の種なのである。水中に住む動物種の中には、クジラやイルカ、アザラシやトドのように、少しは歌う種がいるが、地上に住む種には、まったくいない。

不思議なことに無視されてきたこの事実は、一般には歌うことの進化の歴史の上で、そして特に人類の進化の歴史を理解する上で、絶対的、決定的に重要である。

そこで、この奇妙な不均衡の理由が何であるのか、この決定的な疑問を問うてみよう。樹の上に住む種が何千種も歌うのに、地上に住む種はなぜ一つも歌わないのか？　この疑問に答えるために、樹の上で生活する種と地上に住む種の生存戦略について注意を向ける必要がある。

歌う樹上と沈黙する地上

森に入って行くと、たいていは色々な音が聞こえてくる。注意深く耳を澄ますと、これらの音が上方から、つまり空中や樹々の頂上から聞こえてくるのに気づく。熱帯の森に住む鳥や樹上の猿たちは、わが惑星でももっとも騒がしい種である。いっぽう、地上の動物はとても静かにしているから、われわれはその存在にさえ気づかないことが多い。このような事実には慣れっこになっているので、私の知る限りでは、樹々の上の方に行けば多くが歌って騒がしいのに、地上に住む種はなぜこれほど静かなのかと、疑問を投げかけた人は誰もいない。

私の考えでは、その中心的な理由は、樹々に住む種と地上に住む種とでは、その防御作戦に決定的な違いがあるという点にある。樹々に住む動物は体重によって、あるものはより高いところに、別の種は少し低いところにと、住む場所が異なる。体重のより軽い種は、樹の枝がより細く、より高いところに住むことができる。より細い枝の中に住むことのできる種には、より重い肉食獣は手が届かない。例えば、体重十キロか二十キロの霊長類であれば、油断して地面にいるとか、低い樹の枝にでもいない限り、体重五十キロの豹に捕えられることはない。だから豹がそばに来ても猿は横に逃げようとはせずに、樹のできるだけ高い安全なところに登る。いっぽうの豹自身も、脅威となるライオンやハイエナから自分自身と食物を守るために、しばしば樹に登る。体重百五十キロのライオンは樹の上まで豹を追うには重すぎるし、ハイエナは犬と同様に樹に登ることはできないからである。もちろん、鷹や鷲のように空を飛べる猛禽類もいて、空中から樹に住む動物を襲うことができる。それでも、犬や猫のように、餌を求めてうろつくさまざまな大きさの肉食獣の手の届かないところにいるほうが、間違いなく安全なのである。

樹の上に住む種が安心して歌ったり、声によって広い範囲で合図しあうことができるのも、このことが主要な理由であると私は考える。豹や野犬は樹の枝の高いところにいる鳥や猿の歌う声がよく聞こえるが、これらの歌い手の方は、彼らの手の届く範囲の外にいるのである。

地上ではまったく状況が異なる。小さなウサギから堂々としたライオンや巨大な象までが同じ「地上階」

に住んでいるから、効果的に忍び寄ったり、反対に忍び寄られるのを避けるため、彼らにとっては沈黙が決定的に重要である。これが地上階に住む動物の中に、実質的には歌う種が一つもいない主たる理由であるに違いない。

歌うことだけでなく、変わった音を出すことでさえ、樹に住む種のほうがずっと一般的である。すでに指摘したように、森や公園に行ったときに確かめてみるとよいが、森や公園に満ちているほとんどすべての音が、上の方から、樹々に棲む動物たちから聞こえてくる。地上に住む種から何らかの音を聞くことができれば、まことに幸運だと言わねばならない。ついでながら、家畜はその野生の同類と比べてはるかに大きな音を立てるが、これは彼らが食物だけでなく、肉食獣からの安全をも与えられているのが主な理由である。

野生の環境において大声を出すのは、主として、いわゆる「頂点に立つ肉食獣」と呼ばれる大柄で強力な肉食獣である。彼らはその環境の中で最強の種（ライオンや狼）であって、他の種の餌食となることはない。このような自信に溢れた肉食獣は、他の肉食獣から身を守る心配をする必要がないので、大きな音をたててコミュニケーションをとることも、自分たちの縄張りを守ることもできる。しかし、同じ「地上階」に住み、生命の危険を感じている他のすべての種にとっては、沈黙を守ることが決定的に重要なのである。

地上に住むすべてのものにとって、沈黙のもう一つの重要な指標は、おそらくわが惑星で最も熱心な歌い手である鳥でさえ、地上に降り立つときには音を立てなくなるという事実である。さまざまな食物が当然地上にあるから、ほとんどすべての樹の上の住人と同様に、鳥は地上に降り立つが、食べ物を求めて地上に行くときには、生存競争の不文律を受け入れざるをえない。つまり、地上に食物が見つかるかもしれないが、彼ら自身が他の誰かの食物になってしまうかもしれないのである。

驚くことに、鳥が地面に降りているときには捕食されるのを怖れて歌うのをやめるという事実は、私の知る限り、出版されている本では語られたことがない。もっとも、鳥の歌唱に関するキャッチポールとスレータの素晴らしい本[★68]では、鳥の歌唱に関する特別の章があって、鳥が歌うには地面から飛び立つ必要があるが、それはただ単に音響伝達上の理由からである、と言っている。私はメルボルンのプレストンにある近所の公園で、素晴らしい歌い手であるオーストラリア・カササギの行動を数週間にわたって観察したが、彼らが地上に降り立つときには、いつでも事実上無言になるという強い印象を受けた。私にはこのような行動は、捕食の恐怖が主として地上のほうに、はるかに多くあることに関係があると思われた。そこで私は専門家の意見も聞いてみたいと思い、鳥の歌唱に関する有名な専門家であるピーター・スレータに手紙を書いたが、彼は私の質問に対して「確かに鳥が地面にいるときに歌わないのは事実です。……その理由の一つは、寄ってくるかもしれない哺乳動物のような、地上の肉食動物に捕食される脅威からであることは間違いありません」(二〇〇八年三月三日付書簡)と答えてくれた。というわけで、鳥のような熱心な歌い手であっても、地上にいるときには歌うのをやめるのである。地上に住む他の動物種が歌にふけることがないのは、当然である。

樹の上に住むのに比べて、地上に住むことが危険であることを示す、もう一つの指摘がある。つまり、地上に住む種は歯を持つのが原則であるが、飛ぶ種はほとんどが歯を持たない。飛ぶ種で歯があるのは、哺乳類(たとえば蝙蝠《こうもり》)だけである。

したがって、地上に住む種は樹に住む種よりもはるかに無言である。つまり、あなたが恋人に歌をうたうのなら、できるだけ高く樹の高いところに登って歌うほうが安全であろう。地上は歌う恋人たち向きの場所ではないのである。

このような論点からすれば、人間の騒がしい歌唱行動や歌を好む性質はいっそうの興味をそそる。われわれは人間が歌うという謎に満ちた問題の核心に、徐々に近づいてきている。

人類が歌い始めたのはいつか？

われわれの祖先が歌い始めた時期を特定することは可能であろうか？　歌う種のほとんどすべてが樹の上に住んでいること、また、何百万年も前のわれわれの遠い祖先が樹の上で生活していたという、進化の歴史では良く知られた事実を考えに入れるならば、人類のあいだで歌唱が始まったのは、彼らがまだ樹の上に住んでいた頃であると考えざるを得ないだろう。人類の祖先は、多くの歌う種が樹の上に住んでいた頃には歌っておらず、他の種が歌わない場所である地上に降りて来ると、突然歌い始めたと考えるのは奇妙であるし、実質的に進化に反すると言うべきだろう。もし人類が樹の上に住んでいた頃には歌わず、樹から下りてきたときに初めて歌い始めたと主張しようとすれば、そのようなモデルが受け入れられる唯一の可能性は、やっと二、三千年前になって、すでに自然界の王となっていた人類は、いかなる肉食獣をも恐れる必要がないので、初めて歌い始めたと提起することになるだろう。

しかしいっぽうで、人類の文明には普遍的に歌が存在しており、他方、歌う能力は人類の脳の非常に深い部分にあるのだから、人類の歴史において歌唱がこのように遅い起源であるとする考え方とは強く矛盾することになる。

歌う鳥たちは、地上に降り立つと突然歌うのを中断するが、樹上に暮らす歌う動物たちは、少しの間でも地上に来ると、おおいに不安を感じて、すべて歌うのをやめる。まして、生息地を樹上から地上に変えるとなれば、もっとそうなるだろう。このように考えると、人間やチンパンジーの共通の祖先が歌い手であり、現存するわれわれの最も近い親戚であるアフリカの類人猿が、より安全な樹上から、危険な地上へと降りてきたときに、歌うのをやめたと考えるのは、自然であるように思われる。樹上に住む騒がしい猿たちは、ときどき地上に降りてくるが、その時には鳥たちがするのとまったく同様に、「危険地帯」にいる間は、ほとんど音を立てないのが容易に観察できる。このような経過を経て、アフリカの類人猿たちは樹上から地上へと移ったときはに歌うのをやめたのだと考えることができる。

読者の中には、チンパンジーが沈黙の動物であるという私の考えに反対する方もおられるかもしれない。確かに、「ナショナル・ジオグラフィック National Geographic」のフィルムや、ジェーン・グドールの著作から、[★69] チンパンジーが呼び交わしのレパートリーをたくさん持っていることが分かる。だが、発声のレパートリーがいろいろあることも重要だが、どれくらいの頻度でそれを使っているかも重要である。とくにチンパンジーの発声に特化して研究した、動物発声に関する優れた専門家テカムゼー・フィッチによると、チンパンジーは「ほとんどの時間を驚くほど静かに過ごす」（二〇〇八年六月一〇日付、著者への書簡）のである。もしこれが真実であることを信じられない人は、あなたの家の近くにある動物園のチンパンジーの檻の前で二、三時間過ごし、その後、別の樹に住む猿の檻の前でしばらく過ごして、聴き比べてみるとよい。

オランダの優れた動物行動学の専門家、アドリアーン・コルトラントは、チンパンジーと人間の同様な状況における行動を比較するめずらしい機会を持った。彼はアフリカの自然環境の中で（高い樹の中に隠れて）

チンパンジーの集団を観察していたが、アフリカ人の子供たちが遊んでいるのも見えた。そのときチンパンジーの子供たちも遊んでいて、どちらの子供たちも追いかけ合い、取っ組みあっていて、見たところは非常に似た光景であった。しかし、彼らが出す騒音には大きな違いがあった。人間の子供たちは、容易に想像されるように、大声で笑ったり、たがいを呼び合ったり、非常に騒がしかった。反対にチンパンジーの子供たちは大きな音も声も少しも出さなかったのである。★70

動物たちが地上に住むようになると、歌ったり大声を出したりしなくなるという事実を考えると、アフリカの類人猿が樹から下りてきたあとに歌うのをやめたと考えるのは、それほど難しくないだろう。しかしなぜ人類の祖先が同じようにしなかったかは、私にはまことに不思議に思われる。考えられる理由についてはあとで検討するが、まずここで指摘しておきたいことは、われわれの遠い祖先である霊長類が五百万年から七百万年前に行った行動上の最初の決定的な特徴の一つで、やがてホモ・サピエンスへと導いてくれることになる、彼らの特殊な発声行動である。地上で生き残るために静かになるという、進化のうえで平穏な道を選んだ他のアフリカの霊長類の親族とは異なり、われわれの祖先は反対にますます騒がしくなっていった。彼らは歌い続けただけでなく、より大きな音を出すために、大集団で歌い始め、リズムを一致させる調和したグループ歌唱を発達させて、彼らの歌唱をさらに大声にすることを可能にしたのである。

われわれの遠い祖先の行動にこのような重要な変化があった理由を見出すために、われわれの祖先が何百万年も前に過ごしたアフリカのサバンナで必要とし、また実際に用いた生存戦略と防御行動に目を向けてみよう。

闘いのとき　地上に降りた人類の祖先

初期人類の進化上の重要な領域の一つ、つまり、どのようにして人類の祖先が肉食獣から自らを守っていたかという問題は、不思議なことに無視されてきた。ダーウィンは一八七一年の本でこの重要な問題について、ほんのわずかだけ言及しているが、彼をはじめとしてどの学者も、この問題にしかるべき注意を払わなかった。その結果、今日に至ってもこの問題は、初期人類の進化に関する議題の中で、最もなおざりにされている命題の一つである。私は人類進化の初期段階において、この問題が歌唱の機能に深くかかわっていたと思うので、これについて数頁を割いておきたい。

動物たちは肉食獣を避けるために、いくつかの典型的な戦術を用いる。つまり、隠れたり、じっと静かにしていたり、できるだけ早くその場から逃れたり、自らの持てる力や、歯、角、爪、あるいは毒などを用いて反撃したりもする。

人間はこれらの能力では他の動物種と比べて、どれについても絶望的に劣っている。さらに不思議なことに、彼らが地上に降りてきてから何千万年かのあいだに、さらに衰えていった。われわれの祖先が肉食獣からどのように身を守ったか、最も一般的な方法をざっと見ておこう。

隠れること Crypsis　これは「身を隠す」ことである〔例えば、cryptic color（保護色）〕。隠れることは多くの動物にとって、肉食獣を避けるうえで、最も一般的な作戦であろう。実際、餌食となる種だけでなく、肉食獣も当然見えないところに居ることを好む。人類の祖先の直立姿勢は、もし肉食獣から身を隠すのであれば、最良の選択とは言えない。一部の学者たちは、われわれの祖先には直立の姿勢が、肉食獣が近づいてくるのを見つけるうえで役立ったと考えている。確かに二本足で立てばよく見えるが、この姿勢は他の動物からもよく見えることも事実である。多くの動物種は最適の解決法を見出した。彼らはまわりを見まわすのに立った姿勢をとるが、彼らがそうするのはほんの数秒間だけで、まわりを見まわしたあとで彼らは通常の四足姿勢にもどる。常に二足の姿勢を保ってたやすく肉食獣に見つかるよりも、その方がはるかに安全である。したがって、人類の祖先は隠れようとしなかったか、それとも隠れようとしても、それが上手くはなかったのであろう。隠れるうえでのもう一つのやり方は、じっと静かにしていることである。すでに検討してきたように、人間たちは地上に住む唯一の歌う動物である。したがって、ここでは繰り返すことはしないが、われわれの祖先は気づかれないように静かにしていようとは、決してしなかったことは明らかである。

走ること　走ることは肉食獣から逃れるうえで、とくにアフリカのサバンナの草原では、最も一般的な方法である。人類は走るのに優れているだろうか？　われわれはオリンピックで人類最強の競技者たちが競いあうのを見るのが大好きだが、自然界では人間が最も遅い走者であることを認めねばならない。特に何百万年かのあいだ人類の祖先が住んでいたアフリカのサバンナにおいては、そうである。人類最強の競技者で、伝説的なジャマイカのスプリンター、ウサイン・ボルトは三度のオリンピックで金メダリストとなり、地球上で最速のランナーとして知られているが、その足をしてもライオンの攻撃から命を守ることはできないし、疾走するアンテロープ〔鹿に似たウシ科の動物で足が速い〕を捕えて食べることもできない。ライオンもアンテロープも平均で時速五十キロから五十五キロで走ることができるが、二〇〇九年にボルトが樹立した不滅の百メートル走の世界記録は、時速に直して三十八キロ程度に過ぎない。人間としてはとても速いといっても、アフリカのサバンナで肉食獣から逃れたり、獲物を捕らえたりするには遅すぎるのである。

ヒトの走りについてのもう一つ驚くべき点は「二足歩行」である。これが私たちの祖先を人類へと導いた、最初にして、おそらく最も重要な行動の変化であった。二足歩行は、人間を速く走れるようにはせず、むしろ我々の祖先の走りは遅くなった。読者は信じられないかも知れないが、チンパンジーは不格好な四つ足で、全力疾走する人間の最速のランナーを追い抜くことができる。結局、ベルント・ハインリヒ[★71]がまさに言うように、われわれの祖先が持久走ではアンテロープを負かすことができたとしても、肉食獣から逃れるために多くの動物種がいつも用いる走行としては、人間の走りはじゅうぶんな速さではないのである。

column

走ることは健康に良いか?

もちろん、一般的に、走ることは他の肉体運動と同様に健康に良い。しかし走ることには、一部、負担となる面があることも考えねばならない。走るのは実際にはジャンプの連鎖であり、ジャンプと着地のたびに靭帯と筋肉に負荷をかける。プロの走者はしばしば足を痛める。人間の脚の解剖図を見て、アンテロープや、馬、狼、チーターのような、よく走る動物の足の解剖図と比べてみると、くるぶしが他の動物よりもはるかに大きいことが分かる。これらの動物の足の形態は、何百万年にもわたる生存への苦闘の中で洗練されてきたのである。彼らがとても細い足首を持っているのはそのためである。くるぶしは走っているときに最も活発に、ジャンプの連続で繰り返される圧力を吸収する部分であるから、細い足首は損傷を避けるのに役立ち、走者にとってはたいへん有利である。動物の細い足首の構造と比べて、人間の太い足首の構造は、アフリカのサバンナでの進化によって磨かれた人間の本来の能力には数えられないということを示唆する、もう一つの事実である。

もう一つの非常に興味深い事実は、かつては自身が競技ランナーであったレイ・パーマーに由来している。パーマーによると、人間は本来走るのには向いておらず、プロの走者の中でも正しい走り方をしていない人がいる。だから、もし毎週のランニングで体型を保ちたいと思うのであれば、まず専門家に自分のランニングの技術が正しいかどうかチェックしてもらい、それから怪我を避けるためには、あせらず、速く走ったり、遠くまで走りすぎたりしないほうがよい。

結論として、私がお勧めしたいのは、常識とはだいぶ違うかもしれないが、あなたの人間としての体型や健康に、よりふさわしいと思うもの、あなた自身をよりよい体型にしてくれる、はるかにストレスの少ない方法は、ダンスである。好みのリズムの音楽に乗せて踊るのは、何時間でもよいし、走ることよりも人間にとってより自然で、怪我も少ない。走るよりも踊るほうがなぜ人間にとってより自然であるのか、不思議に思う人はどうぞこの本をさらに読み進めていただきたい。

体力　誰もが認める事実として、動物の体力は直接に自分を守る力と関係している。優れたアスリートが運動しているときの体を見ると驚異的である。彼らの筋肉組織はまさに強靭な体力そのものである。しかし疑問もある。人間は動物と比較してどれくらい強いのだろうか？　人間が同じ大きさの動物だけでなく、ずっと小さい動物に比べても弱いことは明らかである。たとえば、普通のチンパンジーと、伝説的な俳優のアーノルド・シュワルツネッガーとがいっしょに写真を撮ったとしたら、はるかに小さいチンパンジーのほうが、この鍛えられた体型のスポーツマンよりも数倍も強いという事実はなかなか信じられないだろう。人間のほうがチンパンジーよりもずっと大きくて強そうに見えるが、実際の体力になると、チンパンジーやもっと小さいヒヒのほうが、人間よりもはるかに強い。したがって、進化の過程で人間は大きくはなったものの、体力の大きな部分を失ったのである。

歯　すでに指摘したように、歯を持たない鳥と異なり、地上に住む多くの動物は肉食獣に対する防御の道具として歯を用いる。防御と攻撃の道具としては、犬歯が最も重要である。樹上に住む霊長類の犬歯と、地上に住む霊長類の犬歯とを比べてみると、予想通り地上に住む霊長類の方が大きな犬歯を持っている。ダーウィンは一八七一年の本〔『人間の進化と性淘汰』〕で、たとえば地上に住むヒヒが、犬のような顎と大きな犬歯を持っていることに気づいて、言及している。地上に住むチャクマヒヒの犬歯は、捕食者として知られるライオンの大きな犬歯よりもさらに大きいのである。

いっぽう、人間は歯の進化のうえで神秘的なダイナミズムを見せてくれる。彼らが比較的安全な樹の上から、肉食獣の横行する地上に降りてきてから、人間の犬歯は消えていった。「人類の小さな犬歯は不釣り合いなほど長い歯根を持っているから、われわれの祖先が類人猿に典型的なものよりも、より大きな歯を持っていたことは明らかである。さらに、人間の犬歯は、生えたばかりは先の尖った形を維持しているが、それが急速に薄くなってヘラ状の形になる」とラングドンは二〇〇五年に書いている。[★72]われわれが危険な地上に降りてきてから、われわれの祖先の犬歯がなぜなくなり始めたのか、考えうる進化上の理由をあとで検討するが、ここでは、人類の祖先が肉食獣に遭遇したとき、犬歯も使うことができなかったことだけを、記憶しておこう。

強力で厚い表皮　ほとんどの動物種は、肉食獣であれ、その餌食であれ、強力で頑丈な歯をもっている。アンテロープの皮は、薄くて弱々しく見えるが、とても頑丈で、ライオンでさえもそれを噛み切って、栄養のある肉に到達するには少し時間がかかる。動物にとって、強力な皮を持つ利点は明白である。彼らの生命は、他の動物との鋭い牙や爪を動員した激しい肉体的な対決の結果に依存しているからである。霊長目の表皮は他の動物と同様に硬いが、人間の場合はどうだろうか？　われわれは再度、当惑させられるような進化上の変化に遭遇する。われわれの祖先がより安全な樹の上から地上に降りてきた後、彼らの硬かった表皮は柔らかく滑らかになっていった。つまりわれわれの表皮は肉食獣との身体的な対決には不向きなのである。

これまで最も一般的な動物の防御手段についてあらまし検討してきたが、そうしてみると、われわれの遠い祖先は、肉食獣から身を隠すとか、静かにしているとか、肉体の力や犬歯を用いたり、厚手の強力な毛皮で危険から逃れるといった、通常の防御作戦を用いていなかった、と結論しなくてはならないだろう。

このような不利な点があったにもかかわらず、われわれの遠い祖先は優れた防御システムを構築することができるようになり、やがてしだいにアフリカのサバンナを支配する種となることができたのである。そこで、私は彼らの防御システムにおいて、歌唱が決定的に重要な役割を果たしたと考えるのである。なぜそのようなことが起こったのだろうか？

歌うことが生命を救ってくれるか？

無数の動物種が毎日の生存への闘いで用いた通常の防御作戦を、われわれの祖先は何も用いていなかったことが明らかとなった。このあとでもう一つの防御作戦について検討するが、それはここまであえて触れてこなかった「防御信号 Aposematism〔捕食者に対して、聴覚、視覚、嗅覚的に発する警告信号をいう〕」である。しかしこの防御の仕組みを検討する前に、アフリカのサバンナの広大な草原で何百万年もの時間を費やしたわれわれの祖先のあいだで歌唱が果たしたであろう役割について、集中して考えてみたい。

われわれは「オッカムの剃刀《かみそり》」〔思考節約の原則〕★73というありがたい原理にしたがうことにして、原人の歌唱という問題のいちばん分かりやすい解答を探し出そう。最も端的な作戦は、他の動物種が大声の集団発声を用いるのはなぜかを調べることだろう。一部の社会性を有する動物は、自分たちのグループが別のグループと出会ったとき、特に重要なことは、グループのメンバーが肉食獣という生きるか死ぬかの強敵に出くわしたときに、大声を上げることである。

多くの動物が肉食獣や自分よりも大型の敵に追いつめられると、怯《ひる》んだ自分をできるだけ大きく見せようとしたり、できるだけ大声で警告を発したりする。読者の多くは追いつめられた猫が背中を弓型に膨らませ毛を逆立てて、シュウッと声を立てるのを一度は見たことがあるだろう。弓型の背と逆立てた毛は攻撃者に対して猫自身を大きく見せ、また、シュウッと音を出しながら、猫は鋭い歯をむき出しにして相手に自分が身を守ろうとしていることを見せて警告する。このような聴覚的、視覚的に誇示する目的は、姿かたちと音で、できるだけ相手を威嚇することである。

こうした一時的な見せかけの変化に目を向けてみよう。ほとんどの餌食となる動物は音を立てず、できるだけ姿を見えなくすることで肉食獣から逃れようとするが、もし肉食獣に見つかり、他に逃げ場がなくなると、即座に防御作戦を変更して、体をできるだけ大きく見せ、声をできるだけ騒がしくするのである。

われわれの祖先も、肉食獣から身を守るために大声を出すという作戦を取ったのだろうか？　彼らは確かにそのようにすることができた。よく知られていることだが、たとえば、われわれの最も近い親族にあたるチンパンジーやゴリラは、肉食獣（豹のような）や敵と出会うと、大声で叫びはじめ、地面を踏み鳴らし、木やその他のものを叩き、できるだけ大きな音を出そうとする。今日でも、もしわれわれが大きな野良犬や、何か危険な動物に出会って、それらを追い払おうとするときには、本能的にそれに向かって声をあげたり、地面を踏みつけ、何か物を投げつけるようなしぐさをする。したがって、われわれがアフリカの類人猿と共有している祖先もまた、肉食獣から身を守るために大声やドラミングを用いたのは、きわめてありうることである。

このような共通した側面があるにもかかわらず、アフリカの類人猿と人類の祖先とのあいだには、肉食獣から身を守るために大声を出すやり方に、大きな違いがある。今日、類人猿のあいだで大声を出す行為は一般的ではなく、テカムゼー・フィッチの言葉を借りれば、類人猿はほとんどの時間、「驚くほどの静寂」を保っている。反対に、人間はいつも騒がしく、少なくとも静寂を保とうとはしていない。私は人類の祖先は別の作戦をとったのだと考える。――彼らは自分の存在を隠すのではなく、反対に、自分たちの自信に溢れた姿や、行動、そして騒音によって、どんな攻撃者に対しても、相手を怖気《おじけ》づかせようとした。

私の考えでは、われわれの祖先は大声で歌うことを、肉食獣に対する防御システムの中心的要素に切り換えたのである。彼らはリズムに合わせて大声で歌い、叫んだり、物を投げつけたり、威嚇するように活発に体を動かしながら、自分たちを肉食獣から守り始めた。武器を持たない人間集団が、空腹を抱えた人食い虎を、餌食にされないように追い払ったり、大型の危険な動物を思いどおりの場所に追い込んだりした事例はたくさん記録されており、人間集団の大声発声の力は、広く知られている。

テナガザルの歌唱に関する専門家トマス・ガイスマンは、一九九九年の論文で、人間の歌う行為が攻撃者や競争者を脅して追い払う道具として始まったと考えた。★50 有名なアメリカの民族音楽学者ブルーノ・ネトルもこの可能性を支持している。私のモデルもまたこの考えを完全に支持するものである。

現代の人間の音楽行動には、他のすべての歌う種の中でも特筆すべきもう一つの要素が含まれる。すなわち正確なリズムである。ジクムント・エシュトライヒャーが一九六四年に指摘したように、アフリカ人は「体内メトロノーム」を持っており、きわめて正確なリズム感をそなえている。★74 私は、多くの方々が賛成してくれると思うが、これはアフリカ人だけでなく、人類一般の特徴であると考える。このようなユニークな特徴をもつことは、進化の上で強固な理由があったからに違いない。

リズムの統一は、人間の防衛的歌唱にいくつかの新しい重要な特徴をもたらし、それをさらに効果なものにした。(1)歌うこと/叫ぶことは、リズム的に正確に組織されていれば物理的により大きくなり、(2)リズム的によく組織されている集団による発声は、肉食獣に対してその集団の戦闘への統一と決意を表す、強いメッセージを伝え、さらに(3)大きな集団による反復される肉体のリズム運動(労働、行進)は、集団のメンバーに強い連帯感を生みだすうえで、きわめて効果的な方法である。しかし最も大切なのは、大声でリズミカルに、唱える─歌う─叫ぶことは、外面的な機能（肉食獣を怖がらせること）とは別に、決定的に重要な内面的、心理的機能をもまた持っていたと私は考える。そこで次に、この機能の検討に移ろう。

リズム、戦闘トランス、そして集団的帰属意識

一八三九年八月、戦争で荒れ果てたコーカサス山地は、かつて見たこともないほどの激しい戦闘に巻き込まれていた。強大なロシア帝国の軍隊は、伝説的なダゲスタンの軍事・宗教指導者イマム・シャミーリ〔一七九七〜一八七一、チェチェンの山岳民指導者〕の長期間にわたった抵抗運動を終息させようとしていた。シャミーリはロシア軍に対する抵抗運動を何年にもわたって指導していた。叙事詩にも歌われた八十日間にわたる山岳要塞アフリゴでの包囲戦や、双方合わせて七千人にも上る戦死者を出した後、シャミーリ側の小隊は圧倒的な人数のツァーリ軍に包囲された。この戦闘では両軍ともに捕虜を取らなかった。シャミーリ自身も含めて全軍の死はもはや目前であった。この最も危機的な状況にあって、シャミーリは突然伝統舞踊を歌い踊り始め、やがてすべての軍勢がその踊りに加わった。踊りはますます速くなっていった。ロシア軍の兵士たちは、包囲され命運尽きた彼らの敵たちが歌い踊るのを聞いてあっけにとられた。踊りのテンポと熱気が爆発寸前にまで盛り上がったとき、突然、シャミーリは手に持った剣を抜き放ち、熱狂的な叫び声をあげて、怯《ひる》むロシア軍に襲いかかった。彼の全軍勢があとに続き、ロシア軍が圧倒的に数で勝っていたにもか

かわらず、シャミーリ自身とその一族を含む数人の兵士たちは脱出を果たし、さらに何年にもわたって戦い続けたのである。

この種の物語が、保守的な伝統社会に属する人々にだけ起こりうると考えるのは正しくない。現在であっても、イラクやアフガニスタン（その他の危険地域）のどこかにいるアメリカ兵の一団が、ヘビー・ロックの大音響に合わせて歌ったり踊ったりしていることは、大いにありえる。彼らはなぜこのようにするのだろうか？　彼らは数分後には戦闘地域に入り、待ち伏せを受けて殺されるかもしれないから、大音響のロックに合わせて歌ったり踊ったりすることによって、危険なミッションに備えているのである。このような危険な使命に備えるのは容易ではない。ジョナサン・ピースラクによれば、多くのアメリカ兵士がヘビーでリズミカルなロック音楽を聴かなければ、命令を受けた戦闘に立ち向かえなかったと、告白しているのである。[★75]戦闘部隊がミッションの遂行に向かうときに、彼らがみな協同の力を感じ、互いに全面的な信頼を置いていることが普遍的な事実であることに読者は同意してくれると思う。この感覚の所以《ゆえん》は「**集団的同族意識**」、「**戦闘トランス**」にあって、リズミカルな音楽と舞踊が兵士たちをこの状況に追いやる最良の手段なのである。

リズムに乗って大声で歌うことの中心的な機能は、われわれの遠い祖先たちを特別に高揚した精神状態に置くことであったのであり、私はこれを「戦闘トランス」と名づけたい。これはグループ全員の生死を賭けた闘いのために必要とされる、進化によって仕組まれたまさに特別の精神状態である。この状態はいくつかの特徴を持っている。

（1）戦闘トランス状態にある人間は痛みを感じない。この状態は「痛覚消失症 analgesia」として知られている。

（2）この状態になると、人間は恐怖も感じなくなる。この状態は「無恐怖症 aphobia」と呼ぶことができる。

（3）この状態になると、人間は自分自身の生存本能をまったく無視することがある。彼らは自分自身の生命よりも大きなものや、もっと重要なもののために戦っているからである。

（4）この状態になると、人間はときとして超自然的な力を誇示し、車を持ち上げたり、通常の身体能力を超えるようなことをする。

（5）この状態になると、個々の人間は個々の自覚《アイデンティティ》を失い、別の集団的自覚《アイデンティティ》を獲得し、結果として、各人が自己保存という強固な本能を無視して、集団の最大利益のために行動することさえある。

（6）戦闘トランス状態には、瞬時に、まったく本能的に入ることができ、ときには特別の儀礼的行為を通して入っていく。

戦闘トランス状態が即座に現れる古典的な例は、両親の目前で子供が突然襲われるときである。このような危機的状況では、両親はしばしば本能的に、攻撃者に対して全力で戦い始める。攻撃者のほうがずっと強力で、両親も子供も簡単に殺されてしまうことが明らかであるにもかかわらず、である。このような危機的状況では、心の中で瞬時にスイッチが入って、人間はふだんのように論理的な思考をする存在であることをやめ、いかなる恐怖も痛みも感じずに、狂ったように爪を立て、拳を振り回す。

この種の自己犠牲的献身と自己生存への無関心は、哺乳類の母子関係に起源があったに違いない。子の生存が全面的に母親に依存するようになったとき、進化が本能の階層を設計し直して、多くの種において子を助ける本能が、自身の安全に対する関心よりも上位の優先順位を得たのである。猟師たちがしばしば認めるように、猟の際に最も危険な動物は巨大なオスではなく、子を連れたメスである。

人間では、子に対する最大の献身という母性的本能は少し異なるかたちに、つまり、自分が所属する集団の全人員に対する全体的な献身に変化した。戦闘のさなかに友人の命を救うために自分の命を犠牲にできるという、よく訓練された戦闘小隊のように、人間の祖先は**集団的同一性**《アイデンティティ》という感覚を育てたのである。集団的同一性の感覚は、集団の各メンバーによる集団共通の利益に対する完全な信頼と献身とに基づいている。集団的同一性は、集団またはその一員に生命にもかかわる危険な状況が生じたときに沸き起こってくる。このようなときに、「一人は全員のために、全員は一人のために」という高貴な原則が、恐怖や痛みという個人的な自己防御本能を抑えてしまう。このような人間的感情は、愛国心とか宗教的帰属心のように、何よりもまず、この太古からの本能に基づいている。集団的同一性の感覚は、とくに大きな国民的ないしは宗教的反乱や、戦争、自然災害のときに特に強くなる。

戦闘トランス状態に入ることや集団的同一性を持つことは、利他的行為の古典的な例と考えることができる。もっとも私は、人間が集団的同一性の状態に入るのは他者に対する義務感からではなく、主として進化への強力な力が、集団や集団のメンバー一人ひとりのためのよりよい生存戦略として、この仕掛けを作ったと主張したい。この感情を積極的な体験とするために、進化がこの強力な神経組織のメカニズムを供給したのである。集団的同一性の状態に入ると、その集団全員に高揚した感情を起こさせる。集団の全員がより大きく、より強く、ほとんど不死身であると感じる。実際、死を恐れなくなったときにだけ、人は不滅になることができる。このように集団のメンバーが高揚した精神状態にあるとき、互いに自分たちの集団が負けるはずがないと感情的に信じるのである。

このように特別に高揚した心の状態は、生命にかかわるような危険な状況が起こると瞬時に供給されるエンドルフィンやオキシトシンのような、強力な神経物質によって維持される。これらの神経物質が脳内に放出されると、痛みや恐怖の感情がブロックされ、超自然的に強力な統一体の一部であるという、完全な信頼感と高揚感に支配されるようになるのである。

column

戦闘トランス、利他主義、そして宗教の起源

オキシトシンが供給されて戦闘トランス状態になると、人間は何かより大きなもの、自分自身の命よりも大切なものの一部であるという、高揚した霊的感情を持つ。戦闘トランスという概念は、個々人が個別性を失い、新しい集団的同一性《アイデンティティ》を獲得することであり、それは人間の利他的道徳性や宗教が出現するうえで、強力な進化へのモデルを提示する。自分がより大きな統一体の一部であるという感情、個人の利益よりも集団の利益を上に置くこと、そして、社会の他の人員に心を配ることは、すべての宗教や社会的道徳規範のまさに中核部分である。祈り手が一人でいても、祈りの目的は自分自身が何か大きなものの一部であり、宇宙的な存在、つまり神の一部であると感じることである。宗教の起源が戦闘トランスにあるというモデルは、エミール・デュルケーム[★76]のトーテムやトーテミズムの考え方、つまり集団や社会そのものが、超自然的な神性の最初のシンボルであったという考え方を支持している。われわれの祖先が、集団メンバー全員の完全な参加が必要とされるときにはいつも行なった、リズミカルな歌唱、舞踏、その他の昔の芸術表現形式を伴う戦闘トランスに入る際の高度に儀礼化された手順は、宗教儀礼への強固な基礎となると同時に、他方では人間の芸術や芸術的変換への基礎を築いたに違いないのである。

戦闘トランスというメカニズムは、進化の力によって、人間の本能の全階層の最上位に置かれる本能として設計され、生命の最も危険な状況においてわれわれの行動を支配する、と私は考える。

ここで読者は「ちょっと待ってくれ。こういう話はとても面白いが、これに歌はどういう関係があるのか？」と質問されるかもしれない。「肉食獣が母親の目の前で赤ん坊を襲うときには、彼女は歌ったりせずに即座に戦闘トランス状態に入って、恐怖も痛みも感じずに攻撃者に立ち向かう。こうした状況での戦闘トランスという現象と、歌唱とはどのような関係があるのか？」と。

確かにその通りである。攻撃者がわれわれの愛する者を襲うときに、われわれは歌ったり、リズムをとったりしない。実際、そのような暇はないのである。そのうえ、その必要もない。われわれの本能は即座にやるべきことに反応して、われわれの脳は日常のリラックスした気分から、もっと大切な目的のために自分の命をもいとわない、緊張した自己犠牲の精神状態へとスイッチを入れ替えるのである。

しかし、攻撃してきた肉食獣に向かって即座に戦うのとは別に、われわれの祖先の生活において、もう一つ非常に重要な面があった。

ハンターかスカヴェンジャーか

われわれの遠い祖先にとって、日常生活において決定的に重要な要素の一つは、食物を手に入れることであった。われわれの祖先が地上で新しい生活を始めた後、彼らが非常に重要なたんぱく質をどのようにして手に入れたかについては、白熱した議論が行われてきた。人が初期の段階からハンターであったという昔からの一般的見解は、今日ではかつてのように有力でも説得的でもなくなった。その代わりに、初期の人類はスカヴェンジャー〔腐肉食者〕であったという新しい考えが、考古学的資料からもますます支持を増やしている。おそらくルイ・ビンフォード★77は、この議論での中心的な人物であり、人類の先史時代における腐肉食〔スカヴェンジング〕とハンティングによる生肉食の役割に関する議論に対して、一般的見解を変化させる上でも中心人物であった。

アフリカの生態系の中で腐肉を食べることは、ニューヨークや東京やメルボルンのどこかで安全で快適な家に住む読者が想像するほど簡単ではなかった。もしある種が腐肉食を主要な食糧源とするのであれば、その種はそれを入手するためにいつでも闘えるようにしているか、闘っているかしなくてはならない。ブルメンシャインの言う「にらみ合いの腐肉食」★78である。腐肉食の困難なところは、欲しい死体を手に入れるためには、数多くの他の競争者と対峙しなくてはならないということである。ライオンを含め肉食獣は、誰か別の者が殺した獲物を漁るチャンスを与えないことはない。獲物はしばしばそれを捕えた本来の肉食獣ではなく、獲物の側《そば》にいた最強の動物の食事になる。たとえば、チーターはその比類のない速さによって、アフリカのサバンナではおそらく最も成功するハンターである（ライオンが十回の猟で三回成功するのに対して七回は成功する）が、力ではなくスピード専門に作られている体格のためにチーターはしばしば獲物をライオンや豹、ハイエナに奪われてしまう。

私が言いたいのは、われわれの祖先が腐肉を手に入れる上で非常に巧みな競争者になったということである。彼らは走るのも遅く、狩りも下手で、獲物を殺す生来の道具も持っていなかったが、アフリカ最強の肉食獣ライオンを含めて、他のすべての競争者を怖れさせ、退けることに長けていた。

つまり、**積極的な、あるいは戦って腐肉食を得ることが、初期人類の食物を得る上での主要な方法であった。**私が思うに、われわれの遠い祖先はライオンに狙いを定めて、それが狩りを行うのを待っていたのである。ライオンが狩猟を終えると、原人たちは、あとで触れる「特別の準備」をしたあと、食事をしている獣の群れに近づき、集団でリズムをとりながら大声で叫び、地面を踏みならし、太鼓を叩き、手拍子を打って、体を威嚇的に動かし、そして石を投げたのである。

ライオンたちが招かざる客に対して親切であるはずもなく、今日でも彼らがハイエナたちを追い払うように、闖入者を追い払おうとしたり、実際に脅したり、襲いかかったりしたに違いない。

ライオンを脅して獲物から遠ざけるのは、恐ろしい試みであるから、最も勇敢な者か、気の狂った者（あるいはどうしようもなく空腹な者）にしか実行はできない。この際ライオンの戦う相手は、武器を持った別の大きな捕食獣ではなく、手には石以上の物を持たない原人であるから、そうした攻撃をしようとすることは、正気の沙汰とも思えない。原人の集団が最初の威嚇攻撃で、即座にこの場面を解決したとは思えないが、われわれの遠い祖先がこのような危機に直面するときには、明らかに戦闘トランスの状態に入り、恐怖も痛みも感じなくなり、非常に重要な食物を手に入れるために、たとえグループの何人かの犠牲が必要であっても、共通の目的に向かって完全に献身することができた。

このような危険な試みに成功し、アフリカのサバンナの頂点に立つ最強の捕食者となるために、われわれの祖先は数百万年にもわたる進化を通して、多くの行動上、形態上の変化を通り抜けてきたのである。これらの変化は、すべてわれわれの遠い祖先をより強力な聴覚的および視覚的誇示によって、より巧妙な威嚇者に作り上げるという共通の目的を目指していた。何百万回もの試行と無数の犠牲者を伴うこの長くて痛ましい過程の結果として、強力な「視覚的・聴覚的脅迫誇示 Audio-Visual Intimidating Display」＝ＡＶＩＤが生まれたのである。

視覚的、聴覚的脅迫誇示　行動と形態上の変化

視覚的・聴覚的脅迫誇示のモデルは、われわれに人間の行動と形態に関する、よく知られたいくつかの要素に、新しい進化論的な光を当てて検討する機会を与えてくれる。思い出しておきたいが、すべての形態上の変化の唯一の目的は同じで、われわれの遠い祖先を**より高く、より大きく見せ、そして、より大声にすること**であった。以下に、ホモ・サピエンスの進化の過程で現れた、いくつかの行動上および形態上の鍵となる変化を示すが、私はそれらが視覚的・聴覚的脅迫誇示機能の発達と関わっていたと考える。

二足歩行　人間の二足歩行の起源は、敵対者を威圧したいという欲求に関わっているのではないかという考えが、一九六〇年代にフランク・リヴィングストンによって提示され、[★79]一九九〇年代にジョージ・チャップリンとニーナ・ヤブロンスキによって支持された。[★80]多くの動物種が、望まない争いを避けたり、対峙した敵対者を脅すために、自分を高く見せようと二足で立つ脅迫姿勢を用いる。肉食獣や敵対者と対峙したときにだけ二足姿勢を用いる他の動物種と異なり、われわれ人類の祖先はほとんどの時間二足歩行を用い、結局、

習慣的な二足による移動へと移っていったのではないかと私は考える。その理由は、すでに述べた通り、彼らは地上におけるもう一つの沈黙の住人になろうとはしなかったからである。反対に、彼らはどこに行っても自分たちの存在を誇示し、その自信に溢れた外見と騒がしい行動によって、どんな敵に対しても恐怖心を与える、という作戦を選択したのである。

長い足　われわれに最も近い親族であるアフリカの類人猿と較べて、人間は異様に長い足を持っている。われわれが長い足を持つようになった進化上の理由を考えると、最初に思い浮かぶその説明は、より速く走るために長い足が必要であったということであろう。しかしこのような議論は、次のような二つの点を考慮すると成立しない。つまり、(1)人間は動物界で最も遅い走者の一人であること、しかも彼らがその走行能力を誇示しなくてはならなかったアフリカのサバンナの中でも、間違いなく最も遅いということ。さらに、(2)短い足で哀れなほど臆病な走り方をするチンパンジーでも、実際には人間の最速の走者よりも速く走ることができるということである。つまり、人間の長い足はより速く走るために進化したのではないのである。ではその他に、人間の長い足を人類の進化において、どのように説明すればよいのであろうか。私は自然淘汰という強力な進化の力が二足歩行と同じ理由、つまり人間の体をより高くして、肉食獣や競争者に対して一層恐怖を感じさせるようにするために、われわれの遠い祖先を長い足に進化させたと考える。

頭髪　人間の頭髪は人間の形態でも特異な要素の一つであるが、人間進化の研究において二足歩行ほどには学問的注目を集めてこなかった。ニーナ・ヤブロンスキが考えるように、頭部に髪を生やしておくことは、アフリカの厳しい日射しの下で直立して歩くときに皮膚を守るために、人類にとって進化上有利なものであった。デズモンド・モリスは、伸びすぎた頭髪が、遠くから見てもわかるヒト科独特の形態上の目印として用いられたと考えた。★81

人間の頭髪の進化上の機能を考えるときに、われわれは人類が頭部に大きな「アフロ」スタイルの髪を持っていただろうことを思い出す必要がある。私がとくにこのことに注目するのは、われわれヒト科の祖先の学術的な復元が、たいていの場合、あたかも彼らが整髪室から出てきたばかりであるかのように見えるからだ。実際にはわれわれの祖先は頭のてっぺんに大きな髪の丸い膨らみを持っていたのである。異常に長い人類の髪は、先に議論した二足歩行の姿勢の機能と同じく、より高く見せるという機能を持っていたと、私は考える。刈り込んでいない頭髪は一メートル半もの長さになるから、「アフロ」スタイルの大きさは人間の頭の直径よりも何倍も大きいことになる。したがって、黒髪の大きな球は人類の身長にかなりの大きさを付け加えたに違いない。

ここでわれわれは、高さのある軍事用の鉄兜《てつかぶと》が、さまざまな武器から頭部を守るという機能とは別に、先史時代と同様の心理的な目的――それをかぶっている人が敵対者に対して、より高く、より威嚇的に見えるようにする――に役立っていたことを思い出すことができる。角など他のオブジェを兜に付け足したりするのも、同様の脅しの機能があった。ときには髪型そのものでさえ、人をずっと高く見せるために作られた。たとえば、現代のパンクやゴシック・ロックのグループ・メンバーなどに見られる有名な「モホーク」ヘアスタイルは、アメリカ先住民の部族戦士に起源をもち、背の高さを非常に大きく見せるという利点を持っているのである。

ボディ・ペインティング　何らかの形でボディ・ペインティングをしない人間の部族や社会は、ほとんど存在しなかったし、現在も存在していない。戦闘や狩猟に行く前に体や顔に色を付けることは、世界の多くの地域に普遍的である。われわれの祖先もまた実際的な理由からボディ・ペインティングを用い始めた、と私は思う。肉食獣と対峙するために用いられるボディ・ペインティングには、外面的と内面的の両方の機能があった。外面的効果としては「見たこともない外見」が肉食獣を不安にさせ、怖がらせる。通常動物たちは奇妙な格好や、派手な色をした他の動物や物を、本能的に嫌がるからである。

内面的な心理的要素としては、顔や体のペインティングによる外見の変化は、通常とは異なる集団的な個性を獲得させ、戦闘トランス状態に入っていくのを助けたであろう。さまざまな文化や宗教において、仮面による儀礼が一般的であるのは、この点できわめて興味深い。われわれの祖先は、自身に色を付けるのに、どのような物質を用いたであろうか？　最初の物的証拠は二十三万年以上前に遡る[★82]が、黄色土〔オーカー〕や二酸化マンガンのような洗練された物質を使う前に、われわれの祖先はずっと長期間にわたって、血やさまざまな小果実など、もっと単純で容易に入手できる物質を用いていた。

着衣　着衣の起源に関する伝統的な考え方は、それが寒さから着る者を守ってくれるということである。だがここでも、着衣（もっと正確に言えば、人間の身体の一部を覆う動物の皮）の最初の使用は、一つは異様な見せかけによる威嚇という機能と、もう一つは戦闘トランス状態への心理的転換に役だった、と私は考える。狩りの獲物をめぐる闘いに直面した時に、自分を動物の皮で覆った原人の集団は、裸でいる他の集団よりも、その異様な姿のお陰で肉食獣を威嚇したり戦いに勝つのにより成功したであろう。

衣服が人類の先史時代に両方の役に立ったというこの考え方は、伝統的な考え方と矛盾しない。と同時に、衣服のこれら二つの機能のあいだには重要な違いが存在する。寒い天候から身を守る物としての衣服は、われわれの祖先がより寒い気候の、別の地理的場所に移動した後になってから、初めて重要になったに違いない。いっぽうで威嚇体系の一部としての衣服は、われわれの祖先がまだアフリカの暑い太陽の下で住んでいたときに、肉食獣や競争者たちからより効果的に身を守ったり、攻撃したりする能力を獲得する上での補助用具として始まっていたこともあり得る。したがって、われわれの遠い祖先は、衣服を主として防御の理由から用い始めていたであろうが、ずっと後になって彼らが陽の光に満ちたアフリカから、地理的条件の違う他の場所へと移動したときに、衣服は寒い気候から命を守るものであることを知ったのである。

男性の声域　人間の男性と女性とのあいだには、大きな声域の違いがあるが、このような違いは霊長目の動物ではあまり見られない。音域の差は、オクターヴである。他の類人猿とほとんどの霊長目の動物（たとえば、ゴリラのオスとメス）では、体の大きさには非常に大きな違いがあるが、声域にはそれほどの差はない。男性の声が異常に低くなったことへの進化上の理由を説明するのに、男性の低い声は「人間の競争相手を怖がらせ、餌食を追い詰め、肉食獣を追い払うのに非常に役に立った可能性がある」というデズモンド・モリスの考え[★83]に、私は全面的に賛成する。

和声による歌唱　合唱指導者は賛成してくれると思うが、合唱団の響きは和声で歌うと、響きが大きくなる。同時に響く一つの和声音のなかで、さまざまな音の倍音が互いにぶつかり合い、その結果、実際より参加者が多いようにみえる強い響きが生じる（ボー・ジェスト Beau Geste 効果として知られる）。したがって、さまざまなパートに分かれて歌おうとしたことの最初の動機は、生存と安全のためにより強い印象を与える響きを求める長い進化の過程の結果であると考えるのは自然であると思う。より印象的な響きを求める探究は、人間の歌唱にリズムを持ち込んだのと同じように、もう一つのきわめて人間的な要素を作り出した。それが和声で歌うことである。

原人はいっしょに歌っただけでなく、和声で（別々のパートで）歌ったと私は考える。読者のなかには、人間の音楽および精神文化の最も高度な表現の一つである合唱歌唱と、有史以前の原人の歌唱とをこのように直接に結びつける提案をすることは、少し侮辱的ではないかと考える人もいるかもしれない。しかし私には、バッハのコラールやベートーヴェンの第九交響曲の終楽章の合唱と、われわれの遠い祖先が数千万年も前に強力なライオンに立ち向かうために地面に立ち、トランス状態に入り込むように大声で和声で歌ったこととのあいだに、進化上の関連を考えることは、何かとても深淵で、とても詩的なものがあるように思われる。

不協和音での歌唱

われわれは和声での歌唱が全体の響きをいっそう強固にして、より大きな、いっそう堂々とした集団であるという印象を作り上げることを論じた。もう一つの疑問は、どのような和声をわれわれヒト科の祖先が用いたか？　ということである。プロの音楽家は知っているが、和声で歌うことには、いくつかの異なるやり方がある。平行三度とか平行四度、あるいはその他の音程間隔で歌うことができるし、他のパートにドローンを付けて歌ったり、非常に広い音程でも狭い音程間隔でも歌うことができる。また二、三、四あるいはそれ以上の声部で、協和音程や不協和音程の和音でも歌うことができる。

これらすべての異なるタイプの和声による歌唱は、それぞれがまるで異なる響きを醸し出す。私は合唱指導者として、また大学教師として、長い間さまざまな様式のポリフォニーや和声による歌唱の経験をしてきたが、不協和な音程や和音で歌うことは、驚くほど強く、隅々までとどく印象的な響きを作り出す。このような特徴から、不協和な和音で歌うことは、対抗者を怖れさせるうえで、最も良い手段になりえる。

column

人類の最も初期のポリフォニー様式は現存するか?

もしアフリカの「ゆりかご」から世界の異なった地域に移住した人類が、共通のポリフォニー様式を持って行ったとすれば、理論的には、こうした原初的ポリフォニー歌唱の様式が、世界の最も孤立した地域に残存している可能性がある。われわれがもしこうした痕跡を探そうとするなら、大声の甲高い響きで歌う、非常に鋭い不協和音を伴うポリフォニー様式を探すべきであるが、このような様式は地理的に孤立した場所で、理論上は異なる大陸で見つかるはずである。

本書の第1章で論じられた歌唱様式のいろいろな層の形成に目を向けると、非常に特殊なポリフォニー様式が目立って見えてくる。それは突き刺すような大きな声の響きで歌われる歌唱様式で、音響学的には極度に不協和な音程（長短二度の間のきわめて特殊な音程で、十四〜十五ヘルツの音、ドイツ語の術語でシュヴェーブングス・ディアフォニー Schwebungsdiaphonie として知られる）によるものである。このような歌唱様式はヒマラヤ、ヒンドゥークシ山脈、コーカサスやバルカンの山地、北ベトナムや台湾山地、中国南西部の山地、インドネシアやメラネシアのいくつかの島々、東ヨーロッパ・ポレーシエの湿地帯、ヨーロッパの端のバルト地方のような地理的に孤立した地域に見られる。

私はこのようなポリフォニー様式を、二つの最も重要な要素にしたがって、「ドローン＝不協和様式Drone-Dissonant style」（D／D様式）と呼んでいる。D／D様式のいくつかの残存物がアフリカの孤立した場所や、北日本のアイヌのあいだ、南米アンデスのケロス族〔ペルー山中の先住民族〕のあいだに見られる。

たがいに非常に離れた地域や文化におけるポリフォニー様式の驚くほどの類似は、これらが共通の初期歌唱伝統の名残りであることを示している。ヤープ・クンストを驚かせたバルカンとインドネシアのポリフォニー様式の著しい類似は、このような先史時代から残存する広大な地域にわたる同一性の名残りのほんの一例に過ぎない。一九八〇年代にフロリアン・メスナーがインドネシアの住民にブルガリアの録音を聴かせたときに、インドネシアの人たちはそれが近隣の村で行われた録音とまったく同じものであると思ったが、インドネシアの録音を聴いたブルガリアの村人たちの反応も、まったく同じものであった。[2章★37] 私もまた何年にもわたってこれらのポリフォニー様式を研究してきたが、今でもこれらを区別することができない。

このようなポリフォニー様式が先史時代からの名残であり、あるいはそれが前近代の名残りであるにしても、その可能性を否定する唯一のまともな論拠は、こうした歌唱伝統が大きな変化なしに過ぎてきたと考えられる何百万年という文字通りあまりにも大きな時間の長さにある。そのような時間の長さを別にすれば、驚くほど類似した歌唱伝統が存在することと、その分布が多くの極端に孤立した地域にあることは、「昔の共通した習慣の残存物」であるという典型的な例を示していることになる。ヴィクター・

グラウアーが、ブッシュマン／ピグミーの（裏声《ヨーデル》に基づく）ポリフォニーは、過去十万年にも遡《さかのぼ》る人類最初期の歌唱様式の生き残りであり得る、と言ったのはよく知られている。このグラウアー[2章★47]の説は「最近のアフリカ起源モデル」、または「そっくり置き替わったアフリカ人モデル」〈現生人類のアフリカ単一起源説のこと。二〇～一〇万年前にアフリカに誕生した現生人類がおよそ七～六万年前にアフリカから移住し、それ以前に世界のそれぞれの地域に棲んでいたヒトとそっくり入れ替わったとする、遺伝学的に補強された近年の支配的な説〉に基づいている。

あとで述べるように、私の調査とポリフォニーのデータは、人類の年代の数え方が何百万年になる点では、「ネットワーク・モデル」としても知られる「多地域進化モデル」〈人類がそれぞれの地域で進化してきたとする説〉の方を支持している。もしこのような長期間にわたる歌唱様式の保持はありえないと考えるのであるならば、このように広い世界のさまざまな場所に、驚くほど類似した、非常に特徴的な歌唱伝統が現存する理由を説明しなければならず、ますます困難な課題に直面することになる。それゆえ、私はこのようなポリフォニーが、われわれの祖先をトランス状態に導き、集団的アイデンティティを獲得していっしょに生き延びるために、集団として共に闘おうとした人類最古の歌唱様式の名残りである、と考えるのである。

体毛のない体　人間の頭にある濃い頭髪とはまったく対照的に、人間の体にはほとんど体毛がないが、人間のこのような異常な形態上の特徴にはそれなりの進化上の理由があるに違いない。かのチャールズ・ダーウィンは、人間の祖先は体毛のない体の方が異性にとって魅力的と考えられたからであると示唆した。人間の異常に活発な性生活を考えると、この考えは大いに理にかなっているように思われる。同時に、人間の皮膚は体毛がないだけでなく、動物の皮よりも華奢《きゃしゃ》で傷つきやすい。ほとんどの人が、柔らかく滑らかで感じやすい皮膚をもつ裸の無毛の体は、感覚的にもより魅力的であることに同意するだろう。しかし、このような皮膚が肉食獣と激しく対決する際には、非常に狙われやすいことも認めるであろう。動物に滑らかで柔らかい皮膚がほとんどないのはそのためである。

人類の祖先ではどうであったのか？　私は**原人は実際に肉食獣と直接には闘う必要がなかった**のだと考える。新しい防御戦略である「視覚的・聴覚的脅迫誇示」（ＡＶＩＤ）、すなわち大声でリズムを合わせる歌唱、足踏み、リズムに乗った石の殴打や投擲《とうてき》、それに加えて、二足の直立姿勢と長い足、巨大なもじゃもじゃの毛髪、そして、彩色された体は、われわれの祖先が、実質的に体を接触させることなしに、肉食獣から身を守り（攻撃的な腐肉食を通して）食物を手に入れるのを助けたのである。

激しい肉体的接触の必要がなくなるとすぐに、霊長目の強力な毛に覆われた皮膚は生存にかかわる機能を失った。進化の原則は「使うか、失うか」で、単純かつ厳密である。ＡＶＩＤが肉食獣に対する有効な無接触防御システムを提供するや否や、より柔らかく感じやすい皮膚と無毛の体に、青信号が点灯したのである。肉体的な生存上の利点と性的快楽とが互いに対立するならば、性的快楽の方が道を譲ることに、われわれ全員が同意するだろう。しかしながら、われわれの前史において、激しい肉体的接触を必要とせずに、肉食獣からの防御の問題が解決されるや否や、ダーウィンの示唆した〝無毛の肉体に対する性的選択〟が、人間の体のその後の進化と洗練との強力な推進力となった。体毛がだんだんなくなっていったもう一つの理由として、霊長目の長い体毛に住みついていた（そして今も住みついている）寄生虫を取り除くことも考えられる。

歯　ほとんどの動物がより大きな犬歯を生やそうとする地上に、われわれの祖先が樹の上から降りてきた後で、人間の犬歯が縮小していった奇妙な適応傾向については、すでに論じたが、ここでは、このような変形の理由を簡単に論じておこう。

人類の進化における犬歯の小型化は、武器として道具を使い始めたことが歯を肉体的防御の機能から解放したことと関係があったに違いないと指摘したのは、おそらくダーウィンが最初であった。一世紀後に、ラルフ・ホロウェイ★84は、犬歯の縮小は、われわれの祖先の社会組織が変化するにしたがって、攻撃性を否定する方向へ進化した結果であったと考えた。最近では、リチャード・ラングハム★85とピーター・ルーカス★86が、原人の歯の大きさと数の減少に鍵となる役割を果たしたのは、道具ではなく、調理の発明であったと指摘した。

私はこの「歯のパラドックス」への答えは、われわれヒト科の祖先の威嚇作戦に見出すことができると考える。肉食獣との対決に際して、接触しないで成功する方法が発達するにつれて、(厚くて毛に被われた表皮とまったく同様に)、防御や攻撃の第一の手段であった鋭い犬歯の必要がなくなったのである。

興味深いことに、六、七百万年前に生息していたサヘラントロプス・チャデンシス〔Sahelanthropus tchadensis 二〇〇一年にサハラ砂漠南部（チャド）で骨が発見された猿人〕の歯には、すでに小さくなった犬歯が見られる。このような事実を説明する可能性は二つあって、(1)サヘラントロプス・チャデンシスは原人へとつながる祖先であるか、(2)これはヒトと、まだ樹上に住む歯の小さいチンパンジーとの共通の祖先で、チンパンジーは地上に移ってからだんだんと大きな犬歯を発達させた、というものである（いっぽう人類の祖先は別の作戦を選んで、犬歯をさらに小さくしていった）。

私は後者の考え方のほうが歴史的真実に近いと思う。このような考え方はダーウィンの考えとあまり変わらず、ラルフ・ホロウェイの考えも無視するものではない（これらは互いに背反することはない）。いっぽう、調理が犬歯の縮小の背景にあったという考え方は、時系列の上で犬歯の縮小が早い時期に起こっていることと合致しない。われわれの祖先のあいだで火が用いられた可能性のある最も早い時期は、二百万年前以降であるのに対し、歯は少なくとも五百万年前から小さくなり始めていたからである。

最後に、歯の縮小は、最終的には話し言葉の出現へと導く、声によるコミュニケーションのより精密な形式の発達をもたらすが、それには数百万年という長い期間が必要であったことも指摘しておきたい。

体の大きさと体力　もし樹の枝の上に住み、樹のてっぺんに登って豹から逃れようとするなら、より大きく、より重たい身体は不利な要素である。しかし地上に住んで、音や姿かたちによってライオンを怖がらせようとするなら、より大きな体は有利になるだろう。何百万年にもわたるライオンとの対峙の中で、進化によってより大きな体を持つ原人が選択されたと考えるのは自然である。

すでに述べたように人間の体の大きさは進化によって増したが、実際の体力は事実上減少した。これはわれわれの祖先にとって、実際の力よりも大きさの方がはるかに重要であったという、もう一つの強力な示唆となる。原人の肉体的な力が小さくなったことは、ホロウェイが原人の歯の大きさの減少に関して示唆したように、原人たちの大きな集団の中での集団間の争いを通じて、攻撃性や死者の数を減少させようとする選択傾向がはたらいていたのかもしれない。

旧石器時代の産業の起源　石器製造の起源は人類進化上の決定的要素の一つである。「素手で石の道具を作る」という課題に取り組んだ数少ない学者たちは、最も基本的な石器を作ることでさえ骨の折れる困難な作業であることに気づいた。有能なボノボ〔以前はピグミー・チンパンジーといわれた〕のカンジ[★87]でさえ、人間の言語の基礎を習得するのに驚くべき成果を上げたにもかかわらず、石器を作ることはできなかった。

このことに関連して、旧石器時代の産業の起源につきまとう、しばしば無視される疑問がある。つまり、われわれの祖先はなぜ、どのようにして、石器を作り始めたのであろうか？　この難しい作業の背後には、最初にどのような動機がはたらいたのだろうか？

私は視覚的・聴覚的脅迫作戦がこの疑問に対する回答を与えてくれると考える。脅迫作戦の重要な要素の一つは石の使用であった。石は二つの重要な目的に用いられた。つまり、（1）二つの石をたがいに打ち合わせることによって、できるだけリズミカルな大きな音を出すこと、そして（2）聴覚的、視覚的要素がじゅうぶんに効果を上げず、攻撃が差し迫ったら、肉食獣に向かってそれらを投げつけることである。

ここにうまい具合にたくさんの砕いた石を持っていて、しかし生きるか死ぬかの対決の真っただ中にいる原人のグループがいるとしよう。彼らは二つの石を最も単純なリズムを打つ道具として用いている。彼らは力いっぱい石を打ち合わせ、できるだけ大きな音を立てようとしている。今日の戦闘中の兵士たちとまったく同じように戦闘トランスの状態にあるから、彼らの石を打つ力もまた強化されるのである。

その結果、われわれの祖先はこのように肉食獣と対峙するたびに、いくつかの砕いた石を持つようになった。戦闘のすぐあと、死骸を前にして宴会をしながら、原人たちは鋭い角《かど》のある石片がすばらしく役に立つという考えを持つようになった。このシナリオにしたがえば、われわれの祖先は石器を作る前に、単純な丸石をずっと長いあいだ用いていたことになる。これらの石は、（1）リズムを工夫して音を出す機能と、（2）

飛び道具の機能、という両方の機能を持っていた。私は後に現れた石器は、もともとは活発な〝ドラム・セッション〟であったものから偶然生まれた副産物であったと考えている。

また、原人たちは尖った角のある石器を死体の解体だけでなく、肉食獣の体や頭により大きな損傷を与えるのに、いっそう効果的な飛び道具としても用いたと考えるべきであろう。死体処理には大きすぎるが、その破壊的な力によって接近戦には最適な、初期の人間によって作られた不自然に大きくて重い石器の存在は、このような可能性をも示唆している。

column

石でライオンを殺すことは可能か？

この問いに対する一般的な答えは、「石の大きさによるし、それがどれほどのスピードでライオンに向かって飛んでいくか、また、どこに当たるかによる」ということになろう。では、手で投げた石はどうだろうか？　しかし、そんな馬鹿なことを誰がやるだろうか。

物を投げることは、先史時代の人類に関連してよく研究された話題の一つである。初期の狩猟の手段として、物を投げることについてのウィリアム・カルヴィン★88の考えは、学者たちのあいだでもちろん広く知られているが、私はこの理論に少しだけ修正を加えたい。私の考えでは、投げることは狩猟のためではなく、まず第一に防御のためと、食肉を得るために肉食獣と対峙するときに用いられた。

これら二つのタイプの投げ方を較べてみると、防御のときの投擲《とうてき》は狩猟のときの投擲よりもいくつかの点で重要な利点がある。つまり、対象物が（1）こちらに向かって走ってくるときのほうが、逃げていくときよりもずっと狙いやすいし、(2)投げる距離も防御のときのほうがずっと短い。さらに、(3)距離がずっと近いから、投げる人は両手で投げられるくらいのずっと重い石を使える。(4)逃げていく動物に投げるとすれば、その動物の後方に当てようとするだろうが、向かってくる相手に対して防御のために投げるのであれば、石を当てる目標は当然その頭になるだろう。(5)襲ってくる動物に石を投げつけるなら、攻撃してくる肉食獣のスピードが、飛んで行く石の速さを増加させる。というわけで、防御のための投擲には、より成果の多い要素がいくつもある。つまり、狙いがはるかに正確で、距離もずっと短く、石もより重く、攻撃してくる動物の頭により速いスピードで当てることができるのである。その結果、当たったときの力には致命的な強さがあり、当たった動物の頭蓋骨を傷つけることさえあり得る。アフリカで発見された鋭い角《かど》のある三十センチを超えるような巨大な石器は、屍肉を食うための道具であるよりも、このような接近戦で決定的な武器として用いられたように思われる。さらに加えるなら、アフリカの類人猿は防御投擲（狩猟の投擲ではなく）をしばしば行うことが知られているから、「狩猟投擲対防御投擲」のケースでは、防御チームのほうが明らかに勝利することになるだろう。

男性の肩の形態が（女性の場合とはちがって）完全な投擲マシーンとして作られていることを考慮すれば、何百万年にもわたって、攻撃してくるライオンに重い石で立ち向かうのが男性の仕事であったと考えるのは、筋が通っているように思う。

音楽的情緒　セックスのためか、生き残るためか？

人間の進化における、音楽能力の生存上の価値を論じるときに、学者たちはしばしば、音楽が非常に大きな感情的力を持っていながら、いっぽうで音楽が実際には何の力も持たないことに驚きを表してきた。おそらく今日最もよく知られた音楽の〈進化上の〉適応機能に関する仮説は、チャールズ・ダーウィンの「異性を引き寄せる」という考え方だが、現在では「つがいの相手に対して自分の適合性を誇示する」（ジェフリー・ミラー）というかたちをとっている。「異性を求めるための音楽」という説を信奉する人々は、この考えと矛盾する次のような二つの重要な事実を、何らかの形で説明しなくてはならない。つまり、雌を惹きつけるために雄が競い合って歌う種では、当然、雄だけが歌うし、歌い手はソロで歌う歌《ロマンス》を好む。人間の場合は、両性がともに熱心な歌い手であるし、人間は大集団で歌うことも好きだ。

ミラーは自分の主張の実証性を明らかにするために、一九九九年に次のように指摘したことは正しかった。「食物を見つけるうえでも、肉食獣を避けるうえでも、寄生生物を追い払ううえでも少しも役に立たない音楽に、個体が時間と労力をかけることの合理的な生存上の理由を誰も提示したことがない」[★89]と。確かに、私は音楽が寄生生物を追い払う力を持つとは主張しないが、生活上の他の重要な二点で、つまり肉食獣を避け、食物を見つけるうえで、決定的な役割を果たしたと主張したい。さらに、音楽が人間の形態や行動のいくつかの重要な要素の発展に関与したことを証明しようと思う。

音楽は長いあいだ無視されてきたが、数百万年前のアフリカのサバンナにおけるように、われわれの種の進化の歴史において決定的な役割を果たしてきたことに対し、遅まきながらそれにふさわしい認知を求めて、いま、声を高くして大胆な主張をしようとしているのである。

音楽と戦争　紀元前百万年前と現在

さて、われわれは音楽の進化上の機能が、わが種の肉体の存続と直接的に関わりがあるという結論に達した。人間がアフリカの強力な肉食獣たちと直面したときに準備していたのは、大声のリズミカルな音楽であった。これが、石を手に持つくらいで実質的には武装していない原人たちに、限りない勇敢さを吹き込み、ばらばらの個々人を献身的で自己犠牲を恐れない戦士の集団に変身させた。さらに肉食獣に対して、われわれの祖先の鬨《とき》の声の背後には、「すべての戦士が共通の目的に向かって完全に献身する、熱狂的に統率された一団がある」という強いメッセージを与えていたのである。

このような熱狂が同時に至近距離から投じられる重い石によって支えられて、アフリカのサバンナにおける無数の血生臭い対決の後に、ライオンたちはこのカミカゼのような戦士たちを忌避し始めただろうことに少しも不思議はない。ライオンたちが原人の何人かをうまく殺すことができた（このことについては後述する）としても、原人を捕まえたり食べたりすることにはあまりにも手を焼きすぎるので、彼らは原人を必要としなくなった。反対に人間たちは「プロの畜殺者《ハンター》」として、集団全体のためにかなりの量の食糧を調達するという大きなゲームに挑むハンターとして、ライオンを必要としたのである。

column

人間とライオンは並行して進化した

人間とライオンの進化はいくつかの驚くほど類似した特徴を持っており、私はこれら二つの種がこの五百万年にわたって、競争者であり大敵として、たがいの形態上および行動上の進化に深い相互作用を与えたと考えたい。これは進化上の「軍備競争」であり、いっぽうの種の形態上ないし行動上の特徴の進化が、もういっぽうの種からの反応を誘発したのである。これら二つの種における進化上の共通性は次のようになる。

(1)人間もライオンもアフリカのサバンナの広々とした草原で、同じ時間帯に進化した。つまり両種の祖先となる最初の型は約五百万年前に現れ、両種のもっと現代に近い型は、過去二百万年から百万年前に形成された。

(2)人間もライオンも社会的動物である(この特徴は霊長目の動物のあいだでは特別なことではないが、猫のあいだには見られないことである)。

(3)人間もライオンも頭の上に長い髪を持ち、威嚇的な効果をもつ形態上の特徴を共有している(原人の頭には一メートル五十センチもの長髪、雄ライオンの首と頭にはたてがみがある)。これは霊長目の動物にも猫科の動物にも珍しい特徴である。

(4)人間もライオンも低くてとても大きい声を持っており、敵対者を威嚇するためにこれを効果的に用いる。人間は、リズムの一致した大声によるグループ歌唱とドラミングを発達させるにしたがって、威嚇のための手段となる上腕を発達させた。

(5) 人間もライオンも約二百万年前という同じ歴史的時期に、アフリカから世界のさまざまな地域に出て行った。

(6) 人間もライオンも後期更新世（十万年〜一万年前くらい）のあいだに、地上に最も〔生息域が〕拡がった二つの大型哺乳動物であった。

(7) 彼らが分布した地域も一致しており、アフリカとユーラシアの大部分、そして北アメリカであった。

人類とライオンの進化にかかわる現代の理論もまた、驚くほど共通点を持っており、ホモ・サピエンスの起源に関する最も一般的な二つの学説（多地域における進化のモデルと、それに対抗する単一起源のモデル）と非常によく似ていて、ライオンの進化を研究している学者たちも二つのモデルに分かれている。つまり、一つの学者グループは、ライオンの棲息する地域が多様であったために、中断せずにうまく現代のグループへと進化した（多地域進化モデル）と主張するが、他の学者グループは、アフリカを出た単一のライオンの集団が、その後アフリカの全地域と南西ヨーロッパに棲む地方集団に取って代わった（単一起源交替モデル）と主張する。[★90]

移住する人類が草食獣の移住のあとを追ったという伝統的な考え方とは反対に、私は実際には人類は草食獣を追ったのではなく（それらを殺すのは難しかったから）、草食獣の後を追ってそれを捕食したプロの殺戮者であるライオンを追いかけたのであって、何百万年ものあいだわれわれの祖先が食物を得るために用いた作戦は、獲物を仕留めたライオンを追い払って、その獲物を漁《あさ》ることであったと考える。それが人類とライオンの社会的な生活様式や、威嚇の仕方や、棲息地域といった、非常に重要な要素が一致する理由である。

戦闘状況での音楽の利用は何百万年も続いたが、今でもなくなっていない。それはわれわれの血と脳の中に生きている。兵士たちや特殊部隊の結束と献身の感情を強化するために、また戦闘状況への心理的準備をするために、人間はリズミカルな音楽を利用している。長時間のリズミカルな軍事訓練を行うことによって、新兵たちは集団的統一感を獲得し、彼らが所属する、より大きな全体への一体感を与えられる。軍事訓練とリズミカルな音楽との効用は歴史的にもよく知られている。リズミカルな軍事訓練が軍隊を鍛える日常的手段となった十六世紀以来、訓練を行う兵士たちは、軍事訓練で鍛えられていない、より大きな敵の部隊を必ず負かしてきた。アメリカ人学者ウィリアム・マックニール[★91]はこの話題について素晴らしい本を書いている。音楽は今もわれわれの感情を支配し、生存への最大の危機に瀕したとき、人間はそれを利用するのである。もちろん、われわれの多くは幸いにも、殺すか殺されるか、というような戦闘ミッションに備えてヘビー・ロックを聴く必要はない。しかし、このようなことをせざるをえない状況にある数多くの兵士たちは、音楽が、このようなミッションに自分たちを備えさせてくれることを知っている。何百万年も経った今でも、音楽は戦争において強力な力を保っているのである。

神経系の研究成果が示しているように、音楽を聴いたり、歌ったり、太鼓を叩いたりする活動がわれわれの脳の構造の最も深い部分、つまり、生存が危険に曝されたときにだけ働く部分を活性化させるのは不思議なことではない。われわれの祖先が生き抜くために、歌唱やドラミングを用いてきた何百万年にもわたる歴史とともに発達してきた戦闘トランスという現象は、このような事実を見事に説明してくれるのである。

暗闇における防御作戦

われわれの祖先が地上に降りてから直面した深刻な問題の一つが、夜間における安全の問題であった。日中には最大の肉食獣にも立ち向かうことができたとしても、貧しい武器しか持たない原人にとって、見通しのよいサバンナで寝ることは、とても危険な賭けであっただろう。

それについていくつかの洞察に満ちた考えが表明された。アドリアーン・コルトラントは、夜の眠りの安全を確保する方法の一つは、有力な肉食獣たちを怯《おび》えさせるために、寝る前に大声の夜間〝コンサート〟を開くことであった、と示唆している。コルトラントはチンパンジーの集団行動を引用しているが、チンパンジーはときどき寝る前に大声で〝コンサート〟を行って、強力な肉食獣たちを追い払うという。あるいは、森の中に住むアフリカの部族の行動を引用して、彼らもまた同様に大声で日没前の示威活動をくりひろげるという[★70]。

しかし私は、原人たちにとって夜間をより安全にする要素が、少なくともさらに四つはあったと思う。すなわち、（1）死体の奪還、（2）人食い、（3）眼点〈目玉模様〉の利用、そして（4）人体の臭いである。

死体の奪還

肉食獣は餌物を殺すと、その死体を食べようとする。餌食となった動物集団は、家族の一員を懸命に守っても、それが殺されてしまえば、通常、戦うことをやめる。したがって、殺戮が行われてしまえば、敵対関係はなくなる。肉食獣は欲しいものを手に入れて、戦いは終わり、食事を楽しむことができるのである。ところが原人や人間の場合は根本的に異なっていた。彼らは集団で威嚇を行うとびきりの名手たちであったから、グループの一員が殺されて肉食獣に連れ去られると、その肉食獣を追って、死体を取りもどそうとした。

このような気違いじみた勇敢さの目的は何なのか？　もちろん、自分のグループの死んだ一員を生き返らせることはできない。しかしこの行為によって、肉食獣に対して自分たちのグループを襲って誰かを殺しても、その死体をゆっくり食べるチャンスはないのだぞ、という強いメッセージを与えることができる。このような行為が世代から世代へと繰り返されて、肉食獣たちは人間を餌食にするのは得策ではないということを学んだのである。もちろん、個々の人間は最も弱い動物であるから、豹、虎、あるいはライオンにとっては、人間を殺すことはアンテロープやシマウマを殺すことよりもはるかに容易である。しかしそれを食べるとなると、まったく違う話になる。アンテロープやシマウマは人間と違って、殺戮が終わったあと、肉食獣に集団で襲いかかったりはしない。したがって、肉食獣の立場からすれば、人間は殺すのはやさしいが、食べるのはとても難しいことになる。

というわけで、この議論からすれば、原人たちにとって死ぬほど怖い肉食獣を襲って、仲間の死体を取り返そうとすることは、進化の上でじゅうぶんに理由があったことは明らかである。こうして、彼らは肉食獣にそれ以上攻撃するのをやめさせ、学者たちが言うように、肉食獣を〝教育〟したのである。もう一つの問題は、肉食獣の毒牙から取り返したあと、その死体をどのように扱うかということである。次にこの話題に触れよう。

人類の前史における人食いの風習

死んだ人体の亡骸《なきがら》をどのように扱うかについては、いくつかの選択がある。つまり、埋葬するか、火葬にするか、船に乗せて沖へ放つか、禿鷹に食べさせるか、等々である。また、もう一つ別の選択もあって、死体を食べることである。もちろん、この最後の選択は、現代のわれわれにはほとんど考えられないが、残念ながら、われわれの初期の祖先は死体の扱いに関しては二つのやり方しかなかった。つまり(1)食べるか、(2)食べないかである。その他の選択は技術の進化を待って、ずっと後になって現れた。

これら二つの選択は、短期的か長期的かで二つの異なる結果をもたらした。短期的には、もし自分たちで死体を食べなければ、肉食獣たちがそれを食べてしまうであろう。このようなことは、その人がすでに死んでいるのだから、関係ないと思うかもしれないが、長い目で見ると、これには問題があった。もし肉食獣が人間／原人の死体を簡単に手に入れ食べることができれば、彼らが習慣的な人食いとなる可能性がある。人食いの虎や豹の専門家と言われているジム・コーベットは、二十世紀初頭にインドで恐ろしい伝染病が流行った後で、その間に埋葬されずに残されていた人体が容易に手に入ったことで、最悪の人食い豹の一部の活動が活発になったと述べている。[★92] まさにこの理由によって、われわれの祖先にとっては、人間の死体が屍肉を漁る肉食獣にたやすく食べられないようにすることが重要であった。

　つまり、私が思うには、死んだ仲間の死体を食べたわれわれの祖先のグループにとっては、近くにいるライオンたちに、人間を獲って食うのは得策ではないということをわからせることが大切であった。

　その上、仲間の死体を食べないのは、良質の食料を無駄にすることである。だから、本書の読者が反感を抱かれることはよく承知しながらも、われわれの祖先のあいだでは、人肉食の習慣が肉食獣を制御するうえで重要な進化上の戦略であったという考えを、私は提示したい。

　人類の歴史や前史におけるこの感情的には納得しがたい行動に関して、広範な論議が行われてきた。ティム・ホワイトによれば、人食いの風習は、後期旧石器時代初頭よりも前の人間社会では、ごく普通のことであった。[★93] この説は、ネアンデルタール人やその他の初期／中期旧石器時代の遺跡に発見された数多くの「解体された人間」の骨にもとづいている。通常は食料の欠乏が人食いの習慣の主要な理由であると考えられている。

　オルランドル・テイラーもまた、人食いの習慣はすべての大陸で、人類の歴史のさまざまな時代における普通の行為であったと考えている。[★94] ウィリアム・アレンスは、人類はどの社会においても人食いを行っていたという現存する証拠を否定したが、[★95] ホワイトによれば、過去の人食いの習慣に対する証拠の集積量はあまりにも強烈で、これを否定することは出来ない。

　留意すべき重要なことは、原人たちが仲間の原人を殺して食べた、と私が言っているのではないということである。そうではなく、原人のグループは自己を犠牲にして協力して肉食獣に立ち向かった。そして肉食獣から致命的攻撃を受けた場合には、彼らは集団をなして肉食獣を襲い、殺されたグループのメンバーを取り返して、その体を食べたのである。殺されたメンバーの死体を要求して、肉食獣と戦い、その死体を儀礼化したやり方で食べることは、進化上まったく異なる意味を持っており、倫理的とさえいえる意味合いを持っている。

われわれの遠い祖先は人食いの風習に対して、不当に悪い宣伝をされてきたが、人食いの風習は、われわれの祖先の重要な生き残りの作戦であり、肉食獣のわれわれの祖先に対する態度を変えさせる利益をもたらしたのだと主張したい。人間を容易に殺すことのできる最も大型で強力な肉食獣は、傷を負っていたり、状況によってやむをえなくなった場合を除いて、通常、人間を食用にはしなかった。私が思うに、これこそが何百万年にもわたるわれわれの祖先による「肉食獣教育」の永続的な効果であった。

肉食獣の態度を変えさせることとは別に、人食いの習慣は儀礼的行動や宗教的感情が生まれるうえで重要な要素であった。肉食獣によって殺された仲間の肉を食することが、高度に儀礼化された行為であったに違いないことを、われわれは確信することができる。二〇一〇年七月にティム・ホワイトが注釈を付けて『ナショナル・ジオグラフィック』誌に報告した、若い原人の頭蓋骨の最近の発見もまたこのことを裏づけている。

われわれはまた、多くの人間社会において、人食の習慣は、死者の肉体的、精神的力がそれを食する人に移行するという信仰と関わりがあったことを知っている。したがって、このような信仰の起源もまた非常に古いルーツを持っているのであろう。多くの文化において、（例えば、私自身のグルジア文化において）文字通り、誰かを、または何かを食べてしまいたいという（「この人形はとても可愛いから食べちゃいたい！」とか、子供に対しても魅力的な異性に対しても同じように用いられる）表現は、最大級の愛情表現なのである。カール・フォクトが十九世紀に、ローマ・カトリックのミサの聖体拝領が、古代の儀礼化された人食いに由来すると指摘したのは有名である。[★96]

考古学的証拠とは別に、われわれの祖先のあいだで過去に人食いが行われたことを示す、遺伝学上の証拠もある。多くの人間には、汚染した肉を食することによって罹患する恐れのある脳の病気（プリオン疾患として知られている）からわれわれを守ってくれる特別の遺伝子がある。「自然淘汰の結果として広がった痕跡を示す、この遺伝子上の耐性の発見は、人食いの習慣に対する物質的証拠である」と、二〇〇三年にジョン・ロウチが書いている。[★97]

時間の経過とともに、われわれの祖先は地面を掘ることを可能とする道具を発明し、彼らの食料供給も改善されて、死体を埋葬したり、火葬にする方がより良い選択肢になってゆき、結局はそれが死体を扱う唯一の方法となったのである。

人食いの習慣には、現在、学者たちによって一般に認められている三つの主要な理由がある。すなわち、（1）文化的基準、（2）極端な飢饉状態における必要、そして（3）狂気、ないしは社会的異常行動である。このいずれもが、人食いの習慣が進化上意味があるという可能性を認めていない。しかし、私はそれらに加えて、第四の主要な理由として、（4）初期人類において肉食獣をコントロールするための仕組みであった、という点を加えたい。

人類の眼点「お前が見えるぞ！」

眼点（眼状紋）は動物の体にあるはっきりと見える印《しるし》のことである。この眼点は肉食獣を惑わす目に似ている。多くの蝶、一部の爬虫類、鳥、そしてわれわれに最も重要なものとして、大型ネコ科の仲間の一部★98がやはり眼点を持っている。大型のネコ科の動物の耳の後ろにある眼点は、肉食獣や競争相手をだまして、彼らの存在を見張っているぞと思わせるためにある。眼点は捕食や攻撃に対して効果がある。大半の強力な肉食獣は、獲物が見ていないときに攻撃のタイミングを狙っているからである。眼点が耳の後ろにあるのはそのためで、後ろからの攻撃を防ぐために、ネコ（科）のあいだには広く存在している。頭の後ろに着けた安物のプラスチックのお面が、インドのスンダルバンス国立公園の人食い虎が人を襲うのを防ぐのに、とても効果的だったのもそのためである。日中には多くの眼があるから、人間のグループはこのような防御をほとんど必要としないが、皆が寝静まった夜には、このような防具がとても役立ったであろう。原人たちはプラスチックの仮面を使うことはできなかったが、進化によって、眼点という形で夜間の防御に備えた、と私は考える。

このことは今までに示唆されたことはないが、われわれは眼点をもっているにもかかわらず、次のような二つの理由から、そのことに気づかないのである。つまり、（1）人間はもともと眼点に気づきにくい。なぜかというと（2）眠っているときにしかそれがないからである。

読者が友人か家族に目をつぶってもらい、その「眠っている」顔を見てみれば、上から弧を描く眉毛と下から弧を描くまつ毛とが、〝眠っている〟人の顔に、はっきりと見える長円形の眼点を形作っていることが分かるだろう。人間の目と人の眉とまつ毛がなすかたちが似ていることに気づきにくいのは当然で、これはわれわれが一般に眼点に気づくのが得意でないからである。たとえば、このことをお話しした後でさえ、豹やライオンの耳の後ろに、目に似た印を見つけるのは難しいことが分かるだろう。覚えておいていただきたいのは、われわれの顔にある眼点は、自然淘汰の力によって人が気づくために設計されたのではなく、アフリカの大型肉食獣、とくにネコ科の肉食獣に気づかれるために、進化によって設計されたということである。そしてネコ科の一族は特に眼点を見分けるのに優れているように思われる。

一般に認められている見解によると、人間の眼点の主な機能は水分、主として塩分を含む汗や雨が目に流れ込むのを防ぐことである。デズモンド・モリスは、人間の進化において眉が持ちうる機能を検討するなかで、これが効果のないものとする考え方を批判し、眉の第一の機能は、その持ち主の変化する気分を伝えることであると論じている。眉がわれわれの気分を伝える優れた伝達者であることに疑問はない。しかし、人間の進化の上で、その第一の機能は捕食からの防御であり、遮るもののないサバンナでの何千世代にもわたるわれわれの祖先の夜間の睡眠の安全を保証することであった、と私は考える。

防御作戦としての体臭

人間が汗をかくことは、よく知られた人体組織の特徴である。一般に人間は直立して歩くようになり、体毛を失った後、ますますたっぷりと汗をかくようになったと考えられている。つまり、発汗はオーバーヒートした体のクールダウンであった。発汗と関わって、あまり顧みられることのないもう一つの特徴は、強烈な体臭である。実際には、汗そのものには臭いがないが、とくに人体の毛でおおわれている部分(脇の下や性器)の発汗にバクテリアが繁殖して強い臭気を放つ。つまり、発汗が強い臭気を持つとすれば、そこには何か進化上の理由があるはずである。次に、私の考えを述べよう。

われわれの祖先は、あらゆる視覚的、聴覚的信号を駆使して、昼間のあいだ、すべての肉食獣が自分たちにすぐ気づくようにして、肉食獣には不適切な餌であることを思い出させるようにした。それはこの騒がしい、異様な格好をした二足の生き物の執拗で狂信的な相互献身、さらには殺された自分たちのグループの一員の死体を奪還するために執拗に闘う圧倒的な勇敢さのためなのである。

昼間の安全策とは別に、夜間の防御作戦もいくつかあった。たとえば、眠っている人間の顔に前述のような眼点を使用することは昼間には意味がなかった。われわれの祖先の集団から生じる体臭は、肉食獣に対するもう一つの強力な信号であった、と私は考えている。肉食獣たちは餌食になりうるものには、常に、その臭いを嗅ぎ取ることができるように、そしてさらに重要なことは、獲物の方が近寄ってくる肉食獣を嗅ぎつけないように、風下から近づいた。こうした場合、肉食獣はわれわれの祖先の体臭を少し離れたところから必ずや嗅ぎ取ったことだろう。

人間が持つよく知られた分泌腺の力によって、また何百万年ものあいだ、実際にシャワーを浴びることもなかったから、餌を求めてうろつき、ほんのわずかな臭いでも嗅ぎ取る肉食獣に対して、これは強力な嗅覚上のサインであったに違いない。この強力な臭いはわれわれの眠っている祖先にとって、第一の防御線であったはずである。このように考えると、腋毛と性器の毛の本来の機能は、最も効果的な体臭を作り出すことであった、というもう一つの想定に行きつく。

読者の中には、もし体臭が眠っている餌食の存在を知らせる強力なカギとなるのであれば、われわれの祖先はなぜ眼点をも必要としたのか、体臭でじゅうぶん彼らを追い払えたのではないか、と疑問に思う方もおられるかもしれない。学者たちの言うところによると、肉食獣の決断はかれらがどれくらい空腹であるかによる。もし肉食獣が非常に飢えていれば、さらに狩りを続けるだろうから、もう一つ別の警告のサインや防御のやり方があっても当然だろう。ときにはどんな警告のサインであっても餌食になるのを救ってはくれない。たとえば、どんな生物もその強烈な臭いのためにスカンクを避けるが、ときにはスカンクも肉食獣によって攻撃され、殺されて食べられてしまう。そのような場合は、肉食獣のほうが腹がすきすぎていて、食べ物の不快な臭いを考慮することができないのである。まったく同様に、飢えた人間は、ふつうは食べようと思わないもの（ネズミ、猫、革靴、あるいは他の人間）を食べ始める。それゆえ、少なくとも二つの防御線（臭いと眼点）があっても、夜間攻撃を受けるケースは起こりえた、と私は思っている。その場合には、グループ全体が瞬時に起き上がって、大声で叫びながら戦っているさなか、仮に肉食獣が死体を持ち去ることができたとしても、すぐに仲間の献身的な戦士たちが足跡を追いかけ、肉食獣に対して、これから先は、彼らに手を掛けないようにしないと非常に高くつくぞ（どちらの側にもだが）、という教訓を与えたであろう。

原初のポリフォニーの再現

人類の闘争の歴史における音楽の役割について、私の議論はほぼ終わった。闘争のない状況における音楽の役割の議論を始める前に、われわれの遠い祖先がアフリカの揺籃期から持ってきた、「原初のポリフォニー」について仮説的に論じておきたい。

「原初の言語」とか「原初の文化」の再現は、どのようなものであれ高度に思弁的な仕事であるが、「原初の」ポリフォニーの再現もあまり変わりがない。私のモデルにしたがって、何十万年、何百万年前にわれわれの祖先の原人たちのあいだに存在していた現象を再現するためには、確かな証拠が必要であるが、それはこれまでのわれわれの知識にはなかったようなことである。このような遠い歴史を再現しうる唯一の可能性は、世界のさまざまな地域に現存する声楽ポリフォニー伝統の大部分を特徴づける、何らかの共通する側面を見出すことにある。

われわれが共通の特徴を探すのであれば、かつては非常に必要とされる現象であった声のポリフォニーが、分節された言語の発達したあとでその「存在価値」を失い、衰退し始めたことを記憶しておかねばならない（その理由については、次章で論じる）。

以下に、われわれの遠い祖先の歌唱にあったと思われる特徴の一覧を挙げる。この一覧は、世界のさまざまな地域の声楽ポリフォニー伝統の比較研究から集められている。

(1)われわれの遠い祖先の合唱歌唱はおそらく、二つのグループの交唱か、独唱者とそれに応えるグループの交代による応唱に基づいていた。これはポリフォニー伝統であってもモノフォニー伝統であっても、まさに世界共通の特徴であり、わが惑星に住む人類の音楽文化では、伝統に深く根ざした、応え合う歌唱の要素をもたない音楽文化は、本来どこにも存在しない。

(2)合唱はすべての人、社会のすべての階層で行われていたに違いない。この特徴は伝統的ポリフォニー文化においてとくに目立っていて、そこではすべての人が何らかのレベルで参加を求められており、公式の聴衆というものは存在しない。性別による歌唱の厳格な区分ができ、社会が演奏家と聴衆とに分かれるのは、比較的あとに起こる現象であったと思われる。(たとえば、ライオンと対峙し、それらを追い払って死を免れるために、女性をおいて男性たちだけが立ち向かうなどの場合を除いて)。

(3)合唱歌唱のリズムは非常に正確で、また活発であったに違いない。正確なリズムはサハラ砂漠以南のアフリカの歌唱伝統、多くのヨーロッパやポリネシアのポリフォニー伝統において、完全に支配的である。

(4)われわれの祖先の合唱歌唱は、おそらくすべての参加者を巻き込む、踊り、拍手、そして一般的な身体のリズム運動を伴っていた。この種の歌唱と舞踊の一体化は、古い音楽伝統でもそうでなくても、すべての音楽伝統で顕著である。今日でも、われわれがリズミカルな音楽を聴くときには、本能的に何かを叩いたり、足踏みしたり、体を動かしたりして、それに従いたくなる。

(5)体を打楽器として使うことは、われわれの祖先の古い共同体歌唱には大いにありえたことである。足踏みして、歌のリズムに安定した基礎を作ったことは、さらにありえる。われわれはリズミカルな音楽を聴くと、それについていきたくなり、足踏みするのは本能的で最も普通のやり方である。

（6）われわれの祖先の歌唱のスタイルは、大声で歌う素朴なものであったに違いない。最も古いポリフォニー歌唱の伝統は今日でもきわめて大声である。社会の全員が歌唱に参加し、踊りや拍手を含むのであるから、静かで優しい合唱を聴くことは、ほとんどなかったであろう。

（7）音楽の拍子は二拍子系（4分の2、4分の4）に基づいていたと思われる。この最も単純で一般的な拍子は、おそらく世界のさまざまな文化で最も広く行われていた（ポリフォニーでも、モノフォニーでも）。クラシック音楽の記譜法でもそれは「普通の拍子（Common Meter）」（楽譜ではCという文字で表記される）として知られている。同類の拍子である8分の12では、各拍が三分割されるが、これは最も初期の人類が用いたと思われるもう一つの拍子に挙げられる。8分の12拍子は中央アフリカのピグミーのあいだで広く用いられており、多くの人に「スウィング」として知られている。

（8）おそらく演奏中にテンポは速まり、音程はだんだんに上がっていった。このような特徴は古い舞踊歌で一般的なものである。それらは比較的緩やかに、または中庸のテンポで始まり、興奮が高まっていくにつれて音程も高くなっていく。たいていの音楽教師は曲が終わりに近づくにつれて、音楽学生たちの歌がだんだんと速くなり、音程が高くなっていくことをよく知っている。

（9）ドローンは、原初の時代から普遍的に存在したとされるものの第一番に挙げられるものである。ドローンはサハラ砂漠以南のアフリカでは一般的でないが、ドローンが強固に存在するアフリカの文化もある（たとえば、東アフリカのマサイ族、西アフリカのクペレ族や、ピグミー族にもある）。また、二度

に散在しているので、D／Dポリフォニーが人類のグループ歌唱の最古の型である可能性についてはすでに論じた。

(10)オスティナート〔短い同じパターンのフレーズの反復〕はおそらく声楽ポリフォニーの最も普遍的な型である。オスティナートの原則を何らかの形で用いないポリフォニー伝統はほぼ存在しない。ドローンとオスティナートの原則はたがいに矛盾するものではなく、それどころか、これらはしばしば共存する。

(11)われわれの祖先の初期のポリフォニーには、バス〔低声部〕の独立した機能は存在しなかったと言わねばならない。サハラ砂漠以南のアフリカのポリフォニー歌唱では、機能的に独立した声部としてバスを用いているようにはみえない。アフリカのオスティナート声部は必ずしも低い音域にはなく、伝統音楽のドローンはポリフォニーの声部の、しばしば中央にある。

(12)裏声《ヨーデル》もまた古代ポリフォニーの特徴に含めねばならない。それは決して多くの文化に存在しているわけではないが、それでもなお、さまざまな形式の裏声《ヨーデル》がヨーロッパ、アフリカ南部、そして太平洋などの孤立した地域のポリフォニー文化に見られる。

(13)このような初期のポリフォニーでは言葉による歌詞は存在しないか、あっても最小限にとどまっている(ピグミーのポリフォニーにおけるように)。間投詞や意味をもたない音節がこの段階では主流であったに違いない。なにしろ、われわれは分節された言葉の存在がきわめて疑わしい古い時代について語っているのであるから、反復的で呪文のような定型句というのが、初期の朗唱のモデルの有力な候補となるだろう。リズミカルな呪文の反復には、人間を別の境地に誘う力があることは、良く知られている（この問題については、最後の章で論じることになろう）。

(14) 最も古い原初のポリフォニー形式の音階の基礎が、無半音のペンタトニック〔五音音階〕であった可能性は大いにあり得る。

(15) 演奏は当然、参加者たちをトランス状態に導いた。実際上、これがすべての行為の中心的機能であり、グループの個々のメンバーを、熱狂的に献身する集団の一員に変えるのである。

column

夜を徹した踊り

踊りというものはとてもエネルギーを費やす肉体活動である。人間が長い時間にわたって踊ることができるのは、まことに驚くに値する。疲れきるまで踊り続けるダンス競技《コンペティション》について話しているのではない。踊りはその本質から言って、競技活動というよりも、むしろ歌に似ている。舞踊も歌唱もともに協力する活動であり、参加者たちをたがいに強い絆で結びつけ、特有の心理状態に置くように設計されている。この絆こそが、危機的な状況において自分たち自身の生命を、他のため、グループの利益のために犠牲にすることをも厭わなくさせるのである。同時に、覚えておくべき重要なことは、事実上どの協同の目的も生存競争にあるということである。ただ、この生存のための競争は外部の力（肉食獣、他の人間グループ）に対するものである。

集団舞踊は何らかの危機的状況においては、大いに実際的な役に立った。たとえば、あるグループが夜間にとても危険な状況にあったなら、彼らは大声でリズミカルな踊りを始め、それが彼らの闘志をかき立てて、肉食獣を怖れさせ、追い払ったことだろう。夜中に大声で踊ることは焚き火を燃やすようなもので、それによって彼らの気持ちを高め、肉食獣を怖がらせ、追い払うのに役立った。踊りの目的はグループの肉体的な安全を図ることであったから、男たちが円陣を作って、子供や女たちを輪の中に入れようとしたであろう（いくつかの動物種、アメリカバイソン、カナダのジャコウウシ、アジアゾウ、アフリカスイギュウなどの場合にもあるように）。

おもしろいことに、多くの文化において円舞を踊っているときに作られる環の中は、あらゆる邪悪な力から守ってくれる神聖で安全な場所と考えられている。何千万年ものあいだ踊られてきたこの種の円形の踊りは、今日の儀礼的な円舞の祖先と考えるべきであろう。われわれの祖先はトランス状態になって、何時間も踊り続け、一晩中でも踊ることができた。この種の長時間にわたるダンス・セッションは、今でも一部の宗教的な儀礼舞踊の一部になっている（たとえば、ブラジルのカンドンブレの夜間セッションのように）。

これが、以前に私が、肉体活動としての舞踊が人間にとってきわめて自然なものであり、われわれの身体にとって進化上走るよりもずっと自然な身体運動であるはずだ、と考えた理由である。人間は、本来的にランナーではなく、本来的にダンサーなのだ。「〔人間は〕走るために生まれた」というモデルを支持する人々は、長い距離を走る人間は馬や狼も含めてすべての動物より勝っていると考えている。このような主張の現実性は当然疑わしいが、それとは別に、たとえ人間の祖先がアンテロープの後を何時間ものあいだ追いかけることができて、最後に疲れ果てた獲物を殺すことができたとしても、このような長い走りはエネルギーを必要とするし、そのうえ、他の人たちのために何時間もかけて食糧を持って帰らなければならない。食物を得るためにこれほど消耗し、エネルギーの高くつく作戦が、持続しうる戦略であったかどうか疑問である。

以上を要約して言えば、「原初のポリフォニー」または「原ポリフォニー」は次のようなものになる。それは大きな混声グループによる大声の応唱歌唱であり、リズムは非常に正確に組織され（おそらく、二拍子系のリズムで）、足踏みをしたり、体を叩いたり、石を打ち合わせたり、リズムに合わせた動きを伴っていた。合唱の響きはポリフォニー的で、鋭い不協和音に基づいており、テンポは歌と踊りのあいだに速まっていき、音程は、全体の音量とともに上がっていった。ポリフォニーは原則的にオスティナートとドローンに基づき、歌詞はほとんど、あるいはまったくなく（あってもほとんどは間投詞か呪文のような定型句）、低音（バス）の機能はまだ独立していなかった。このような原初のセッションに加わる人々は、戦闘トランスの状態に入ってゆき、そこでは恐怖や痛みの感覚は消えた。参加者たちをこのような意識の高揚した状態に導くことが、原初の歌唱と舞踊の儀礼的セッションの中心的な機能であった。

くつろぎの時間　歌唱と平和

アドレナリンやオキシトシン、エンドルフィンが[★99]〈血中に〉放出された大声で、容赦なくトランスに導くリズム、歌、太鼓、踊りの誇示とは別に、原人たちの音楽活動には、もう一つのまったく異なる側面があった。それは、「柔らげること」、「くつろがせること」である。

われわれがよく知っているように、人はハミングをする。この声楽的行動はどこにでも見られるし、ごく自然なものであるから、われわれはほとんどそれに注意を向けない場合が多い。少なくとも、私の予備的研究によると、ハミングを論じた学問的出版物は存在しない。

　そこで二、三の質問をしてみたい。人はなぜハミングをするのか？　どんなときにハミングするのか？　そして最も重要なことは、ハミングすることは人あるいは原人の生活に、何らかの適応上の価値があるのか（またはあったのか）？

　ほとんどの人間が少なくともときどきはハミングをするだろうし、ほとんどひっきりなしにハミングをしている人もいるくらいだ。私の死んだ父はこちらのタイプだった。彼は新聞を読んでいても、歩いていても、考えていても、チェスをやっていても、食べていても、いつもハミングをしていた。メルボルンのマーシー・カレッジの十四歳の生徒であるバーナデット・Sも、ほとんど何をしていてもハミングをすると言っていた。「でも、もちろん授業中にはハミングできません。それは迷惑をかけるから……。だから授業中は頭の中でだけハミングしています」と彼女は私に残念そうに言った。アメリカの優れた民族音楽学者ジェフ・ティトン[★100]は、ハミングをすることがありますか？　という私の質問に、「頭の中でだけだけれども、歌いますね。」と答えてくれた。人はときに歌いたいという衝動を抑えることができない。同じマーシー・カレッジの別の学生ステファニー・Eは、授業中や試験の時間に無意識にハミングをしはじめることがあって、ときどきこまることがある、と私に話してくれた。

　もう一人のアメリカの有名な民族音楽学者ティム・ライスもまた、ほとんどいつもハミングしている部類に入る。彼の妻アンが話してくれたのだが、「家にいるときには、彼は何をしていても、いつもハミングしています。ある日、彼が大学から帰ってきてハミングしていないことに私はすぐに気づいて、何か良くないことがあったのかと訊ねると、学部でとても不愉快な会議があったんだ、と言いました。一時間ほどあとにはハミングしていましたから、彼はもう忘れて、また機嫌を取りもどしたのだと思いました」と。

二〇〇八年にロンドン動物園の指導で行われた、ハミングに関する非公式の研究で分かったことは、ほとんどの人が気分の良いときにハミングをするということである。人々は音楽を聴いたり、運転したり、歩いたり、食べているときでさえ、またある人はセックスするときにさえハミングするという。さて、これらの行為に共通する特徴は、これらすべてが通常心地よい行為であるということである。ハミングが（とくに調子はずれであるときには）否定的な感情を引き起こすこともあるが、一般的には「ハミング」の肯定的な意味はすべての文化で支配的である。もう一つ、きわめて興味深いのに無視されている人間共通の行動として、口笛があるが、この現象についてはどこか別の機会に検討しよう。

では、人間のハミングについて、あり得る進化上の根拠と適応上の機能を考えてみよう。

人はなぜハミングするのか？

一部の社会的な動物は、日常生活を行いながら、ほとんどいつも何かわからない音を立てていることが知られている。このような音は「接触の呼び掛け contact calls」として知られ、鶏のクックッ、という音や、マントヒヒのブーブーという音、さらには食べるときの音などまで実にさまざまな音が含まれる。このような一見重要でない背景音は、日常生活での一種の「音響副産物」のようなものであるが、実際にはこれが二つの重要な機能を持っている。（1）グループ全員にすべてが安全で、自分たちが一族の中にいて、肉食獣の気配がないことを知らせ、それで彼らは安心する。そして、（2）何か潜在的な危険があれば、グループのメンバーに知らせる。後者の場合は、危険の兆候（怪しい音や森の中の何かの影）に最初に気づいた動物が、こうした背景音を出すのをやめ、すっかり静かになって、聞き耳を立てて周囲を窺う。すぐに他の動物も音を出すのをやめて、数秒後にはグループ全体が静かに動かなくなり、危険の兆候を窺いながら、注意深く周囲を見張る。この警報が本物でなければ、しばらくすると皆が再び動き始め、何かわからない背景音がふたたび聞こえ始める。するとグループ員たちは再び警戒心を解く。つまり、思い出していただきたいが、**社会的動物にとって静寂は危険の徴《しるし》なのである。**私の知る限りでは、この現象に最初に気づいたのはチャールズ・ダーウィンで、彼は野生の馬と牛を例として、一八七一年の人類の起源に関する本でこの点に触れている。[★101]

　人間生活のきわめて社会的な本質と噪音を伴った行動を考えると、ハミングするという人間の普遍的に知られている習慣が、われわれの遠い祖先の毎日の集団活動にいつも伴っていたと考えるのは、自然なことだと思われる。私はハミングが昔の原人の「接触の呼び掛け」であると考えている。今日ハミングがわれわれの肯定的《ポジティブ》な感覚の世界共通の表現であるという事実は、ハミングに込められた肯定的《ポジティブ》なメッセージが、あとになって生まれた文化的発展ではなく、非常に深い生来の基盤を持っていると私は考えている。優しいハミングの響きは、すべてがうまくいっていて、一族のなかでくつろいでいられる、ということをわれわれに語っているように聞こえる。この単純なメッセージは誰にとっても重要であり、つねに生命の危険の下に暮らしていたわれわれの祖先にとっては、ことさら重要なのである。

　視覚的・聴覚的脅迫誇示（ＡＶＩＤ）が日常生活で本来の機能を失ってから（軍隊でだけ生き残っているが）永い時が経っても、ハミングと柔和な音楽は、文字を知らない社会でもテクノロジーの進んだ社会でも、人間の日常生活でいまだにその機能を失っていないのは興味深い。子守歌はハミングと柔和な歌唱のもつ鎮静する力の生きた例の一つである。治療の方法として優しい音楽を使うことは、熱帯の森に住む種族からテクノロジーの最も進んだ西欧社会に至るまで、非常に異なる文化で広く知られている。

いっぽうで、ハミングが普遍的に肯定的な感情を表現していること、他方で、完全な沈黙が潜在的な危険を表現していることは、人間の脳がこれらの感情を聴覚的な背景から知覚するように、あらかじめプログラムされているに違いないことを示唆している。長い時間にわたる完全な静寂が、われわれの感情に否定的な影響を与えるという事実はよく知られている。静寂は太古から危険が近づいているサインとして感じ取られていることはあり得ることだし、ティム・ライスが私との会話で語ったように、沈黙は「人を突然、あたかも自分がたった一人であるかのように感じさせる」のかもしれない。

このような感情的反応は、何百万年にもわたるわれわれの進化の前史を通じて、われわれの生理や心理機能に結びつけられていったのかもしれない。われわれはしばしば静寂を求めるけれども、音、とくに人間の音を聴くと、われわれは心理的により心地よく感じる。どこかの家で、誰も見たり聞いたりしていないのに、テレビやラジオが点けっぱなしになっているのを見たことがあるだろう。人が（普通一人でいるとき）独り言をいうときも、それと同じ効果を得ているのである。

このような静寂を避けようとする太古からの欲求が、ショッピング・モールでも、エレベーターでも、車や列車の中でも、スポーツ・イヴェントやパーティでも葬式でも、われわれがどこに行っても、音楽が溢れている理由であるのかもしれない。人々が本気になって音楽を聴かないような場所で音楽を聞くのは、音楽趣味の堕落のしるしである、と不満を言う人もいる。音楽に対するこうしたインテリぶった態度は歴史的には正しくない。楽しみのために（とくに演奏会で）音楽を聴くことは、ずっとあとになってからの現象なのである。

何百万年ものあいだ、音楽の機能は人間がより安全に、より調和を保って、そしてより良く暮らすのを助けることであった。このような脈絡で考えれば、悪名高い「バックグラウンド・ミュージック（ＢＧＭ）」も太古からの人類のハミングする習慣からの進化の継続であり、人類をより気持ちよく感じさせ、よりポジティヴな態度を取らせ、エレベーターの狭いスペースの恐怖と闘うという、価値のある目的を持っているのである。食べたり、飲んだり、セックスしたり、その他のわずかな生活上の喜びとは異なり、われわれの周りには音楽がありすぎると言って、自らを非難することはない。私が思うに、音楽的環境に対するこのようにきわめて高い許容度と、音楽的な音に対するわれわれの一般に肯定的な反応は、音楽的音響が実質的にわれわれの祖先の生活のあらゆる瞬間に伴われて、彼らに安全と幸せの感覚を与えてきた過去からの進化の結果なのである。

音楽に感謝

この章全体の結論である。任意の意味を正確に伝えることができる言語とは異なり、音楽がいろいろな感情を引き起こすことは広く認められている。次章において、音楽的な音という手段によって、きわめて正確なメッセージを伝えることができる可能性について簡単に述べるが、たとえそのような可能性がなくても、音楽の感情におよぼす力が認められるならば、楽しみを与えてくれる音の技術としてだけであっても、人間生活と進化の歴史における音楽の実際的な重要性を否定する必要はない。

　肉食獣から身を守り、積極的な屍肉食を通して食物を入手し、肉食獣や外敵を見張ったり、アフリカのサバンナの酷暑の中でくつろぎを得るといった、初期原人の進化に必要なすべてのことが、事実上、音楽的な音によって支配されていたのである。音楽の助けを借りて樹の上から地上に降りてきた霊長目の動物の、長く並はずれた進化の道を、われわれは生き延びてきたのである。われわれは静かになることを拒否し、われわれの進化の歴史を通して、生死を分ける闘争のときも、休息のときも、音楽はいつでもわれわれの大きな実際的な助けであった。われわれは心から「音楽があってよかった！」と感謝することができるのである。

第4章

誰が最初の質問を発したのか？

† 人間の言語・知性の起源

「音楽の起源が言語の起源と同じくらい注目に値するだけでなく、その片方を除いていっぽうだけを扱うべきではない」と、スティーヴン・ミズンは洞察に溢れた著書『歌うネアンデルタール』で書いている。[3章★59] 私はこの言葉に全面的に賛同するし、さらに、言語と音楽の進化がいっしょに研究されるだけでなく、音楽の進化、人間の行動、形態、知性、そして言語、話し言葉など、すべてが人類の進化の歴史において不可分の関係にあることをつけ加えたい。つまり、これらが同時に研究されねばならないのである。

前章では、人類のグループ歌唱の歴史が、人間の行動や形態のさまざまな要素と関係していることを論じた。二足歩行や先史時代の人肉食、石器の発明、ボディ・ペインティング、舞踊、衣類、利他主義、儀式や宗教といったものは、人間の歌唱の進化と密接に関係していた。人間の歌う能力の進歩に伴う、身体の形態上の変化の一覧表は実に長いものになる。髪の毛の外見や長い脚、脇の下と生殖器周りの密集した毛、睫毛と眉毛、声の帯域の変化などがそれに含まれる。

本章では、人間の歌唱の進化が、人間の知性、言語、発話、発話障害の発現、そして無意識の心の問題と深くかかわっていることを論じる。

歌唱と知性　または、誰が最初の質問を発したか？

一九七七年八月二十七日、エルヴィス・プレスリーの突然の死からちょうど十日後に、私はハンガリーのケチュケメートの音楽祭に参加しており、その地の小さなカフェに座っていた。これは私がソ連邦の外へ出た最初（そして実質的に唯一）の機会であり、私は興奮していた。同じテーブルに私と同じ年ごろ（当時私は二十三歳だった）の二人の男性と一人の女性が座って昼食をとっていた。彼らは何か盛んに論じあっていた。私はハンガリー語は分からないので、彼らの一人が私に目を向けたときに、私は微笑みで応えた。話が分からないときに返す典型的な友好の表情だと思う。

ハンガリーの若者たちは少し話しあってから、私を仲間に入れるべきだと考えたようで、一人が私に話しかけてきた。そこで私は、自分がハンガリー語を理解せず、彼らの会話を最初から最後まで何も分からなかったと言おうとして、その国の言葉が分からない旅行者であれば誰でもいちばん役に立つ「Nem Tudom Magiarul（私はハンガリー語が分かりません）」という言葉を使った。私はその人たちにハンガリー語ではっきりと答え、私としては心を込めて微笑みも加えた。私に声を掛けた青年は不審そうに私を見て、さらに別の質問をしてきたので、私は「Nem Tudom Magiarul, nem yertem Magiarul（私はハンガリー語を話しません。私はハンガリー語が分からないのです）」と、このようなときのために、私の滞在先の家主でハンガリー人作曲家・ピアニストのカルマン・ドボシュが教えてくれた言葉をそのまま言った。すると、私に質問してきた若いハンガリー人は、もっと驚いて私を見つめ、さらにハンガリー語で別の質問をした。このとき、私は彼が私のハンガリー語を理解できないらしいことに気がついた。他の二人も黙って私をじっと見つめていて、彼らの目には好奇心が溢れていた。私は英語で話すことにして、「英語は出来ますか?」と訊ねると、数秒後には私たちはみな英語で話し始め、自分たちが参加している音楽祭について論じていた。自慢するようだが、私がハンガリー語を知らないことを分かってもらおうと話したハンガリー語の応答が、生粋のハンガリー語のアクセントのように見えたので、彼らは私がハンガリー人であるのに、何か彼らには分からない理由で、ハンガリー語では話したくないのだと思ったのである〔ソ連時代には、人々は密告を怖れて、つねに会話に気をつけていた〕。

この日の夜になって、私は彼らの話をひと言も理解できなかったのに、なぜ彼らが私に何かを訊ねようとしていたのを理解できたのか、その理由を考えていたのを思い出す。いや、もっと広い意味で、知らない人が、われわれに何かを訊ねているのか、それとも答えの要らないことを、ただ単に話しているだけなのか、われわれはどうやって区別しているのだろうか。この質問が声に出して発音されたとき、私はすぐに、これが言葉を一言も理解しなくてもよい質問であることに気づいたのである。

われわれは、たとえ言葉が何も分からなくても、質問されていることには気づく。読者諸氏は、私が質問抑揚という世界共通の人間行動について話していることを理解してくださるだろう。人類の言語では、質問抑揚の重要性はじゅうぶんに研究されているのである。学問的な書物によれば、質問抑揚はいわゆる「意味の定まらない open meanings」★1文章で用いられる。このような文章は、誰かが答えることによって意思の疎通が完結するから、「意味が定まらない」。そしてこの「定まらなさ openess」が上昇抑揚の使用によって表現されるのである。

私が質問抑揚の国際的な共通性に気づいて夢中になったのはこの時のことで、ほぼ三十五年も前の遠い昔のことであった。当時私はまだトビリシ音楽院の学生で、伝統的ポリフォニーに対する興味がやっと芽生えはじめていた。この経験がなければ、何年も後になって質問抑揚という神秘的な現象や、人間の質問する能力の起源に対して真剣に興味を抱き、まったく音楽的とはいえない、「誰が最初の質問を発したか？」という題名の本を書くことにはならなかったであろう。

この記念すべきハンガリーのカフェでの出会いがあってからほぼ二十年後、一九九六年に私はオーストラリアに到着して、すぐにメルボルン大学の、メルボルン、モナシュ、ラトローブという三つの図書館で、何カ月にもわたって、質問抑揚と人間の質問能力の進化の歴史に関する出版物を探していた。

本当に驚いたことに、人間の質問能力の起源や進化に関して、まったく何も出版されていないことが分かった。言語学、心理学、行動学、社会学、さらに哲学の百科事典的な出版物でも、CD－ROMやインターネット検索も含めて、結果は同じであった。どうも私が「質問することについて質問する」最初の人間であるように思えた。私がこの探索を始めた一九九六年以来、人類の言語や知性の起源に関するすべての新しい百科事典類や書籍の、少なくとも索引はつねづねチェックしてきたが、今のところまったく見当たらない。質問することはわれわれの生活や伝達においてきわめて自然なことであるし、一般的であるから、人間の認識力の進化におけるその意味を、ただ単に気づいていないのかもしれない。

人間行動の基本を見落としてきたことを埋め合わせるために、以下のページで、人間の生活と進化における質問行動のさまざまな側面に目を向けてみよう。

人間の言語の普遍的共通性に目を向けると、最も目立った共通性の一つは、人が質問を発するその仕方である。質問する方法には二つのきわめて異なる技法、つまり、(1) "We shall go there" "Shall we go there?" のように、単語の順序を変えて行うような質問と、私たちには最も重要な、(2) 質問の抑揚 Question intonation の使用による質問である。チョムスキーによれば、これら両方の技法は人間の言語には普遍的であるが、抑揚を用いてする質問のほうは、われわれにはとくに興味深い。

質問の抑揚だけを用いて質問することが、すべての言語において質問を定型化するうえで本来的で、かつ最も古い技法であることを強く示す二つの事実がある。

(1) さまざまな文化の赤ん坊たちが、彼ら独自の文化的環境の中で、自身の母国語を獲得するという事実にもかかわらず、音調、非音調、抑揚、そして強調アクセントなどを用いる世界のすべての言語が、普通の「はい、いいえの質問」を行うのに、同じように上昇する質問抑揚を用いている。この言語学的普遍性には一つとして例外はない。

(2) あらゆる文化およびあらゆる人種の赤ん坊が、ひと言しか話せない言語発達の段階で、最も単純な統語上の構造を獲得するよりもずっと以前に、その最初に発する質問を質問抑揚によって行う。

このような事実は、質問を発するという人間の能力の発達が、われわれの祖先が完全に分節された発話を発達させるよりも前、言語の分節よりも前の段階で起こっていたことを強く示唆している。

ホモ・サピエンスの言語と音楽のいずれの発達にとっても興味深いこの事実を検討する前に、私が「言語 language」と「発話 speech」とを厳格に区別していることを説明しなくてはならない。

言語は情報の記号化とその解読によって伝達するシステムである。言語は発話（発声）によらなくても、他のメディア、たとえばジェスチャー、口笛、ドラミング、モールス信号、海上の手旗信号などによっても伝達される。発話は言語のさまざまなメディアの一つであり、最も経済的で、普及もしているが、一手段にすぎない。したがって学者たちは一般に言語が発話よりも前から存在していたに違いないと考えている。[★2] 人間の前史において言語の出現は、発話の出現よりもはるかに重要な進化上の変化、真の認識上の革命であったと考えられている。人間の知性の出現は、主として、発話ではなく言語の出現にかかわっていたのである。

われわれにとって特に重要なのは、人間の音楽文化における真の普遍性の一つが歌唱の対話的形式にある、ということである。[★3] 歌唱の対話的な諸形式はポリフォニー文化にあっても、モノフォニー文化にあっても、広範に分布している。交代する二つのグループによる対話的な歌唱は、人類の疑問と回答の形式によるコミュニケーションを、明確に想起させるものであり、いっそう厳格で、定式化され、儀礼化さえされている。歌い手たちが交唱的な、代わるがわる歌う多くの伝統的な歌は、確かに、歌い始める側の人達による問いかけと、それに応える側からの応答とを含んでいるのである。歌唱の応答形式と人間の問いを発する能力とは、人間の知性と言語の起源に関する議論にとってとくに重要であると私は考える。ここで、質問を発するという人間の本源的能力に関連するいくつかの話題に目を向けよう。

われわれはいつ、そしてなぜ質問を発するのか？　われわれは生涯を通じて質問を発している。質問したいことをはっきりと言葉にできるようになる前でさえ、まず始めに質問をする。われわれは、答えを見出したいと思うどんな科学的探究も、疑問を明確にさせることから始めるし、毎日のコミュニケーションも、質問することによって保たれている。われわれは巨大な図書館や膨大な量の利用可能な情報を持っているが、それは人々がつねにさまざまな質問を発し、その答えを探し求めてきたからである。ときには、十六世紀に生じた疑問が、二十世紀になってやっと解答を得たり、最も古くからのいくつかの疑問はまだ答えを得られていなかったりもする。われわれは質問に対して、別の質問によって答えることさえできる。私は生れ故郷トビリシでよく知られた、洒落た「ユダヤのジョーク」を思い出す。「君たちユダヤ人はなぜ質問に質問で答えるのか?」「それじゃあ君は、それが悪いと思っているのか?」と。

われわれが問いを発する能力を持たずして、人間の社会も人間の知性や言語も想像することができないことは、誰もが賛成してくれると思う。問いを投げかける能力がなければ、われわれの脳は直接体験した知識だけに限定される、閉鎖的なシステムになってしまうであろう。

人間と人間集団の得た利点　いかなる進化の過程においても、選択上の優位性の問題が重要である。個々の人間が「質問する」ということのもたらした一番重要な結果は、おそらく「質問する」という現象の発生が、原人の脳を開かれた自己発達するシステムに変えたことであった。われわれは幼児の段階から質問を発することによって認識能力を発達させるが、偉人と呼ばれる人々の心は、生涯にわたって独創的な質問を問い続けている。

もし二つの(人間または原人の)集団があって、いっぽうの集団のメンバーは互いに質問しあい、他方の集団のメンバーはたがいに質問することができないとすれば、その差は明らかで、前者の方が人の集団であって、後者は原人または人以前の動物の集団である、と考えるのが正しいだろう。

質問する能力の進化上の意味は、何よりもまず、個々の認識能力を相互的に働かせることによって、人間の集団全体の認識能力を飛躍的に高めたことであった。この新しい能力が、まったく新しい現象——集団的認識および心理的協同——を創り出したのである。

問いを発する能力の出現によって、人間の言語は三つの主要な言語機能——叙述、命令、質問（表明、命令、疑問の機能と呼ばれることもある）のうちの三つ目の能力を獲得した。これらのうちでも、叙述と命令の二つは、動物の伝達にすでに存在していたことを想起することが重要である。

質問行動の誕生と知性の誕生　私は質問行動の誕生が人間の知性の誕生であったと考える。われわれは人間という種の進化全体と、人間社会と文明の発達とを、情報の交換と社会において互いに問いかけあう手段という観点から考察することができる。

質問する能力は、直接のコミュニケーションによる情報交換を求めるうえで、最初の、まさに革命的な変化であった。人間の対話的な言語、知性、精神的協同、そして自律的に発展する脳は、質問する能力とともに現れた。この後、われわれは互いに質問を交わすさまざまな方法を発明することをやめなかった。そしてある時点からわれわれは言葉を用いて質問し始めた。（忘れないで欲しいが——完全に分節された発話が発達するよりも前に、われわれは質問することを始めたのである！）。

その後に書き言葉が現れ、われわれの質問は時間を越えて別の場にも伝えられるようになった。出版された本が現れ、人々は生きることに関わる重要な疑問のいくつかを学ぶことができたし、その疑問に対して、人類の歴史でも最も優れた人間の精神が与えた解答を学ぶことができたのである。電話は、質問と回答をいっそう簡単で日常的な事柄に変えてしまった。ラジオとテレビもまた、受動的なものであったが、このような過程に貢献した。しかし最近の技術であるインターネットは質問と回答の技法を革命的に変化させ、毎日、何百万の人々の質問に何百万という人々が答えている。われわれは、種としての歴史を通じて、互いに、また別の世代に、そして違う国や大陸の人々に、質問をし続けてきた。われわれは限りなく質問を問い続ける種なのである。

質問することは人間固有の能力か？　これがおそらく最も困難で、最も興味深く、そして最も重要な「質問に関する質問」である。もしわれわれに最も近い現存する親族である類人猿が質問することができないとすれば、質問する能力は一種の「認識上の出発点」であり、人間だけが持つ知的能力であると主張することができるかもしれない。

類人猿が質問することができるかどうかは、一九七〇年代や八〇年代には重要な問題であった。残念ながら、質問する能力は、統語的構造を形成する霊長目の能力という脈略の中でだけ検討され、それ自体が明確な認識能力として評価されることがなかった。「類人猿は統語論上、より複雑な発話をすることができるから、彼らが質問するかどうかは実際上重要ではない」というのが、チンパンジーのコミュニケーションに関する研究者たちのあいだでは一種のコンセンサスとなっていた。このことが、類人猿と人間の知的能力における決定的な違いとして、質問行動が認識されることがなかった、一番の理由であった。

一九七〇年代と八〇年代は言語実験が流行った時期であったが、話さないはずのわれわれの親族が、サイン言語やその他の音声によらない交信手段を用いて、突然、交信を始めたのである。実験の結果は印象的なものであった。学者たちは、類人猿が鏡に映った自分を見分けることができ、すでに知っている信号（signal）

を用いて新しい信号（symbol）を発明することができることを発見し、一部の著者たちによると、彼らは統語法やメタ言語の要素を持っているばかりか、「概念を獲得し、仮説や戦略を生みだす」ことさえもできたのである。★4 このような結果を受けて、一連の実験の責任者であるスー・サヴェージ＝ランボーは「類人猿は言語に対する認識能力はあるが、適切な表現器官を持っていない」★5と言明するにいたる。

質問に関してはどうか？　すでに、この二、三十年のあいだに、エレンズバーグのウォーショウとニムのような教化された類人猿の語彙は、「誰」、「何」、「どこ」のような疑問詞を含んでいることが記録されている（ウォーショウとニムはチンパンジーの言語能力に関する初期の実験で広く知られている）。★6 したがって、類人猿が質問を発することができるに違いないことは、ほぼ明らかだと思われる。それにもかかわらず、実験を行った著者たちの記述によれば、類人猿が質問を発することはない。類人猿は質問を理解して適切な答えは出すが、彼ら自身が、先生である人間との会話で質問や質問の言葉を用いることはない。彼らの人間との会話の分析は、質問が人間によってのみ問いかけられることを示している。

一九七〇年代に、アンとデイヴィド・プレマックは類人猿に質問を行わせるのに、非常に可能性のある方法を考えついた。つまり、「チンパンジーが毎日決まった時間と場所で一定の食物を与えられるとする。ところが、ある日そこに食物がなかったとする。疑問詞を教えられていたチンパンジーは『どこに食べ物があるの？』とか、サラの場合なら『私の食べ物は？』とか尋ねるだろうか？」★7というものであった。

このような期待のこもった言葉を書いてから十年以上あとになるが、プレマック夫妻は「彼女（サラ）はこの質問を理解はしたが、彼女自身が質問することは決してなかった。――これは何？　何の音？　パパはいつ帰ってくるの？　お祖母ちゃんの家に行くの？　人形はどこ？　などと、とめどもなく質問を繰り返す幼児とちがって、サラは訓練が終わって訓練士が立ち去るのを、どこに行くのか、いつ帰ってくるのかなどと訊ねて、引き止めることはなかった」[★8]と落胆しながら書いている。

それよりも以前に、ウォーショウにもまた、質問を形成させ問わせることが、ガードナーたちの計画の目的の一つであったにもかかわらず、それをさせることに失敗した。[★9]彼らのきわめて驚くべき成果にもかかわらず、ボノボのカンジもパンバニーシャ〔カンジの妹〕も質問する能力は持っているように思えない。類人猿たちの好奇心はもともと旺盛であるから、彼らが質問することができるのなら、幼児たちと同じように、たくさんの質問をする筈だと期待するのも無理のないことであった。

Interrogo Ergo Cogito　"Cogito ergo sum"「私は考える、ゆえに私はある」は、有名なルネ・デカルト〔一五九六～一六五〇〕の言葉であるが(この言葉はもとはフランス語で書かれ、後になってラテン語に翻訳された)、私は人間の質問行動の進化上の重要性に鑑みて、もう一つラテン語の成句として、明確な進化上の含意を込めて　"Interrogo Ergo Cogito"「私は質問する、ゆえに私は考える」というものを提案したい。われわれの祖先が人間となったのは、彼らが問うことを始めてからだ、と考えるからである。

残念ながら、人間進化の長い過程の転換点となる最初の質問を発した個人の名前を知ることはできない。しかし最初の人間、最初のホモ・サピエンスによって、最初に質問が発せられたことは分かっている。それが男であったか、女であったかは問題ではない。問題は、質問する能力が最初の質問を発した人間に与えた巨大な恩恵であり、その瞬間の満足であった。おそらくこれは遺伝子の突然変異の結果であったろう。しかし類人猿や原人の知的能力の発達と、ますます進む原人グループの社会的相互関係の複雑化は、確かに決定的な瞬間に近づいていた。したがって、「質問遺伝子」の出現は、比較的スムーズに書き替えが行われたに違いない。すでに指摘したとおり、呼び交わしの歌が人間の歌唱伝統で、最も普遍的なものの一つであることは、音楽人類学者のあいだでよく知られている事実である。私は原人の応唱歌唱が、人間の質問を発する能力の出現への道を開いた中心的な要因であったと考えている。

質問行動とＴＯＭ（Theory of Mind＝心の理論）[★10]の発達は明らかに関係している。しかし、一見そう思われるほど、直接的にではない。ＴＯＭと質問行動に関する興味深い事実は、人間の子供はＴＯＭの発達よりもずっと前にすでに質問するという不思議を身につけていることである。いっぽう類人猿は、幼児の発達においては四歳くらいで現れるＴＯＭの、少なくともいくつかの要素を身につけることができるが、質問の仕方を身につけることはできないように見える。しかし、この質問行動は、人間の子供の発達においては一歳になる前でさえ、正確に発音される質問抑揚の形で現れるのである。質問行動は人間にとってＴＯＭの発達以上に、種特有のものであるように思われる。

以下に、質問と類人猿に関して、さらにいくつかの事実と考察を示す。

・われわれに最も近い現存する親族であるチンパンジーや、とくにボノボは人間の質問を理解し、ほぼ二歳半くらいの人間の子供のレベルで答えることができる。野生のチンパンジーは、きわめて興味深く重要な質問行動の要素を持つ発声を行う。これは喘ぐようなやじり声で、グループの他のメンバーの所在を訊ねているのだが、最も重要なことは、人間に似た語尾の上がる質問抑揚を持っていることである。しかし、それには「答え」は続かず、他のチンパンジーから同様な「質問抑揚の喘ぎ声」が返ってくるだけである。[★11]

・類人猿が質問をすることができない理由は、ほぼ間違いなく遺伝子上の根拠を持っている。その限界が、類人猿に質問することを学習する知的能力を許さないのである。

・そして最後に、類人猿に人間の言葉を教える実験がまだ続いていることを忘れてはならない。したがって、将来、類人猿の一匹が質問の仕方を覚えて、われわれを驚嘆させる可能性は常に残っているのである。現存するわれわれの最も近い親戚は、考えてもいなかったような能力を示して、すでに何度もわれわれを驚かせているのであるから。

誰が最初の質問に答えることができたか?

これは方法論上非常に重要な問いである。どんな進化上の特徴も、環境がその新しい特徴を支持しなければ、この新しい特徴を身につけた者に何の利点も与えない。人が最初に発した質問に答えられなければ、この新しい特徴の保持者にとって生存上の利点は何もないだろう。

この一見困難な疑問に対する答えは、きわめて明確、かつ容易である。つまり、過去二、三十年の類人猿の知的能力に関する実験研究は、類人猿が質問を理解し、それに適切に答えるというじゅうぶんな証拠を与えている。質問に答える類人猿の能力を知ると、それより大きな脳を持っていたわれわれ人類の祖先が、少なくとも類人猿と同じくらい質問に答えることができたことに疑問の余地はない。したがって、最初の人間が最初の質問を問うときまでに、原人グループのメンバーは質問に答える準備ができていた。驚くべきことと思われるかもしれないが、数百万年のあいだに、われわれの祖先は認識能力の上で、質問に答える準備ができていたのである。とはいえ彼らの中には、彼らに対していかなる質問をする人もいなかったのである。

column

質問することのできない人間はいたのか？

この問いは人間の質問行動の本質を知るためには重要である。もしこの能力が遺伝子的基礎に基づいているとすれば、どのような条件下で人間が質問の仕方を学習するのが困難で（または不可能でさえ）あるかを知るのは有益であるだろう。自閉症患者の質問行動を研究するのはとても重要であろうが、入手しえた文献によると、一部の自閉症患者は質問することを学習するのが非常に困難であるという。「ウィリアムズ症候群」（二万人に一人程度の割合で発症する遺伝子欠損症）も、おそらく質問の仕方の学習に困難を引き起こすもう一つの珍しい遺伝子疾患である。

環境の要素はどうであろうか？　父親によって十三年間寝室に閉じ込められた悲劇的な「少女ジーニーのケース」（ジーニーは十三年間寝室の椅子に縛り付けられたまま過ごした野生の女児で、一九七〇年十一月四日にロサンジェルス当局によって発見された）から分かるのは、人間の感情、知性、そして言語の発達にとって、人との触れ合いが決定的に重要であることへの洞察を与えてくれる。ジーニーは人間の社会的な状況に曝されることがなかったために、いわゆる「言語習得の限界時期」（これは十二歳くらいまでの時期を指す）を過ぎてしまった。虐待する父親（彼は事件が公になってから自殺した）から救い出された後、いくつかの単語を覚えるなど、少しは進歩を見せたが、彼女の言葉が通常の人間の複雑さまで達することはなかった。われわれの話題にとって重要なことは、彼女が質問する能力を獲得できなかったという点にある。ジーニーのケースが強く示唆しているのは、質問することは遺伝子レベルの行動であるように見えるが、他の人間との社会的な相互作用が、この遺伝子レベルの能力を発現させるうえで決定的に重要だということである。

質問と原言語　デレク・ビッカートンは、人間の言語が発達する前に、われわれの遠い祖先は、「原言語《プロト・ランゲージ》」を用いていたと考えた。それは単語はあるが、文法はほとんどないかまったくないというような、現在用いている言語の代用品のようなものであった。[★12] ビッカートンによれば、原言語は今でも（1）訓練された類人猿、（2）二歳以下の幼児、（3）ジーニーなど「野生の子供たち」、そして（4）「ピジン」言語の使用者たち、といった四つの異なるカテゴリーの中に見られるという。

私の考えでは、原言語の使用におけるこれら四つのカテゴリーは、二つのまったく異なるカテゴリーに分けられるべきである。それは、（1）その言語で質問をしない者たちと、（2）質問語を使う者たち、である。質問をできない者たちは彼ら自身の精神世界に閉じ込められ、それ以上発達することはできない。いっぽう、質問できる者たちは知力を発達させる能力を持っており、人類の偉大な情報網の一部になることができる。したがって、この基準に従うと、ビッカートンが挙げた原言語の使用者として認められた四つのグループは、（1）訓練された類人猿と「野生の子供たち」、および（2）質問をすることができる二歳以下の子供とピジン言語の使用者たち、とに分けられるべきである。

前者のグループ（訓練された類人猿とジーニーや野生の子供たち）が「質問しないグループ」に入っていることは非常に重要である。サインを送る類人猿がこのグループに入っているのは、集中的な訓練や学習にもかかわらず、質問することができるようになる内的基礎を持っていないように思われるからである。いっぽう、ジーニーや野生の子供たちは、質問語を学ぶ上で必要なすべての内的基礎を持っているが、環境的な要因によって、質問をすることを学習するうえで決定的な時期を失ったように見える。それゆえ、**質問することは、学習を助けるようにあらかじめ組み込まれた指針によって導かれる、生得的な行動のように思われる**のである。

われわれはどのようにして質問することを学ぶのか？

質問することを学ぶのは、幼児の早い段階で始まることに疑問の余地はない。幼児は最初の言葉を覚えるよりも前に、正しい発音で質問抑揚を使う。彼らは自分が聴いている大人の会話を真似しているのであろうか？　私は赤ん坊が大人の話し方を真似しているとは思わない。赤ん坊は、両親を質問行動に導くために、どのようにコミュニケートしたらよいか、その仕方を無意識のうちに両親に教えているようにみえるのである。それはどのようにしてか？　幼児に向かっていかにも「大人の」話し方で数分話しかけ、それからとても感情のこもった、意味ありげに音程を変化させて問いかけるような調子で話し始めると、幼児の反応はすぐに変わって、とても嬉しそうにするだろう。私は、このようなやり方、この種のフィードバックを通して、幼児は両親に対して、大げさな調子（の変化）で話しかけ、尻上がりの抑揚でたくさんの質問をするように催促しているのだと考える。これは「赤ちゃん言葉」とか、「赤ちゃん向け話法」とか、「ママ言葉《マザリーズ》」などとして知られる現象である。誇張された質問抑揚で問いかけるのは、赤ん坊との会話のおそらく大部分であろう。だから私は、幼児に質問する仕組みを教えるのが、ママ言葉の中心的な機能の一つであると考えるのである。

column

言語の起源とノーム・チョムスキーへの一つの小さな質問

アメリカの言語学者ノーム・チョムスキー★13は、言語は驚くべき遺伝子の突然変異によって突然出現した可能性があることを示唆した。言語が出現したのち、人間的な知性と推論の能力を持つ、まさに最初の人類が、人間とは異なる同種や同類と比べて驚異的な優位性をもったのである。チョムスキーは同僚の学者たち、たとえばスティーヴン・ピンカーによって、そのほとんど霊魂創造説〔人間の発達の初期段階に、神が直接創造した霊魂を肉体に注入されることで、人間としての能力を獲得するという考え方〕論者的な言語と知性の起源に関する見解を批判されてきた。われわれは驚くべき遺伝子の突然変異という考えを受け入れるとしても、チョムスキーの考えは進化論的に有効ではありえない、と私は考える。そこで、言語の突然発生的な起源というチョムスキー博士とその支持者の考えに対する疑問を述べよう。

神経学的には完全な人間の子供が、言語を持たない霊長目の一家に生まれたとして、幼児の初期に周囲に言語の話し手がまったくいないところで育ったとしたら、新しい遺伝子的能力だけで言語能力を発達させることができるであろうか？

幼児発達の専門家であれば、この質問には一致して、ノーム・チョムスキーその人ほどの並はずれた知的能力のある人であっても、子供時代に人間的に話す家族の人々に囲まれていなければ、通常の言語能力を発達させることはできないと答えるであろう。遺伝子だけではじゅうぶんではないのである。どんな人間の子供でも、その遺伝子的に張り巡らされた「普遍文法」の原則を発達させるためには、人間の環境と人間的にコミュニケートする大人たちが必要なのである。

私はスティーヴン・ピンカーの言語の起源に対するダーウィン的アプローチに賛成である（もっとも私は彼の音楽に対する否定的な態度には強く反対するが）。言語の出現は、霊長類から原人に到るコミュニケーションの全要素の段階的な進化を含む、長い複雑な過程の結果なのであった。

質問する能力はいつ生まれたのか？　この質問に答えるには、質問抑揚が、世界で最も広く普及している言語の普遍的な特徴であることを、われわれは思い起こすべきである。この普遍性が強く示唆しているのは、（1）質問という現象が、ある時、ある一箇所で起こったこと、そして（2）これが、人類の祖先がアフリカから最初に離散する約二百万年前よりも以前に起こったことである。このような要素を考えに入れると、人類（または原人）の祖先は少なくとも二百万年よりも前に、われわれの種の認識能力の発達における決定的な一歩を踏み出すことができた。ホモ・エレクトゥス（ジャワ原人や北京原人など）、または初期のホモ・ハビリス（一九六〇年代にタンザニア北部で発見された約二百五十万年前の化石人類）が、質問した最初の人類の候補である。

この考えによると、初期のホモ・サピエンス（ホモ・エレクトゥスとして知られる）か、ホモ・ハビリスが、われわれの種の認識上の敷居をまたいで、動物の王国を離れた最初の人類であった。多くの古人類学者は、古いホモ・エレクトゥスとホモ・サピエンスの認識および言語能力のあいだには「種類の違い」がないと考えた。私のモデルも完全にこの考えを支持している。

音楽、言葉、およびその他の言語メディア

音程を基礎にした音楽的コミュニケーションに対して、その他の初期の言語メディアとして唯一まともに想定されたものは、言語の起源としてのいわゆる「身振り」論である。この説の支持者たちによると、人間の言語はジェスチャーの段階を経て進化したのである。身振り論にはいくつかの魅力的な論点がある。

（1）まず第一に、類人猿は自分の発声を自由に操作できない。したがって、われわれの原人の祖先は多少とも込み入った考えを通じあいたいときには、発声系を使うことができず、身振りのような、別のコミュニケーション手段に目を向けねばならなかったと考えられる。

（2）身振り説を支持するもう一つの重要な視点は、音楽能力と言語能力が脳の左右の異なる半球に位置づけられていることである。言語能力（左脳にある）が発声能力（右脳にある）に関係することはあり得ないという考え方が、発声説に対する確固とした神経学的証拠と考えられた。

（3）最も重要な点として、身振り説を後押しするものが、類人猿にサイン言語を教える草分け的な存在であるＡＳＬ（American Sign Language〔アメリカ・サイン言語協会〕）の実験から得られた。類人猿たちが突然実験者とコミュニケートし始め、トレーナーの指示にしたがって質問に答え、サイン言語やその他の音によらない伝達手段によって、初歩的な文章を構築することまでし始めたのである。この事実はわれわれの非常に遠い祖先が、身振りやその他の声によらない経路で、いっそう進んだコミュニケーションを始める能力があったことを証明する生きた証拠となった。

いっぽう、類人猿が声を意識的に制御しているという情報が増えてきているので、類人猿の声によるコミュニケーションが無意識的な性質のものであるという考えは、もはや学者たちのあいだでそれほど強く支持されていない。類人猿が人間の言語を理解する能力があることを示す、最も目立ったいくつかの例を示してくれたボノボのカンジは、まさに類人猿が手だけではなく、自分の声による記号をもコントロールできる証拠を示したのである。特別にデザインされた図形記号によって、カンジが人間と意思を疎通するときはいつも、同時に（明らかに意図的に）何かの声を出すことが考察された。のちに分かったことであるが、カンジは実際に彼が示している記号に相当する声を出していた。あるいは、言い方をかえれば、これらの言葉を話して（発音して）いたのである。しかし非常に高い音域で、しかも歪《ひず》みを伴っていたので、これに気づくのが容易ではなかったのである。

また、音楽能力が右脳に位置し、言語能力が左脳にあることに関して、いくつかの新しい事実がわれわれの知るところとなり、音楽信号が幼児の頃から学習されると、それが人間でも動物でも左脳に位置されるということが分かった。

・空飛ぶ鳥はその発達の最初期に、種独自の歌を獲得する。その結果として彼らの歌は左脳によって制御される。

・最もプロフェッショナルな音楽家はごく幼少時から意識的に音楽を学ぶ。このことが彼らの音楽的知識が左脳に位置している理由であるに違いない。

・音調言語（中国語の四声のように、音の高低によって意味を区別する言語）の抑揚は、言葉の分節される音を獲得するよりもずっと以前の幼児期に学習される。その結果、音調言語の話し手のあいだでは音調システムもまた左脳に位置される。

・正常に機能する脳の研究によって、さまざまな活動に関与する脳の領域が分かると、われわれの脳における音楽と言語の処理のあいだに密接な関連があることを示す重要な証拠がもたらされる。

・同時に、声によるコミュニケーションと関連して、われわれの騒がしく歌好きの祖先が、沈黙を保ってほとんど歌わない類人猿とは非常に異なっていたことを考慮に入れなくてはならない。

類人猿に対するＡＳＬやその他の、声を用いない伝達形式の教育にかかわる素晴らしい研究について言えば、それらはわれわれに最も近い現存する親族の認識能力を理解するうえで、ユニークな可能性を示してくれている。しかし、それらは原人たちのあいだの言語発達の初期の歴史について、ほとんど何も教えてくれない。一つの種が別の種に、より高度な言語を教えるという状況は、進化のうえでは不自然である。われわれの祖先は誰か別のものから、より高度な言語を教えられたのではなかった。彼らは、認識能力を向上させ、発音に対する大脳皮質のコントロールを可能にしていきながら、自ら言語を発達させたのである。

　身振り説に対してさらに加わった議論は、伝達の媒体としてジェスチャーよりも声のほうが圧倒的に優位であるという点である。このことは「声媒体説」と「身振り説」の両方の側でよく知られているし、広く受け入れられている。もっとも身振り説の支持者たちは、この場合は（声ではなく）「語り speech」と言っている。身振り説の主要な支持者の一人に耳を傾けてみよう。

　ゴードン・ヒューズは、「語りには手振りに比していくつかの明白な利点がある。なかでも声による聴覚的チャンネルは、実際にコミュニケーションのチャンネルとしては明瞭に伝わりやすいが、いっぽう、視覚的チャンネルは、人間やその他のより高等な霊長目の外界知覚の主要な様式としては、言語とは関わりのないものの妨害をたえまなく受ける。身振りによるメッセージは読み取りにくいので、あまり目立たない背景と適度な明るさがあること、妨害物（繁茂した葉っぱなど）がないこと、発信者と受信者間の距離が比較的短いこと、さらに正面からの方向性などを必要とする。手のジェスチャーは話すよりも遅いし、より多くのエネルギーも必要で、メッセージを送っているあいだ、手を他の仕事には使えない。サイン言語によるメッセージの読み取りは、訓練された聴覚障害者のあいだであっても遅くなる」と書いた[★14]。これらすべての事実は、ジェスチャーという手段が、あとで語りに代わったということを証明する必要があるために、ヒューズが示したものであるが、しかし、初期のヒト科の動物にとって、声によるコミュニケーションのほうが手振りに対して優位であることは、いくらでもある同じ理由によって明らかであるのだから、われわれの祖先が、なぜ当初の声による方法からジェスチャーによるコミュニケーションに移ったのか、むしろそのことが論理的に問われるべきではないだろうか?

音程に基づく言語　歌唱、口笛、ドラミング

誰もがよく知っているように、言語は発話がなくても機能する。けれどもわれわれは必ずしもこの事実に目を向けない。たとえば、サイン言語によって交信する人々は、高度に発達したサイン言語を用いるが、発話は用いない。初期電信機のモールス信号による交信は長音と短音の利用に基づいていたし、船舶間の手旗信号の体系は発話のない言語のもう一つの例である。発話は言語メディアの一つにすぎない。しかし、今までのところ、これがすべての人間社会で用いられる最も経済的で、高速かつ普遍的なものである。発話を用いないほとんどすべての言語メディアは、人類の歴史でずっとあとになってから発達した。サイン言語は、一七五五年にフランスでド・レペ師が耳の聞こえない児童のための公立学校を設立して以来、公式に発達した。モールス信号の体系は一八三〇年代にサミュエル・モールス[★15]とアルフレッド・ヴェイル[★16]によって始められた。海洋手旗信号の体系は一八五五年にイギリス商務省によって開発された。

音程変化に基づく音程言語、または、音言語 musilanguage（この術語は一九九九年にスティーヴン・ブラウン[★17]によって提案され、現在は学者たちによって広く用いられている）は、人類の歴史において、普遍性においても時間的な古さにおいても、言葉と対抗できる唯一の言語メディアであるように思われる。モールス信号や手旗信号のようなサイン言語とは異なり、音程言語はのちに言葉で用いられるようになるのと同じ声というチャンネルを用いたが、言語としてはるかに有用なメディアである言葉の導入後、知られているすべての人間社会が言葉に転じて、今日では音程言語の〝過去の栄光〟の痕跡を見出すのはきわめて困難である。

幸運なことに、音程言語の痕跡が現代の人間社会にもまだ残っている。音程という手段のみによって、非常に正確な観念が交信されるそのような例を三つ、簡単に説明しよう。

口笛言語　ジョージ・コウワンはメキシコのマサテコ族〈メキシコに住むアメリカ先住民の一種族〉出身の二人の村人のあいだの興味深い会話を提示している。[★18]以下がその会話のすべてである。

「君はそこに何を持っているのか？」

「トウモロコシの荷物だ」

「では、それをどこに持っていくのか？」

「テナンゴへ持っていく」

「では、そこでそれを売るつもりか？」

「それを売るつもりだ」

「では、いくらで売るつもりだ？　ここでそれを私に売ってくれ」

「そうだな……では一箱二・五ペソだ」

「二・二五ペソではどうか？　ここでそれだけ払うから」

「持っていけば、私は三ペソもらえる」

「しかしそれを持って行くには〔テナンゴは〕遠いぞ」

「じゃあ、いま品物を置いて行くよ」

「いやあ、君はまったく欲張りだなあ」


読者は「この会話の何が面白いのか？」と問うであろう。確かに、これはきわめて日常的な商取引である。しかし一つだけ普通ではないことがあって、この会話全体において、実際には、ひと言も〔通常の〕言葉が発音されることはなかった。マサテコ族の人たちは口笛言語、または純粋な音程言語を用いていたのである。この言語は遠く離れた距離でコミュニケーションが必要なときに、人々のあいだで日常の意思疎通に用いられるものである。同様な現象は世界の他の国や地域、ブラジル、ボリビア、アラスカ、ネパール、ミャンマー、ニューギニア、フランス、ギリシャ、そして何よりも、多くの西アフリカの人々のあいだで見ることができる。この種のコミュニケーションは一般に「音調言語 tone language」の使用者のあいだで起こり、分節化されない音調要素の使用だけで対話が行われている。口笛言語はスペイン、トルコ、あるいはギリシャなど、音調言語ではない国の一部の村でも用いられる非常に興味深いケースもある。

アフリカのトーキング・ドラム　アフリカ人はいわゆる「トーキング・ドラム」を用いて、遠く離れた距離で通信し、村々のあいだで重要なニュースを伝える手段としている。音程の異なる二つのドラム、または音の高さを変えられるドラムがメッセージを伝達するのに用いられる。口笛言語の場合と同様に、トーキング・ドラムもまた彼らの発話の音調パターンを用いる。ドラム言語の存在も、人間社会で音程のみに基づく通信が機能しえることを示している。トーキング・ドラムの興味深い点は、アフリカの異なる言語を話す異なる部族が、しばしばより普遍的なドラム言語を用いることであるが、時としてこれはこの地域の言語の、昔使われたがすでに失われた単語や表現を用いているのである。

重要なことは、音調言語の話し手が音調の要素を用いないで話すことはないし、いっぽうで、口笛言語やアフリカのトーキング・ドラムにおけるように、彼らは音調言語の分節された要素がなくても、音程の要素を使用するだけでじゅうぶんに意思を疎通することができることである。

多くの点で革新的で洞察に満ちたスティーヴン・ミズンの『歌うネアンデルタール』が、人類の言語の進化における音楽の重要性という彼の考えをさらに推し進めるであろう口笛言語やアフリカのトーキング・ドラムについて、何も述べていないのはまことに残念である。おそらくミズンは、人類の言語進化における音楽の重要性という考え方を真摯に推し進めようと努力しているにもかかわらず、音程に基づくコミュニケーションが〈言語進化に〉関係している可能性を検討することをしないで、音楽を単なる「指示機能のないコミュニケーション・システム」としか見なしていないのである。

音調言語　もし口笛言語やドラム言語が世界の限られた地域にしか現存していないとすれば、音調言語は実質的に世界の諸言語の大部分を占めていることになる。実質的にすべてのサハラ砂漠以南のアフリカの言語、ほとんどの東アジアと一部の南アメリカ先住民の言語は音調的である。全体として、世界の半数以上の言語が音調言語である。これらの言語では、音調の要素が、語形変化と統語法のいずれにもきわめて重要である。音調を語彙として使うのは世界のすべての音調言語に広がっているが、音調を単数と複数とか、現在時制と過去時制とか、文法的に使うことは、アフリカの多くの言語にいっそう典型的である。

音調言語では、他の分節されない音程による交信手段（口笛やドラム言語）におけるのと同様に、音程の描く輪郭線が、通常は音楽や歌唱に付与される感情的内容とまったく関係を持たない。音調言語には音調の感情的要素も存在するが、それは語彙や文法上の意味とは無関係である。したがって、これらの言語では音調（音程）はたがいに重なりあう二重の構成システムとして用いられる。つまり、(1)第一に指示的語彙（および、時に文法的）機能と、(2)第二に非指示的で一般の感情表現的な機能とである。現代の音調言語では、音程制御のこれら両方の機能は明瞭であり、発話の流れのなかでそれらが互いに重なりあう。

こうしてみると、いわゆる完全に分節化された言語が存在するようになった人間のコミュニケーションにおける最後の大きな進化上の変化のあいだに、分節化された発話が、それまでの音程に基づく言語と完全には入れ替わらなかったように思われる。多くの言語学者が考えているように、音調というシステムはあとからできたものであり、一部の音程を失った〔言語の〕要素と音調起源の要素とが入れ替わった〔たとえば、(sh)や(zh)のような有声子音は母音化して、(shi)(zhi)という低い音調に入れ替わった〕ことを示唆している。[★19]

初期の発話を想像するとき、音調性がないところにあとから音調が出現したりするのは、声によるコミュニケーションの一般的な歴史的発展のダイナミズムには反しているように思われる。私はここで言語学者たちもまた、言語発展のあいだに音調が失われるケースにも注目していることを指摘したい。つまり、音調はきわめて動的な現象であり、それは失われることも、新たに獲得されることもあるのだ。

第5章

人類はいつ分節した発話に転じたか？

†歌うこと、話すこと、そして吃音

われわれは本書の冒頭で提示した、世界中の声楽ポリフォニーとモノフォニーの分布に関する疑問にいよいよ到達しようとしている。なぜ世界のある地域がほとんど完全にポリフォニー的であるのに、いっぽうで別の地域はもっぱらモノフォニー的であるのか？　本書の第2章と第3章で語られたことを考慮すれば、この疑問は、少し違ったかたちを取ることになる。それは、もしわれわれの遠い祖先が同じような大声の不協和な合唱歌唱を世界のさまざまな場所にもたらしたのであれば、なぜ世界のある地域はポリフォニー的で、他の地域はモノフォニー的であるのか？

私はこの疑問に対する答えは、分節化された発話の起源に見出されると考える。思い出していただきたいが、大多数の学者によれば、言語と発話は別の現象であり、言語の方が発話よりも前に発達した。分節化された発話ははるかに効果的なコミュニケーションのメディアとして、人類の前史におけるある時点で、音程に基づく声のコミュニケーションに取って代わった。ここで最も重要な問題は、これがいつ起こったかという点である。私はこれが**世界のいろいろな地域で、別々の時期に起こった**と考えている。

考えられる先史時代の出来事を年代順に追って見てみよう。

約200万年前　われわれの原人の祖先は、質問しない原人から質問する原人へと決定的な進化をとげた。対話的交信、質問するという新しい革命的な能力、精神的協同、そして、自己革新していく脳が生まれたのである。古いホモ・サピエンスと現代的なホモ・サピエンスとを解剖学的に区別する唯一の特徴は、分節する発話能力を得たことから起こった顔の二、三の形態学的特徴であった。

約180万年前　初期人類がアフリカから各地に拡散し始めた。この初期の拡散の最初の確固とした証拠は、コーカサスの現代グルジア（偶然にも、私が生まれた町から約六十キロのところ）における初期人類の存在である。[★1] アフリカから出た最初の人類集団は、すでに人間的対話言語と質問する能力とを持っていたが、分節される発話はまだ持っていなかった。

column

発話の起源とチンパンジーの笑い

もちろん、現存する人間に最も近い親族が言葉を持っていないことは広く知られているが、彼らが言葉の要素を何も持っていなかったかと問われれば、状況は必ずしも明らかではない。発話による交信と非発話交信のあいだの明確な区分線をどこに引くべきかと聞かれて、すべての学者の答えが一致するとは思わないが、一九七〇年代にロマン・ストーパ[★2]が人間の言語のいくつかの単語（たとえば、強い笑いを表す言葉）が、チンパンジーが笑っているときの発音に類似していると論じたことは知られている。

チンパンジー、ニホンザル、その他の類人猿が、発音に〝ｋｈ〟とか〝ｋ〟のような子音に似た音を使うのに気づくのに、グッドールやストーパの出版物を読む必要はない。これらの子音に似た音は、霊長目の声によるコミュニケーションの一部としてずっと昔から知られている。したがってアウストラロピテクス猿人のもっぱら音程に基づく交信に、少なくとも二、三の子音があったことを否定することはできない。現代の人間のすべての言語が（1）子音と、（2）母音に基づく韻律（音調）的要素とに基づいていることは興味深い。人間のコミュニケーションの進化のあいだに、母音と子音の重要性が増し、音程要素の重要性が減少した結果として、完全に分節された発話の出現となった。現在、世界に音調言語が広く存在していることは、発話がその必要不可欠の部分として、まだかなりの量の音程要素を含んでいることを示している。

グローヴァー・クランツ[★3]は分節される発話へと転じたことが、人間の顔の重要な形態的変化に関係があると述べたが、私はこの説に対する誰かの批判をこれまで見たことがない。したがって、さまざまな人類がさまざまな時期に、分節される発話に転じたとすれば、化石上の人々とは異なる時代にいる現代人の顔の細部とのあいだにも、形態上の連続性が現れていることを期待することができる。古人類学の資料が何を物語るか見てみよう。

約35万年前　原人と現代人のあいだの形態的連続性が現れる最も初期の例は、東アジアにあって、周口店洞窟の原人〈北京原人〉と現代中国の人々のあいだに見られるものである。

約20万年前　おそらく次に古い形態的連続性の見られるケースは、ジャワ島のいわゆるガンドン化石〈ジャワ原人〉と現代のオーストラリア・アボリジニのあいだにある。

約12万年から10万年前

中欧と西アジアの化石資料（ときには「進化途中のネアンデルタール」として知られる）と現代西アジアのコーカサス人たちのあいだに形態的連続性が現れる。

約4万年前 長い氷河期が終わって、西欧とその他の世界との接触が可能になると、すぐに西欧に形態的連続性が現れる。

約1万1千年前 サハラ砂漠以南のアフリカの地域は人類の揺籃の地であるが、ここでは化石と現代のこの地域の人々とのあいだにある地域的な連続性は、歴史的に最も短い。地域的連続性を示す最も古い発掘物は、ナイジェリアのいわゆるイウォ・エレル頭蓋骨（一万一千年前）と東マリのアッセラル（六千四百年前）から出た頭蓋骨である。

このような年表（ウォルポフ★4とカヴァリ＝スフォルツァ★5の業績に基づく）にしたがえば、分節化した発話は、おそらく現代東アジア人の祖先のあいだに、それからオーストラリア・アボリジニのあいだに、そして西アジアとヨーロッパ・コーカソイドの祖先のあいだに、そしてその次に、サハラ砂漠以南のアフリカ人の祖先のあいだに出現したにちがいない。その時間差は（東アジアの三十五万年前から、サハラ砂漠以南のアフリカの一万一千年前まで）巨大なものである。

第2章で述べたように、声楽ポリフォニーの伝統を失っていくという全体的な傾向を考慮すれば、**合唱歌唱伝統が失われるのは分節化した発話の出現の後からである**と考えるのが（私が二〇〇六年に『誰が最初の質問を発したか？』で書いたように）論理的である。分節化した発話がコミュニケーションの主要なメディアになるにつれて、優れた音楽能力の重要性も次第に減退し、良い分節能力を持つ人間が新しい社会条件の好むところとなり、優位性を獲得したのである。

このような関連から、右に述べた年代表は、世界のさまざまな場所で合唱歌唱の伝統が不均等に散在していることを理解するうえで、決定的に重要である。もしある地域の人々がずっと昔に文節化した発話に移行したとすれば、彼らの合唱歌唱《ポリフォニー》は、彼らに遅れて移行した人々よりも、はるかに多くの時間を費やして消滅していっただろう。

この年代表によると、東アジアとオーストラリア・アボリジニの人々は、最も早く分節された発話に転じている。そして本書の第1章を思い出していただければ、東アジアとオーストラリアは世界で最もモノフォニー的な二つの地域である。反対にヨーロッパと、とくにサハラ砂漠以南のアフリカは、世界で最もポリフォニー的な地域である。そしてこのような事実は、ヨーロッパと特にサハラ砂漠以南のアフリカで、おそらく分節された発話への移行が遅かったという年代表に完全に合致するのである。

人類進化の「多地域進化モデル」と「最近のアフリカ起源モデル」

古人類学に通じた読者であれば、私のモデルが人類の起源に関する今日一般に認められているモデルには合致しないと言って、私の議論に反対する人もいるだろう。今日最も一般に受け入れられている人間の起源に関する進化上のモデルでは、さまざまな地域の人々のそれぞれの特徴を発達させるのに、何十万年もの時間がかかっているのだから、私のモデルは正しくないと反論するであろう。確かに、そうであろう。「最近のアフリカ起源モデル」によれば、現代の人類集団は二百万年ほど前にアフリカから世界へ拡がったホモ・エレクトゥスの古い地方型とは無関係である。この「最近のモデル」は、われわれの直接の祖先がほぼ十万年から二十万年前にアフリカから出て、世界中の古いホモ・エレクトゥスに取って代わったことを示唆している。このモデルは分子生物学から強い支持を得ているが、だからといって、このような支持だけでこの議論をおさめるのは明らかに不十分である。さらに、「最近のアフリカ起源説」を支持する分子生物学的分析の方法自体もまた批判されているのである。★6

「多地域進化モデル」として知られる、人間の起源に関するもう一つの古いモデルもある。このモデルの支持者たちによると、すべての人類の共通の祖先が約二百万年前にアフリカから出て、世界のいくつかの地域（東アジア、東南アジア、西アジア、オーストラリア、そしてヨーロッパ）に到達した後、彼らは異なる生態学的環境の下でその進化を続け、断続的にたがいの接触を保ち続けたのである。

これら二つのたがいに矛盾するモデル間の議論はまだまったく決着がついていない。この議論がいつ終わるか、結果がどうなるかも分からないが、私はポリフォニー歌唱とモノフォニー歌唱伝統の分布が、多地域進化モデルを支持していることを申し上げたい。

さまざまな集団が別の時期に発話へ転じたとするモデルは、異なった人間集団における発話のさまざまな側面に一連の新しい、これまでと違った示唆を与える。次節では、合唱歌唱と吃音との関係を検討しよう。

「多地域進化モデル」と「最近のアフリカ起源モデル」の違いは?

私のモデルが「多地域進化モデル」を全面的に支持しているという事実にもかかわらず、私は「多地域進化説」という術語が紛らわしいものであることを指摘したい。一見したところでは、この説の支持者たちは初めての読者に対して、さまざまな人間の集団が世界の異なった地域で何度かホモ・サピエンスに進化したと考えているような印象を与える。多地域進化モデルが「最近の単一起源進化説(最近のアフリカ起源モデル)」と対置されるとき、そのことが特に目立っている。実際には、多地域仮説もまたホモ・サピエンスがアフリカに唯一の起源をもつと考えているのであり、「多地域進化」と「最近の単一起源進化」という両仮説間の主要な違いは、ホモ・サピエンスの起源に関する厖大な時間差(二百万年前に対して約二十~十万年前)にあり、当然、初期人間グループがそっくり交代したという「最近の仮説」内容を支持しているのである。

興味深いことに、二〇〇七年に私にくれた手紙で、ミルフォード・ウォルポフは、「多地域進化仮説」という呼称が分かりにくい印象を与えるのではないか、という私の考えに賛成してくれた。もっとも彼は不要な混乱を避けるために、この仮説の名称変更は望んでいない。かつてフランツ・ヴァイデンライヒ[★7]が未出版の原稿の中で用いた、「多地域進化モデル」のもう一つの呼称「ネットワーク説」は、多地域進化モデルの支持者によって時に用いられるが、こちらのほうがはるかに正確で、不必要な戦略的ニュアンスもないように思われる。

ポリフォニー、モノフォニー、そして吃音

一九八九年十月十六日、私は数日間の宿泊を予約しようとして、モスクワのあるホテルのロビーにいた。モスクワのホテルではどこでも部屋を見つけるのが大問題であった。多くのモスクワのホテルでは、たとえ半分が空室であっても、「空きはありません」というのが共通した答えであった。カウンターで余計に払うか、わいろを渡すのが部屋を見つける通常の方法であったが、この方法でも必ずしもいつも保証があるわけではなかった。今回は私の立場は強力であった。連邦言語障害者病院から、シュクロフスキー教授の署名が入ったシンポジウム「言語障害患者の治療とリハビリ」への公式の招聘状を持っており、招待者一覧には私の名前が載っていたのである。

カウンターの女性は私には目も向けずに、忙しげに書類を書きながら「あなたが働いておられる病院名は?」と尋ねた。

「私は病院では働いていません。私は国立トビリシ音楽院に勤務しています」と答えた。

「大学ですか? あなたの職業は?」

「私は音楽学者です」

彼女は書くのを止めて、私に目を向けて、

「あなたはお間違えのようです。私どもはモスクワでの国際シンポジウムに来られた言語障害学者だけを

お受けしています。それ以外のお客様の場所はありません」

「私もこのシンポジウムに招かれたのです」

「音楽が言語障害学と何の関係があるのですか?」

というわけで、私はこのホテルのカウンターで、私が行おうとしている講演の簡単な要旨を説明する羽目になった。ポリフォニーの分布と吃音の発症率と関係があるという私の話が彼女に感銘を与えたかどうかは分からないが、吃音の人が歌うときにはどもらない、という誰でも知っている事実を話したとき、彼女は頷いた。というわけで、音楽と吃音との関係が理解されたのである。彼女はシンポジウム主催者から渡されているリストでもう一度私の名前を確認し、私は部屋に入ることができた。

実は、私はこのような質問を、母親をはじめとして、他の人たちからも何度も受けていた。では、合唱歌唱と吃音との関係は、どうなっているのであろうか?

吃音が遺伝的な性格をもつものであることはよく分かっている。吃音に関するもう一つのよく知られ、広く認められている考えは、それがわれわれの進化上の過去と関わっていることである。ロバート・ウェストの広く認められている考え方によると、人間の発話は、食事や呼吸のための古いシステムのうえに上書きされた機能である。さらに、話す能力はわれわれが獲得した最も新しい能力の一つであるから、それは最も失われやすく、また損傷されやすいものの一つである。★8

分節が人間社会で大きな生存上の価値を得たので、人間の歴史を通して吃音の数が結果として減少していったことを予測するのは理にかなっているだろう。このような観点から、「言語病理学者 speech pathorogist」が現代社会における吃音の人数の全体的な減少傾向に着目して、さまざまな要因によってこの現象を説明しようとしているのは興味深い。

さまざまな人間集団が異なる時期に分節される発話に転じたとするこの書物のモデルにしたがえば、さまざまな人間集団によって吃音の発症率が異なるはずであると考えるのは理にかなっていよう。早い時期に分節される発話に転じた人々（東アジア、オーストラリア・アボリジニ、そしてアメリカ先住民）は吃音の発症率が低いに違いなく、遅くなって発話に転じた人々（ヨーロッパ人と、とくにサハラ砂漠以南のアフリカ人）は、吃音になる率が大きいはずである。

では、吃音の発症率に関する諸文化の比較研究では、実際にどのようになっているのであろうか？性別（女性よりも男性のほうが多い）や年齢別（大人よりも子供のほうが多い）のような、吃音に関わる他の要素について詳細に検討する前に、直接、諸文化間の比較研究を見てみよう。

諸文化において広く行われた研究には、二つの一般的なアプローチがある。

（1）ほとんどの専門家が、世界のすべての人々がほぼ同じ吃音の発症率を持つはずだと考えている。言語病理学者の一人が私に書いてきたように、「地域によって発症率が異なる、とあえて考えるべき理由は見当たらない」のである。このような立場は言語病理学者には一般的で、この考えの支持者は発症率の違いはありえないと考えているので、異なる文化間の発症率の研究に興味を持っていない。

（2）別のかなり少数の学者グループが、有意な差があると考えており、この主題に関する異文化間の研究がいくつか存在している。その研究成果については、あとで検討しよう。

誰もが考える通り、吃音に関する研究はヨーロッパ諸国や北米で、主として西欧の学者によって行われてきた。ほとんどの西欧諸国には、吃音の発生率や発症率に関してきわめて詳しい記録がある。ついでながら「発生率」と「発症率」とは関係はあるけれども、内容は異なっている。発症率はある時期における人口中に見られる吃音の人数である。発生率は生涯で（主として子供時代に）吃音であったことのある人々の人口中の数である。ほとんどの言語病理学者がヨーロッパの数値（1％の発症率）が世界のすべての場所で共通していると考えている。子供の発症率は高く、約5％である。ほとんどの子供は、大きくなるうちに特段の助けを借りることなく、どもらなくなる（この数字も、やはりヨーロッパのものである）。[★9]

しかしながら、すでに指摘してきたように、いくつかの重要な比較研究や最近の出版物が、さまざまな民族の吃音の分布について、興味深い異同があることを指摘している。ここで、アメリカ先住民とサハラ砂漠以南のアフリカ人という、おそらく最もよく研究されている二つの異なる非ヨーロッパ人について、簡単に検討しておこう。

アメリカ先住民　北米先住民における吃音の問題は、二十世紀の二、三十年のあいだ、言語病理学における最も中心的で、同時にホットな問題の一つであった。

ジェームズ・ハント[★10]は、百五十年以上前にアメリカ先住民に吃音がいないことに気づいた、おそらく最初の学者であった。この事実は、二十世紀中ごろに、ウェンデル・ジョンソン[★11]とその弟子たちによる、みごとな研究記録によって再発見された。ジョンソンはアメリカ先住民にどもる人はおらず、「吃音」を意味する単語もない、と主張した。彼の弟子のひとりで、アメリカ先住民の社会で何年かを過ごした言語病理学専門の研究者ジョン・スナイドコア[12]は、純血の北米先住民でどもる人には会ったことがないと明言した。

ジョンソンはこの事実を文化的な要素から説明した。彼によれば、すべての人類の子供は発話を獲得するときに困難で微妙な時期を送る。社会が違えば、あるいは両親の違いによっても、子供の発話が発達する傷つきやすい時期に対する接し方が異なる。ある文化では、大人たちが子供のごく普通の成長段階に注意を向け過ぎて、子供に不必要なプレッシャーを与えてしまう。彼らは子供がどもることを指摘して、その子に罰を与え（ときには肉体的に）、積極的に子供の吃音を止めさせようとする。このような強制、罰、そして「吃音」というレッテルを貼ることは、子供の心に深く入り込んでしまい、発話への恐怖や社会的な引きこもりの原因になる。つまり、それが吃音が消えず、生涯にわたってその人に取りついてしまう主要な原因なのである。「吃音は子供の口ではなく、両親の耳の中で始まる」というのが、ジョンソンの有名なスローガンであり、また彼自身の生涯にわたる吃音も同じ原因によると信じていた。彼の理論は「診断起因説 diagnosogenic theory」として知られている。

ジョンソンの学説は、一九四〇年代から一九七〇年代のほとんど終わりまで、二、三十年間にわたって支配的であった。一九七〇年代の終わりになると、吃音の起源に対する遺伝学的アプローチが流行した。遺伝子説によれば、文化的な風習はあまり重要ではなく、各個人の流暢さの度合いは遺伝子によって決まるのである。このモデルは実際にはさまざまな人間集団の中で、吃音の発症率に違いがあることを説明できなかった。そのため、さまざまな研究間にある違いは、じゅうぶんに標準化されていない方法論の結果であるとされた。

遺伝子説の支持者は、ジョンソンとその弟子たちの、「北米先住民にはまったく吃音がいない」という主張が誇張であることが分かったとき、ジョンソンの診断起因説に対して大勝利を収めた。吃音がいないといわれたのは、北米先住民のあいだでは、通常、個人の健康上の問題はあからさまにしないからであった。最も重要なことは、ヌートカ、クワキウトル、そしてサリシュ族には、何人か吃音がいただけでなく、吃音の比率もきわめて高いことが分かった（約1％で、ヨーロッパ人とほぼ同程度）。

驚くことに、言語病理学者たちが何十年にもわたって、吃音の北米先住民に対して特別な興味を持っているにもかかわらず、ほとんどの先住民諸族について、いまだに吃音の発症率を得ることができていない。入手できる出版物から言えることは、すべてのアメリカ先住民の部族に吃音がいるということだけであるが、実際の発症率はかなり低いものであるだろう。

サハラ砂漠以南のアフリカ人　入手可能なデータによると、サハラ砂漠以南のアフリカ人とアメリカにいるその末裔たちのあいだでは、吃音の発症率は、ヨーロッパ人におけるよりも高い。一部の出版物によれば、あるサハラ砂漠以南のアフリカ人たちにおける発症率は、5・5％から9・2％にまで達する。罹患率研究を総括すれば、ユージン・クーパーとクリスタル・クーパーは「現在入手可能なデータによれば、流暢さの障害率は世界の諸文化においてさまざまであるが、吃音と名づけられる滑らかに話せない人の割合は、白人やアジア人よりも黒人のあいだでのほうがより高いことを示している」[★13]と結論づけているのである。

世界のその他の地域　残念ながら、わが地球上の他の大きな地域はそれほどていねいに研究されておらず、したがってデータもきわめて限られているか、まったくない場合もある。たとえば、半世紀以上も前にジョン・モーガンスターンによって収集されたデータ[★14]によれば、オーストラリア・アボリジニと北極のエスキモーには、吃音がまったく（またはごく僅かしか）存在しない。予備研究の資料によれば、シベリア諸民族や中央アジアのカザフ人のあいだでも、吃音は非常に少ない。

限られた情報ではあるが、アメリカ先住民、極地のエスキモー、そしてオーストラリア・アボリジニ（いずれもモノフォニー歌唱の保持者）のあいだには、吃音が非常に少ないいっぽうで、サハラ砂漠以南のアフリカ住人の末裔（ポリフォニー伝統の保持者）には、吃音の比率が非常に高いという。これらの情報は、ポリフォニー歌唱伝統の文化においては、モノフォニー歌唱伝統の文化よりも、吃音が多いと考えるモデルに一致している。一部の北米先住部族（ヌートカ、クワキウトル、そしてサリシュ）で吃音の比率が他より高いのは、この相関関係を裏づけるものである。まさにこれらが、北米先住民族の中で、最も濃くポリフォニー的歌唱伝統を持つ諸族だからである。

中国人　中国人の吃音の比率に関するデータは、この議論を決定的にする。私のモデルによれば、中国人の祖先は最も早く分節される発話に転じた。したがって、中国人の吃音の比率は、ヨーロッパ人や、とくにサハラ砂漠以南のアフリカ人におけるよりも、かなり低いはずである。

「中国人の吃音の比率」は、一九九五年に私がオーストラリアに来たときに、大学図書館や、のちにはインターネットで調べる中心的なテーマの一つであった。この主題に関する出版物は何もなく、言語病理学の分野に中国は存在していないように思われたのだった（のちに、そのとおりであることが判明した）。私は結局、中華レストランや鍼灸院に行って、中国人に中国人の吃音の人を知っているかどうか訊ねることにした。彼らの反応はきわめて興味深いものであった。彼らはたいてい私が何を訊ねているのかを理解できなかった。私が吃音がどのようなものかやってみせると、彼らはたいてい私が知恵遅れの人のことを言っていると感じた。私が知恵遅れの人ではなく、人類の歴史でも最も聡明な人々（たとえばチャールズ・ダーウィンやウィンストン・チャーチルのような）の中にも、吃音の人がいると話すと、彼らは非常にとまどった。

私は、中国人の吃音の比率に関する最初の研究となるかもしれないものを諦め、メルボルンの「多文化研究グループ」や「言語聴覚士協会 Speech Language and Hearing Association 」の助けを借りて、シンガポール、台湾、香港、そしてマレーシアの言語聴覚士とコンタクトを取り、特別に作成した質問状に回答してくれるよう依頼した。主として中国の人々と仕事をしている三十三人の方々から回答があった。幸運にも、キーン大学（米国、ニュージャージー州）の専門の言語病理学者であるシェリー・リース[★15]がこの研究に加わってくれた。

われわれの研究の結果、シンガポールの中国人には吃音の比率が非常に低いことが分かった。三十三人の言語聴覚士たちが一年に出会う吃音の人は一・五人以下であった。五人の言語聴覚士が、彼らの全キャリアを通じて、中国人の吃音の人には出会ったことも、診療したこともないと答えた。回答者の一人は「吃音である何人かの中国人の知人が、自分の吃音を〝治療〟しようと、多くの療法士を訪ねたことがある」と書いてきた。このような回答があったことは、実際には、いろいろな療法士を訪ねた吃音の中国人が何人かいて、複数回ここにカウントされている可能性があることを示している。専門の言語聴覚療法士を探そうとしない、隠れた、または〝隠された〟吃音の人数も多くはなかったし、また報告されたケースはどれも〔症状が〕はっきりしないものであった。したがって、われわれの質問に答えてくれた人々から得られた情報は、中国人の吃音の人はそのほとんどが療法士のところを訪れない、という見方も、家族の中で秘密にされている、という考えも、裏付けてはいないのである。

シンガポールとマレーシアにおける中国人とインド人の吃音の人数を比較すると、インド人の吃音の人に比べて、中国人の吃音の人の方が非常に少ないことが分かる。シンガポールにおけるインド人と中国人の人口の違い（一九九八年七月の人口比――中国人76・4％、インド人6・4％）にもかかわらず、中国人よりもインド人の吃音の人の数が多いことが報告されている。

シンガポールの現役の言語聴覚士で、「言語聴覚士協会ニューズレター」の編集者であるセレーナ・ヤングによると、シンガポールでは吃音の患者は口蓋裂の患者の数分の一であるという。セレーナは実際に自分の研究領域を吃音から口蓋裂に変更した。彼女によると、口蓋裂の患者のほうがはるかに多いからで、口蓋裂の専門家になるほうがシンガポールの人々にとってはるかに役に立つからだという。私が読者の注意を喚起したいのは、一般に口蓋裂の比率は吃音の比率よりもはるかに低いということである。通常、七百人に一人、口蓋裂の子供がいるのに対して、吃音は百人に五人くらいである（つまり、吃音のほうが三十五倍も比率が高い）。中国人の子供では口蓋裂の比率が、他の多くの民族に比して高いが、(二百五十人の出生に一人)、これでもヨーロッパ人の吃音の比率より十二倍も低い。もしセレーナの概算が正しいとすれば、中国人における吃音の比率は、ヨーロッパ人における平均値の十分の一、あるいはそれ以上低いことになるし、サハラ砂漠以南のアフリカの人々との差はそれよりもずっと高いことになる。

二〇〇一年にミネソタ州立大学が組織した「吃音をよく知る日」というオンライン会議で、シェリー・リースと私自身が〔前述の〕論文を発表した。同じ年に私はまた、シンガポールの「言語聴覚士協会ニューズレター」に、中国人のあいだでは吃音の比率が非常に低いという、同様の結論の小さな論文を発表した。だがもちろん、たとえ中国人のあいだでの発症が、ほとんどのヨーロッパ諸国や米国に比べてずっと低いとしても、何千人という吃音の人々が、専門の言語聴覚士の助けを得られないという条件と闘っていることを忘れてはならない。中国において言語聴覚療法という専門領域を確立させることができれば、治療の可能性は向上するし、中国の吃音の人たちの生活条件を全体として改善できるであろう。幸いなことに、「国際吃音協会」支援作業グループの援助で、この数年のあいだにいくつかの中国の都市で言語聴覚療法の専門職が確立されている。

というわけで、本書が指摘しているモデルでは、吃音の発症や重症化には遺伝的要因が決定的であり、世界のさまざまな人々が吃音に対して異なる遺伝的傾向を持っているのである。

ウェンデル・ジョンソンが証明したように、ゆったりとした子育ての実践と発生率の低さとのあいだに相関関係は存在するが、このような相関関係の原因と結果は反対に考えるべきである。〔吃音が〕診断に起因するという Diagnosogenic（診断由来）学説にしたがえば、発症率の低い社会では、両親が子供の発話困難に過敏でなければ吃音は発生しないことになる。私の考えでは、両親が自分の子供たちの発話障害に注目しないとすれば、それはその社会では吃音への遺伝的因子がきわめて少ないからであり、その社会に大人の吃音がほとんどいないからである。

吃音の発症率に文化的要因の影響が重要であるとは思うが、それが東アジアやアメリカ先住民の人々と、サハラ砂漠以南アフリカの人々との吃音の発症率のあいだにある非常に大きな違いの原因であるとは言えないだろう。私は吃音の発症率の目立った違いは、遺伝子の影響下にあると考えている。

興味深いことに、中国人に吃音の数が少ないことについては、さまざまな説明に事欠くことはない。これらの説明は、世界の指導的な言語病理学者（オーストラリアのマーク・オンスローからロシアのヴィクトル・シュクロフスキーに至るまで）から、中国文化の知識がある普通の人々まで、非常に広い範囲の人々によって行われてきた。最も有名な説明は、中国の主要な地域言語の二つをなす北京語も広東語も音調言語であるから、（1）彼らが話すときには「いつも歌って」おり、また、よく知られているように、（2）吃音の人は歌っているときにはどもらない、というものである。だが、この説明は、西アフリカ人も音調言語を話すのに、おそらく世界でいちばん吃音の比率が高いので、役に立たないのである。

北京語や広東語の単音節で、音節単位の〔抑揚で意味が決まる〕性格が、その低い発症率の理由でありうるかもしれない、とオンスローは著者宛の私信で示唆したが、このことはアメリカ先住民や、中央アジアのカザフ人のあいだでの発症率の低さ（シュクロフスキー教授の予備調査報告[★16]）を説明することはできない。

最終的な結論を導き出すにはまだ早すぎる。諸文化間の吃音の発症率に関する研究はまだじゅうぶんには行われていない。世界のある地域はきわめてじゅうぶんに研究されているが、別の地域の情報は非常に限られているし、一部の地域についてはまったく情報がない。以下、吃音に関する様々な文化間の発症率の違いに関して、目下入手可能な情報をまとめておこう。

・ヨーロッパと北米のヨーロッパ系住民では、ほぼ0・8～1％の発症率である。
・アフリカ系アメリカ人、サハラ砂漠以南のアフリカ人、西インド諸島の住民（アフリカ系住民の大部分を含む）は高い発症率である（4％、5％、一部では9・2％に及ぶ）。
・北米先住民の少なくとも一部の人々のあいだには、吃音の人はごく少数しかいない。

・予備調査によると、オーストラリア先住民でも吃音は非常に少ない。
・北アジアや中央アジアの人々についても、準備段階の情報ではあるが、同様のことが言える。
・世界最大の人口である中国人についても同じことが言える。決定的な結論を出すためにはさらに詳細な調査が必要であるが、予備研究によると吃音の人の数はかなり少ない。

したがって、地球のさまざまな人々のあいだでの吃音の発症率の違いはきわめて重要であることがわかった。たとえば、西アフリカの一部の人々と、アメリカ先住民の一部の人々とのあいだの発症率の差は、百倍以上にもなるのである。このような観点からすれば、世界の全住民の吃音の発症率の違いを説明するのに、ヨーロッパでの発症率（1％）を用いるのは、とても正しいやり方とは思われない。

このような私の結論に対して、専門の言語病理学者が示すであろう反応を、私はじゅうぶんに意識している。幸いにして、私の主張に対して反証するのは、誰にでも容易である。――中国人の子供が通っているいくつかの学校で、単純に偏見のない発症率の調査を行ってみるだけで、〈中国人の子供にも吃音の人が、一定の割合でいることが判明するので〉私の議論の最大の要点を、容易に退けることができるからである。しかし、実際にそのような調査を行えば〈他の言語を話す人々の吃音の発症率より低いことが判明するので〉、それは私の主張の証明にもなり得るのである。

合唱歌唱と失読症

分節された発話が起こった年代によって進化論上の議論の混乱を起こす問題は、吃音だけではない。このような疾患の一つである発達性読み書き障害＝失読症 Dyslexia もまた、この問題と関係があるだろう。失読症は発話ではなく、読んだり書いたりすることに関わっている。失読症患者は読んだり書いたりする能力を身につけるのが困難で、発症するのは学齢以降であり、彼らは知的にはきわめて明晰である。ヨーロッパと北米では、人口の約10％が失読症を患っている。

ほとんどの学者が失読症の遺伝子的性格について同意見であり、失読症を遺伝子マーカー[2章★48]に関連させる研究の数も増えている。最近の主要な研究の結果として、第六番染色体ＤＣＤＣ２〈遺伝情報を担う生体物質。ヒトの染色体は四十六本あり、そのうちの第六番染色体上にある遺伝子の略称〉の領域が失読症と関連づけられている。いっぽう失読症が存在するかどうかについても議論がある。また、しばしば子供の発達段階において一時的に起こる吃音とは異なり、失読症は長期にわたって続くものである。

読んだり書いたりすることの困難に関して、学者たちは自然な反応として、書き方のシステムの違いに目を向けている。実際に世界の言語の書くシステム、たとえば英語と日本語（または中国語）の書くシステムのあいだには、非常に印象的な違いがある。英語のスペルは、外国語として英語を学ぶ者たちにとってだけでなく、母国語としている人々にとっても悪夢のようなものだ。反対に、日本語の書き方と発音とはたがいに近く、こころよい。

筑波大学の認知神経心理学の教授宇野彰[★17]によると、日本語の二種類の表音文字〈ひらがなとカタカナ〉は英語のアルファベットよりもずっと正確に響きと対応している。つまり、それらははるかにやさしいのである。少し古くなるが、一九六八年に牧田清志[★18]が同様の主張をしている。他のほとんどの学者たちも、書くシステムの重要性を指摘しているが、もう一人の学者フロレス・ダルカイスは「牧田が言うように、日本人の子供にとっては、まったく簡素なカナの使用法が読むことを活発にしてくれるとすれば、セルボ・クロアチアや、ほとんど同じ度合いでイタリアやスペインでも、〈失読症の〉発症例が低いはずであるが、そのようにはなっていない」[★19]（一九九二）と書いている。私も付け加えて言えば、グルジア語の書き方は完全に発音と一致するが、失読症はグルジアでは深刻な問題なのである。

中国人や日本人のあいだでの失読症の比率が低い理由をめぐって議論が重ねられたが、こうした違いに遺伝子的要因がありえることについては、真剣には論じられてこなかった。中国人や日本人における失読症の発症率と、ヨーロッパ人やアメリカ人の発症率とのあいだにある大きな違いに、遺伝子的要因がある可能性を排除することは、失読症の発症率が文化によって違うことの背後にある真の理由を明確にするのを妨げている、と私は考える。

数多くの文化における失読症の情報（たとえば、サハラ砂漠以南のアフリカ）が報告されていない。私には、サハラ砂漠以南のアフリカでの失読症患者の比率はヨーロッパや、とくに東アジアにおけるものよりも高いように見える。現在手に入る情報によるならば、「ポリフォニーを多く持つ文化は発話に関わる疾患をより多く持っている」という原則は、発達性失読症の場合にも有効であるように思われる。

さまざまな国や大陸における吃音現象（および失読症）の分布に関する新しい研究は、分節される発話の起源だけでなく、吃音や発達性失読症の起源に関する問題にも新しい光を当ててくれるだろう。このことは決して驚くにはあたらない。われわれの種の最初期の歴史を研究することは、人類の現代の健康問題にもいくつか答えてくれるであろうし、さまざまな国における初等・中等学校の生徒の読み書き能力獲得の、ときに当惑するような違いにも、光が当てられるかもしれないのである。

音韻体系の獲得

われわれは誰でも自分の子供が初めて言葉を発すると大騒ぎするが、最初はそれほど確かな発音ではない。正確な発音の獲得は少し経ってからのことになる。正しい発音を習得すること、学問的にいえば音韻体系の獲得は、どんなに民族が違っても、人種が違っても、子供たちにとって普遍的な規則がある。同時に、さまざまな人間集団の祖先が、異なる時期に分節化した発話へと転じ、発話障害の発症率の大きな違いがその歴史的な時期の相違の結果として生じたと考えるなら、世界のさまざまな地域の子供たちの個体発生的にみた音韻体系の獲得は、子供の成長の異なる時期に行われるということになる。言いかえれば、私は東アジア、アメリカ・インディアン、およびオーストラリア・アボリジニの子供たちは、ヨーロッパやサハラ砂漠以南のアフリカ系の子供たちよりも早く音韻体系を身につけると考える。このテーマに関して諸文化間の比較研究があるかどうかを調べてみよう。

「日本とアメリカの子供たちの音韻体型の獲得時期の比較」（1968）

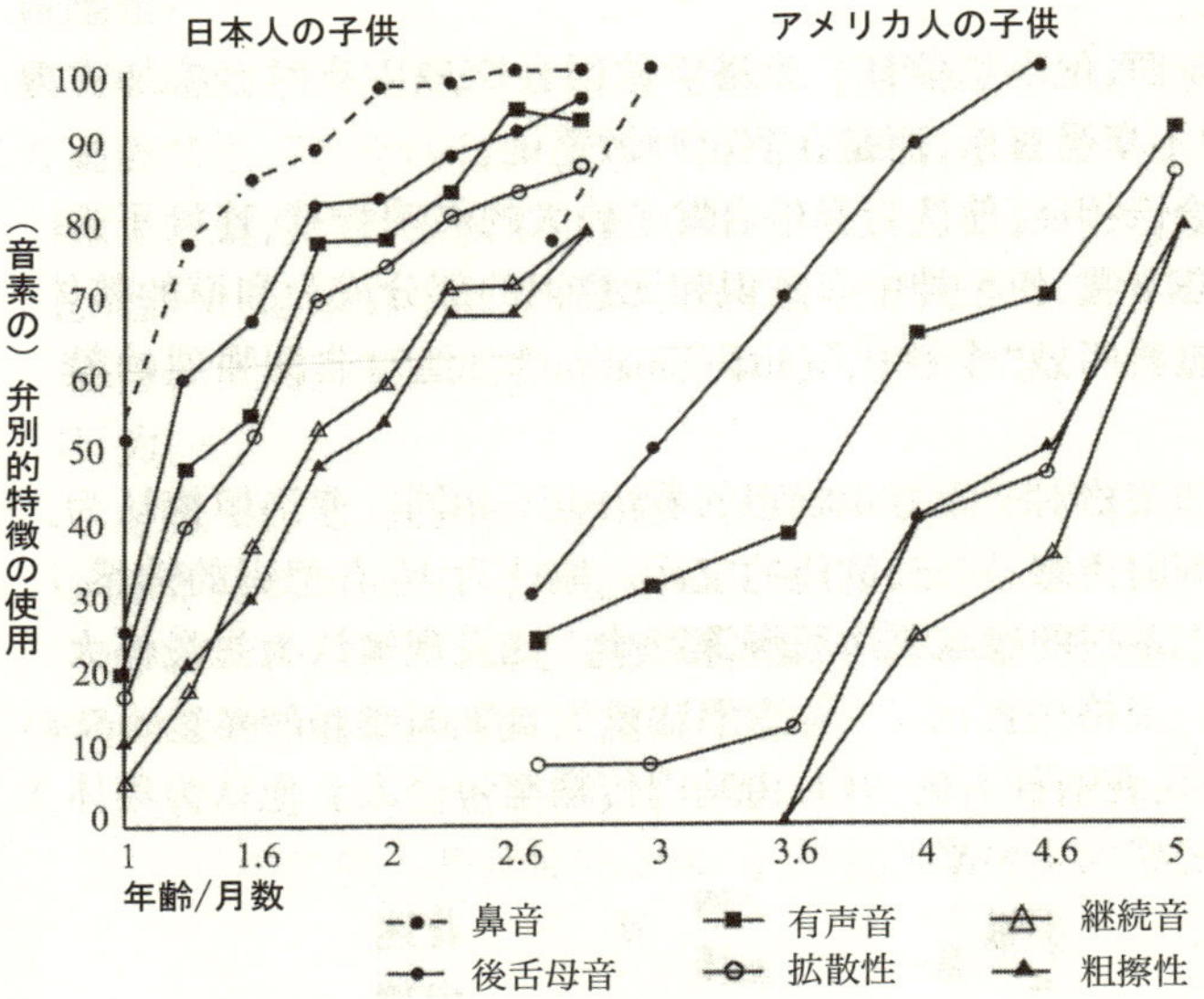

パウラ・メニューク★[20]と中島誠★[21]の研究によれば、アメリカの子供の音韻体系の正しい発音は二歳半から五歳までに始まるが、日本人の子供の場合は、同じ音韻体系が一歳から三歳で獲得される。（上の図表参照）

グラフの折れ線上の各点は、子供が鼻音、後舌母音、有声音、継続音、摩擦音などさまざまな（言語学上の）音素を獲得したことが識別できた時点を示している。

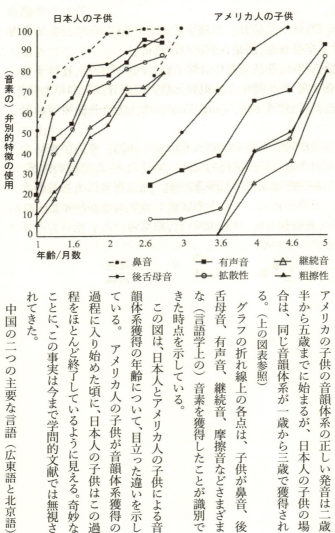

この図は、日本人とアメリカ人の子供による音韻体系獲得の年齢について、目立った違いを示している。アメリカ人の子供が音韻体系獲得の過程に入り始めた頃に、日本人の子供はこの過程をほとんど終了しているように見える。奇妙なことに、この事実は今まで学問的文献では無視されてきた。

中国の二つの主要な言語（広東語と北京語）による音韻体系獲得に関する情報は、われわれのモデルにとって非常に重要である。中国人のあいだで吃音が無視されているのとは異なり、この主題に関しては二、三のきわめて興味深い出版物がある。リディア・ソーとバーバラ・ドッドの研究によれば、広東語を話す子供たちでは音韻体系の獲得が、英語を話す子供たちの場合よりも早い。★22

もう一つの研究によると、英語を話す子供では三歳から七歳で90%が達成されるが、北京語を話す子供では同様の高い比率は、一歳半から四歳半で達成される。この違いはパウラ・メニュークと中島誠が発表したものに出てくる数値からそれほど遠くない。

結論を述べよう。音韻体系獲得の年齢に関して実際に存在する相違をより完全な姿で把握し、その本質を理解するためには、さらに調査が必要である。そして、もしその結果が有意な差異を示していれば、遺伝子的要素の重要性がありうることも含めて、考えられる理由をすべて無視するべきではないだろう。

歌唱と無意識の思考　フロイト、ユング、催眠術、そして二重人格

本章の最後に、本書で示した進化の過程を通した歌唱と、無意識の心との関係について、考えうる重要な問題に目を向けよう。

人間の無意識の心を研究するうえで出発点に立つ二人の偉大な学者、ジークムント・フロイトとカール・ユングは、音楽に対して本質的に異なる立場をとっていた。フロイトは、世紀の転換点におけるウィーンの貴人としてはきわめて例外的であるが、音楽には無関心で、むしろ疑いの目を向けていた。彼自身の言葉に

よると、「感情的な力の由来する源がどこにあるか理解できないもの」を、彼は信頼しようとはしなかった。フロイトは社交の意味からクラシック音楽の演奏会に出かけることもあったが、音楽を楽しむのではなく、演奏のあいだにメモをとることを好んだ。

反対に、ユングにとって音楽は精神的な叡智の源であり、人間の魂と内的自我とを繋ぐ領域であり、われわれの精神の意識と無意識両面の調和した統一を得る助けとなる、彼がこの統合に至る過程《プロセス》を「個性化」と呼んだ領域であった。ユングは特に強烈なアフリカの太鼓のリズムに魅せられていた。

無意識の領域に関しても、フロイトとユングはやはり異なる見方をしていた。フロイトにとって無意識はもっぱら抑圧された感情、記憶、そして欲望の器であった。われわれに意識される感情は、われわれの意図的思慮の及ばない、隠された過程《プロセス》によって深く影響を受けるという彼の考えは、偉大な科学的発見の一つと見なされている。ユングは、すべての人間に共通で、すべての人に遺伝的に受け継がれている「集団的（集合的）無意識」という概念を提示した。ユングは無意識の心が人間の芸術や霊感の主要な源泉であると考えた。

あらゆるものが進化上の理由を持つに違いないというダーウィン流の考え方によって、私はこの節で次の二つの問題について検討したい。つまり（1）無意識の心の進化上の機能は何か？　そして（2）無意識な心と人間の歌唱とのあいだに何らかの関係があるのか？

本書の第3章で提示した、初期人類の「二つの感情の状態」というモデルは、無意識という問題に関して新しい進化上の見通しを与えている。思い出していただきたいが、私のモデルでは、初期人類は二つの精神状態、つまり「通常の」状態、日常の危険のない状況で生じる心の状態と、それよりはるかに少ないが、人間の集団が肉体的に生き残るために、集団全体が完全な献身を必要とする「危機的な」状態とがあった。「危機的な」状況が生じることは稀であったが、われわれの祖先の肉体的生存にとっては決定的なことであった。それゆえ進化が、必要なときには個人の利益よりも集団の利益を優先させる強力な神経組織《メカニズム》を作った。そのために、このような状況になるとわれわれの祖先は、恐怖や痛みといった感情が日常生理的に要求するものを精神的に無視して、神経化学的に高揚した感情を創り出し、超個人的な陶酔感をもったのである。必要な時には、このような状態を生み出すために、われわれの祖先は、主として強烈なリズムに基づく大音量のドラミング、集団歌唱、集団舞踊、呪文や祈祷、加えて体や顔の彩色、衣装の使用やおそらくはマスクの着用など、人格を変容させる視覚的要素などによって、高度に洗練された儀礼を発達させたのである。人間の（また原人でも）儀礼の中心的な目的は、参加する個人の精神状態に影響を与え、その精神状況を個人的な「日常の」状況から、集団的ないしは「危機的」精神状況に転換させることであった。これは驚くべき心的状態の変化であり、個々別々の個人から、共通の唯一の超個性へと転身させる全集団の帰属意識《アイデンティティ》への変化にほかならないのである。

われわれにとって重要なのは、肉体的な生存は生物学的に何よりも優先されることであるから、集団的ないしは「危機的」心理状況は、いかなる「通常の」心理状態をも凌駕している点である。「常識」として知られている現象は、明らかに「通常の」状態における個人の論理的な思考の結果であるが、「危機的」心理状況はしばしば常識の論理とは矛盾する行為の状態を導く。このような状況では、人間は深く道徳的なことも極端に非道徳的なこともなしうるのであり、誰か他人の生命を救うために自分の生命を犠牲にすることもあれば、反対に、戦闘時における恐るべき残虐行為におよぶこともある。基本的に戦闘トランス状態で（それも通常は戦闘部隊のメンバーたちと一体となって）行われる残虐行為は、しばしば実際にそれを行った者にとってさえも、常識の論理では理解することが困難である。

まさきわめて大事なことは、これら二つの「通常」と「危機」の心理状態は、すべての正常で健康な個人の誰の脳にも存在しており、この二つの状態は一つの脳の中に存在していながら、たがいにまったく独立しているということなのである。言いかえれば、**われわれはみな、健康な脳の中に「分裂した人格」を持っているが、第二の人格は人生のもっとも危機的なときにだけ出動する**のである。

文明の発展とともに、精神を危機的状態に追い込むような危険な状況はだんだんと減少していくが、それでもやはりこれは起こりうる。その衝撃があまりにも大きいと「危機的」状況は深刻なレベルにまで達して、記憶喪失におちいったり、緊急時の出来事を忘れたりする。とはいえ、その瞬間にもわれわれの脳や体が活発に活動していることは明らかである。

ダラスで、車の中で隣に座っている夫、アメリカ合衆国大統領ジョン・F・ケネディが頭部を狙撃されたとき、ジャクリーヌ・ケネディはその瞬間に「危機的」な昏睡状態におちいった。そのため、彼女は危険にも、動いている車の上によじ登ったという事実を覚えていなかった。もしこの記事を読んだことがある読者が、突然大きなショックを受け、何秒かあるいは何分かそのときの自分の反応を覚えていないとしたら、その人は危機的精神状況、あるいは「第二の人格」を経験したに違いない。このような経験のあとでは、第一の人格には起ったことの記憶がないのである。なぜならば、その状況に対応したのは第二の人格であり、第二の人格だけが危機的状況における実際の出来事を知っているからである。おそらくそれが、われわれの正常時の脳が思い起こすことのない瞬間に起こっていることを知るうえで、催眠術が最良の方法である理由であろう。

危機的状況においては、「危機的」精神状態が支配して、われわれの論理的な思考からくるすべての命令に取って代わる。そのようなとき、われわれの精神は極度に集中した状態になり、本能的に集団行動（仮に集団に所属していれば）に従うばかりか、外部から（例えば、集団のリーダーや催眠術師）の命令、その他、自分自身の脳の中からくる、ほとんど何かは分からない衝動に従う。

催眠状態という現象は、トランスや無意識の本質、また、それとリズム的音楽との関係を理解するうえで決定的に重要である。催眠状態のもとでは、人は催眠術師によって「危機的」精神状態におちいっている。このような状態では、人は批判的に考える能力を失い、反対に催眠術師の命令に盲目的に従う。われわれの主題にとって重要なことは、リズム的音楽（あるいは単にドラミングの音）が人を催眠状態に導くうえで、もっとも効果的な技法の一つだということである。

催眠状態にはさまざまな段階があって、催眠的昏睡として知られる深いレベルに入ると、人は与えられるどのような命令にも逆らうことができない。この状態になると、質問を発することもできないであろう。

催眠状態は睡眠に近い状態であるという一般的な考えに反して、クラーク・L・ハルが一九三〇年代に催眠と睡眠に共通点は何もないことを証明した。★23 実際、催眠はきわめて集中した注意と高度な被暗示性を伴う不眠状態なのである。言い換えれば、催眠状態の人は行為することはできるが、判断する能力がなく、その代わりにそれがどのような命令であっても、それに容易に従うのである。世論を巧みに操る政治家が、市民を殺人マシンの大群に変えてしまった歴史的事例は、悲しいことであるが、人類の歴史ではよく知られている。

後催眠暗示〔覚醒後にある行為をするように催眠中に与える暗示〕という現象も、意識のある脳が無意識の脳という「より高い権威者」からの命令を拒むことができないことを証明している。催眠状態にあって命令を受ける人（したがって命令を受けるのは第二の自己である）は、催眠状態が終わった後で、すでに完全に意識が戻っていても、また、命令に従うことが普通の人なら大きな障害や、ときには何らかの個人的な危険を引き起すことがあったとしても、起動信号を受けると命令を実行するのである。

今日、催眠時トランスはほとんどの場合（いつもではない）個人に対して導入されるが、集団催眠はこの状態を出現させる本来の環境であったに違いない。私は催眠トランスの起源は、個々の集団が生き延びるために、唯一の良心と唯一の目的によって結束された一つの組織として行動するという、戦闘トランスの原初的状態に見出されると考えている。したがって、個人の無意識状態は種の生存を助長するために、進化の力によって、統一された「集団的良心」の一部として設計された、と私は考える。ここで再度思い出していただきたいのは、大声のリズミカルな発声と大きな音のドラミングとは、数百万年前にアフリカのサバンナで、われわれの祖先をトランス状態に導くための中心的な要素であったことであり、同様な方法は今日でも、北アジアやアメリカの先住民のシャーマン儀礼においてだけでなく、催眠療法士の快適な診察室でも用いられているのである。

無意識の心と多重人格　またはジョン・レノンはなぜ殺されたのか？

人間の脳のもっとも興味深い特徴の一つは、通常時と緊急時という二つの心の状態が、二つの独立した人格として、また、一つの頭の中にしまい込まれた二つの自己として機能しうることである。これら二つの異なる人格、あるいは異なる自己は、たがいの存在を意識することさえない。カール・ユングが示唆した「個性化 individuation」の過程は、一つの心のこれら二つの状態ないしは一連の記憶や行動指針を持つ二つの自己が、互いに意識を通じるようになる過程である。「非常時」に行った行為を覚えていない記憶喪失のケースは、「非常時」の自己がもういっぽうの意識ある自己に対して（またはその反対に）何らかの「秘密」を持つことを示唆している。

その結果、もしあなたが人を催眠時トランスに導いて、その人の個人的な過去の何らかの事実について、その人の行為を訊ねても、催眠状態にある人が完全に従順であるにもかかわらず、正しい答えを得られない可能性が大きい。これにはいくつか理由がある。まず、（1）あなたが「間違った人格」のほうに問いかけている可能性がある。実質的に二つは異なる人格であるため、質問に答える情報を持っていないのである。また、（2）深い催眠時トランスにある人は、催眠術者の質問に対して否定的に答えることができない。被験者の脳が、命令に従って質問に肯定的に答えようとするために、こしらえた説明や明らかな嘘の答えを捏造している可能性が高い。このような嘘は、深い催眠状態にある人が催眠術者を騙す能力と解釈されるだろうが、しかし私はこの嘘は別の性格のものであると考える。

それは実際には二つの要因が絡みあっており、（1）いっぽうでは命令には黙って従いたいという気持ちと、（2）他方ではそのことについての本当の知識がないからなのである。例えば、もしあなたが深い催眠昏睡状態にある普通の人に対して、「あなたはなぜジョン・レノンを殺したのか？」と訊ねれば、「私はジョン・レノンを殺していない」と真実を述べる代わりに、殺した理由を捏造して説明するであろう。したがって、催眠術者は、自分の前に座っている人が、通常の精神状態であれば何の困難もなく答えられるような多くのつまらない質問に対して、答えるすべを持たない人であることに注意しなくてはならないのである。

ここで思い出すのは、十八世紀以降、催眠術者たちが「第二の人格が催眠昏睡状態の中で現れ、一つの脳の中に二つの人格が共存することに当惑する」と、すでに報告していたことである。

健康な人間の脳の中に二つの人格があるという現象は、恐怖の記憶（性的虐待、暴力などのような）のほとんどが脳の無意識の部分に保存される理由を説明してくれる。これらの記憶はそこに「保存」されるだけでなく、第二の「危機的」または「集団的」自己《アイデンティティ》の中で実際に「起こった」のだと私は考える。強度のストレスや虐待のような状況下では、防御メカニズムとして人間の脳は自然に「第二の人格」に変わるので、悪い記憶はそれが感知された場所、第二の「危機的」自己《アイデンティティ》の中に保存されたままになるのである。

つまり、われわれは皆、先史時代からの進化の遺産として、脳の中に二つの自己《アイデンティティ》を持っているのであって、このことは異常でも何でもない。これら二つの異なるアイデンティティの関係は少しも不都合を生じさせることはなく、反対に、偉大な芸術的創造性や精神性の源となりうるのである。しかし何ごともそうであるように、これら二つのアイデンティティのあいだの神経学的および化学的バランスは、遺伝子や環境の要因によって不調になることがありうるので、その場合は、アイデンティティが混乱したり、二重になったりする問題が生じることがある。いわゆる〝二重人格〟や〝解離性同一性障害〟と言われるものは、完全に健全な人間の脳の二重の心的状態に起源するのであるが、それは人間の脳の正常な機能に影響をおよぼす疾患なのである。内的な声が聞こえたり、理由もなく人に何かを命じたり、あるいはそれに類似する兆候は、これら二つの人格のあいだの通話が途絶える不吉な前兆であるのかもしれない（もっとも声が聞こえるのは、まったく健康な人間でも起こりえるが）。このような人が、さまざまな形式の芸術に関与することは、その人の脳の二つのアイデンティティのあいだに正しいバランスを回復するのに役立つであろう。

column

ストレスを避けるか、ストレスを求めるか？

太古における「危機的状況」がもたらしたもう一つの興味深い側面は、結局われわれの脳の正常な機能に対して、ときおり「危機的状況」を起動して第二の「自己」を覚醒させ、われわれの自己の二つの側面を正常な関係に保つようにさせた点にある。

われわれの祖先は何百万年ものあいだ、毎日闘争し、より高い目的のために闘う「危機的」精神状態に没入してきた。その遺産として、われわれはより高度な目的のために、自分自身の生命よりも高い目的のために献身しようと欲するのである。この感覚を体験するために、われわれはさまざまな芸術（創作と受容）に没頭することから始まり、瞑想降霊術、祈祷と宗教的トランス、大音量のリズミカルな音楽の聴取、舞踊、化学物質を用いる麻薬体験、そして、さまざまな危険行為（登山、サメとの遊泳、バンジー・ジャンプ、トラやライオンのペット化、レーシング・カーの前をトラックで走ったり、パリに新たに設けられたサービスのように、多額の料金を支払って自分自身の誘拐を手配するようなこと）に至るまで、非常に多様な技術を用いる。常識という見地からすれば、これらの活動のあるものは、まったく意味をなさない。その実際の形式や結果についても（極端に無謀で生命を危険にさらす行為から、利他的な宗教や共同体を基盤にした行為まで）きわめて多様であるが、これらの活動は直接、間接にわれわれの脳の構造の活性化に深く関わっており、われわれの「第二の自己」、つまり、われわれの心の「危機的」または「集団的」アイデンティティの状態を内に含んでいるのである。

これら二つの精神の状態は同時に、われわれ人間の本性の「個人的」と「社会的」という二つの側面に関わっている。古代悲劇の二つの仮面(「幸福の仮面」と「悲しみの仮面」)のように、われわれはみな一つの脳の中に二つの人格を持っており、それらは互いをよく知らないことさえある。それらのあいだに平衡を保つことは、健全で幸福な精神生活を送るうえで非常に重要である。ユングが述べたように、音楽やその他の芸術は、われわれが自分の人格のこれら二つの側面のあいだで健全なバランスを保つのを助けてくれる。芸術はわれわれを第二の隠された、あるいは「危機的」自己《アイデンティティ》と結びつけてくれる助けとなる。音楽、舞踊、絵画、あるいは、われわれの芸術的変身や、実際にアイデンティティの変容をもたらす仮面の使用や衣装を含めて、さまざまな芸術のこうした神秘的な力は、何百万年ものあいだ肉体的に生き残るために、進化の力によって設計された、遠い昔の儀式の鼓舞するようなリズムと歌謡に起源をもつものであろう。

私の考えでは、フロイトは音楽の力に対する疑念とそれに抗しようとする欲望を持っていたので、不覚にも最も彼自身の無意識の心に到達しやすい方法を閉ざしていたのである。つまり、彼自身が発見した無意識をあまりにも疑い深い学問的方法のために、危険で制御不能な、否定的な欲望や感情だけしかない場所にしてしまったのである。

かつてのように集団的自己《アイデンティティ》がまず第一に生存上の機能を持っていた時代とちがって、(軍隊はおそらく別として)今日われわれは肉体的に生き延びるために団結する必要はない。この二、三千年のあいだに安全の水準が高まった結果、人間はますます個人主義的になり、誰もが知る「常識」が人間の思考過程の中心になってしまった。しかし何千万年にもわたって深い心理的体験を重ねてきたわれわれの進化の過去は、互いの相互依存性という深く社会的な本質を忘れることを許さない。そしてその結果として、今日われわれは個人化された世界において、集団的自己《アイデンティティ》を感じる場を探し求めている。われわれはみな、今なお人間であり、われわれ自身よりさらに大きい何ものかの一部分であるという、まったく同じ霊的な感覚を経験することを切望している。

個人的生活がわれわれに残された唯一のものであるとしたら、たとえ現代生活のあらゆる快適さの中にあっても、われわれ自身がより偉大な何かの一部であるという体験がなければ、われわれは生きる意味が失われた感覚を味わい、この感覚がわれわれの深く社会的な本性を最も荒廃させる精神的ストレスになりかねないのである。宗教や芸術は人生のより高い意味を体験するための方法のなかでも中心に位置するものである。

そして音楽は、いつものようにわれわれをこの神秘的で、おそらく心の最も古い感情の状態、つまり、われわれの第二のアイデンティティである集団的アイデンティティの状態、われわれが何よりも他の仲間と結びついている社会的存在であると自らを感じる状態へと導いてくれる、ありがたいホストなのである。

人間の知性の起源と、質問を発する能力から、人間の言語や発話の始まり、何千万年にもわたる良い時代、悪い時代を通して、人間の心の無意識な深淵にいたるまで、音楽はつねにわれわれの最大の実践的な助けであり、精神的な変容の源であったのである。

まとめ

人類の進化と歌唱行動の歴史

私の研究は二十五年以上も前に始まったが、当初の目的は歌のポリフォニーの起源を探ることであった。しかし研究が進むにつれて、人間の歌唱の進化の歴史には、人類の生存についてもっと多くの別の側面が含まれていることに気づいた。その結果、この本は、事実上、人間の進化についてまったく新しいモデルを読者に提示している。これまでの人間進化のモデルでは、歌唱という現象は、ダーウィン[序章★1]やピンカー[序章★3]、あるいはフィロデモス[3章★12]の言うように、実際にあまり必要性のない、もっぱら説明しがたい人間の情熱として考えられてきたが、本書では、人間の進化における音楽の役割はまるで違った視点から考察されている。

新しいモデルによれば、集団歌唱は原人が肉体的に生き残るための決定的に重要な要素であり、われわれ祖先を捕食獣から守る中心的な手段、また〝屍肉食対決〟を通して食物を獲得するための主要な手段であった。われわれの祖先を戦闘トランスに導き、個々の人間のあいだに目には見えない強力な精神的ネットワークを創り出し、彼ら全員を一つの集団的超個性へと変身させ、共通の利益のために宗教的な献身へと導いたのは、集団の歌唱と大音量のリズミカルなドラミング、そして激しい身体運動であった。音楽は原人の集団に心の絆を創り出し、ベンゾンが二〇〇一年[3章★54]の本でみごとに表現したように、「音楽は、それを通して個々人の脳を協力活動へと結束させる媒体であった」。われわれの遠い祖先がアフリカのサバンナの支配者となり、サバンナの王、無敵のライオンさえも大敵として恐れさせたのは、戦闘トランスという状態であった。利他的な衝動、自己犠牲による献身、人間的道徳性、そして宗教など、すべては遠い昔の戦闘トランスと、「力は団結にある」という重要な人間的原則の継承に他ならない。このモデルによれば、人間の利他的行動の出発点は、「あなたが私を助けてくれるなら、私はあなたを助けよう」というような、計算ずくのメカニズムではなく、われわれの祖先の肉体的存続のために自然選択の力によって創り出された、必然的な精神の状態であった。

そこで、本書の基本的な考えをまとめるために、第3章において簡単に触れただけだがきわめて重要な一つの問題を、ここで検討しなければならない。

肉食獣からの防御　隠蔽擬態と警告擬態

今でもよく覚えているが、グルジアの民謡歌手ダチコ・イメダイシヴィリはかつて私に、グルジア人が夜一人で森の中を通らなければならないときに、いつも歌いながら行くのはなぜか、とその理由を説明してくれた。「もし危険な場所を通ることになったら、二つの選択肢がある。熊や狼に気づかれないようにできるだけ静かにして行くか、『怖くなんかないぞ！　あっちへ行け！』と言うように、大声で歌いながら通りすぎるかである。歌いながら行くほうが、より安心だと思うだろう。それが危険な場所を通るときに、多くの人々が大声で歌う理由だ」と。

私はこの話を一九七五年の七月、最初のフィールドワークに行ったときに聞いた。ちょうどこのとき私は学部の三年生として、亡くなった父の指導のもとで録音実習に参加していたのだが、二〇〇八年に、動物が捕食獣から身を守るための「隠蔽擬態 crypsis」と「警告擬態 aposematism」という二つの対照的な戦略に関する本を読み始めていて、私はこの話しを思い出した。これらの防御戦略は、われわれの話題にとって非常に重要であり、多くの読者はそのことに気づかれていないかもしれないので、簡単に説明しておこう。

生存作戦として「保護色（隠蔽擬態）」を選ぶ動物は、捕食獣を避けるために身を隠そうとする。その体は保護色で色づけられ、ほとんどの時間をできるだけ静かにしていようとする。つまり、隠蔽擬態のモットーは「捕食獣を避けるために声を出さず静かにしていろ」ということである。これは夜、森の中を通るのに、できるだけ音を立てずに行くのに似ている。

「警告擬態」は正反対の作戦である。「警告」を用いる種は気づかれないようにはしない。反対に、誰からもできるだけ目立つように、聞こえるようにしようとする。体はできるだけはっきり目立つような色で飾り、捕食獣が近寄ってこないように、音を立てる。「警告」派の動物の原則は「ここにいるぞ、何も怖くないぞ、だからみんなオレから離れていたほうがいいぞ」というもので、夜、大声を出しながら森を行く人とよく似ている。

「隠蔽擬態」の原則は〈植物種より〉動物種のほうにより広く分布していて、学者のあいだではよく知られている。一般の人々は、すべての動物種が当然隠蔽派であり、それは生き延びるために捕食獣から身を隠すためだと考えている。

警告派は動物種には比較的まれで、学者でも知る人は少ない。警告派の種には、通常、ある行動上または形態上の特徴があり、それは捕食獣にとっては利益にならないものであるように思わせるためのものである。たとえば、ある警告派の種は有毒であり、別の種は食べるのに適さなかったり、捕食獣が嫌がって避けるような性質を持っている。アメリカン・スカンクは警告派の典型的な例である。それは明確な警告信号――よく見える尾を高く掲げて、〝みんな自分から離れているほうがいいぞ〟と警告しながら徘徊する。それでも捕食獣がそれを襲おうとすれば、襲撃者に対してひどい悪臭を放つ液体を吹っかけて身を守る。多くの有毒な蛇や蜘蛛は非常に鮮やかな色をしているが、それはどんなに有力な捕食獣に見つかっても、近づかないほうがよいぞ、と思わせるためである。隠蔽派のほうは〈見つかれば〉餌食になるしかないが、警告信号は実際には餌食になるほうにも捕食獣にも役に立つ。もちろん、若い捕食獣が有毒で鮮やかな色彩の蛇を初めて見たときには蛇を襲うかもしれないが、この場合は蛇にも捕食獣にも致命的なことになってしまう。さいわい警告派の種にも捕食獣にも、多くの動物種には、鮮やかな色の動物や食べ物への疑心が遺伝子的に備わっている。だから、もし若い捕食獣が、獲物のようではあるが色鮮やかな動物を見たら、疑ってかかるようになり、鮮やかな色の食べ物には手を触れないことを学ぶ良い機会になるのである。

警告色の原則が発見されたのは一八六〇年代で、進化という原理の協同発見者である二人の偉大な学者、チャールズ・ダーウィンとアルフレッド・ウォレス[★1]の交流の中でのことである。

ダーウィンは、例によって多くの種における人目に目立つ色彩を、性的な選択の力が働いた結果だと説明しようとしていた。しかし性的選択では生殖行動を行わない幼虫の鮮やかな色彩を説明することはできないので、ダーウィンはここでつまずいた。彼は一八六六年にこの問題についてウォレスに手紙を書いている。ウォレスは鮮やかな色彩は性的選択の結果ではなく、自然淘汰によって進化したもので、それは捕食獣に対する「警告の旗印」ではないかと見事に解いてみせた。ダーウィンはウォレスのこの説明に大いに納得した。一八六九年、ダーウィンの人間の進化に関する本が出る前に、動物への警告色の効果に対する最初の実験にによる証拠が認められた。

また、「警告色 aposematism」という術語は、三十年あまり後にエドワード・ポールトン★2によって創り出されたことに注意しなければならない。警告色はとくに昆虫のあいだに広くみられる。多くの昆虫が色彩や音を出すことによって、（多くのクモやスズメバチのように）毒を持っていたり、味が悪いから近づかないようにと捕食者に警告を発している。警告色は爬虫類のあいだでもかなり広く普及している。一部の鮮やかな色彩をもつ蛇やトカゲは捕食獣に対して、もし攻撃すれば毒を噛まされるぞ、と警告するようなデザインがたいていはほどこされている。警告色はこのように進化の上で有効な作戦となったので、多くの無防備で無害な種が、捕食者からの攻撃を避けるために、警告色をもつ種の模倣をし始めた。このような現象は、ベイツ擬態★3として知られている。

哺乳動物のあいだでは警告擬態は非常に少ない。すぐに目を引く尾をもったスカンクは、哺乳類における警告擬態による防御作戦の最も有名な例であり、アフリカのゾリラ（シマケナガイタチ、シマスカンクとも）ももう一つの例である。

目立った色や形の他にも、擬態を行う種は別の型の信号も使う。例えば、音を出すもの（ガラガラヘビ、一部のカブト虫や蟻）や、臭いを発するものもある。この臭いをスカンクの臭いと混同してはいけない。スカンクの臭いは、捕食獣が相手がスカンクであることに気づくように出されるのではなく、むしろ捕食獣に対する実際の防御のためで、臭いは防御そのものであり、警告信号ではない。捕食獣が、相手がスカンクであることが分からずに攻めてきたら、スカンクはそのときに初めて、かの臭いを発するのである。防御の臭いは捕食獣が攻撃するのをやめるように設計されている。スカンクにとって、はっきりと目につく尻尾や、緩慢な動作は、警告のサインとして役立っている。このサインが同時にいくつかのチャンネルで（視覚的、聴覚的、嗅覚的に）出されるといっそう効果的であることは、学者たちの一致しているところである。

なぜ警告色の原理についてこのように詳しく述べる必要があるのか？　また、それは人間の祖先や人間の歌唱とどのように関係しているのだろうか？

私は、**警告がわれわれの遠い祖先にとって中心的な防衛作戦であった**と考える。すでに第3章で論じたように、聴覚―視覚―威嚇誇示（ＡＶＩＤ）の諸要素は、聴覚的要素（大声のリズミカルに統一した調和的な歌唱とドラミング）、視覚的要素（二足歩行する長い両足の上に立つ胴体、頭髪、彩色した身体、そして肩に羽織った動物の毛皮）と嗅覚的要素（体臭）という警告を表示する複合的なチャンネルからなる典型的な手段だったのである。ついでながら、第3章で述べた聴覚・視覚的威嚇誇示（ＡＶＩＤ）の組み合わせに嗅覚的Olfactory要素を加えるなら、ＡＶＯＩＤ（聴覚―視覚―嗅覚的威嚇誇示）となるだろう。

彼らの鋭い容貌、大きな彩色された体、二足で立つ威嚇的な姿勢、威嚇的な動作、大声でリズムの統一された動き、そして戦闘トランス状態に入り、重く鋭い石を持った恐れを知らない戦いぶりによって、われわれヒト科の祖先はどんな捕食獣も本気で避けるべき存在となった。

私は、人間が警告的種であるとかつて考えた学者を一人も知らない。この考えが根本的に新しい考えであることも事実だが、私は人間の進化に関するこの新しい「警告モデル」が、人類の形態および行動の特徴を説明するうえで大きな可能性を持ちうる、と学者たちが考えてくれるように期待している。

警告モデルか性選択モデルか

人間の形態および行動上の多くの特徴を性選択(性淘汰)の原則から考える進化のモデルは、他でもないチャールズ・ダーウィンという権威によって提案された。そのため性選択の原則は人類進化の学問的研究のまさに当初から高い注目を集めた。本書で提案された、人間の進化における「警告モデル」は、まったく新しい考え方であり、人間進化の中心原理としてのその可能性を確認するためには、これを性選択のモデルと比較するのが最もふさわしいだろう。

ダーウィンの最初の草分け的な著書『種の起源』(一八五九)とは異なり、彼の第二の画期的な著書『人間の進化と性淘汰』(一八七一)は、進化という考え方を支持する人々のあいだでさえ、やや議論のあるところと受け止められた。進化の原則の協同発見者アルフレッド・ウォレスでさえもダーウィンに対して、性選択の重要性に対する彼の見方が強調されすぎていると言って、ダーウィンを説得しようとした。

もちろん、ダーウィンの一八七一年の本が、われわれ二十一世紀の視点から見れば、少なくともいくつかの点で、性選択の原則、とくに有名な「メスによる選択」の原則の重要性を誇大視していることは認めざるをえない。ダーウィンのモデルによれば、たとえば、人間の皮膚の色、虎の縞模様、ガラガラ蛇のガラガラ音、そして多くの昆虫の鮮やかな色彩は、もっぱら性選択の力によって形成されたという。ダーウィンは、環境の要素もまた、これらの特徴の発達に役割を果したと考えうるその他すべての説明(そのなかにはすでに適切と認められていたものもあった）を実質的に拒否していた。今日ほとんどの学者たちが、それらの事例で性選択の重要性だけを主張することに賛成できないであろう。

一八七一年の本で、ダーウィンはさまざまな動物（昆虫から人間まで）の外見上明らかな形態の特徴を、すべて性選択の結果として、それもほとんどがメスによる選択の結果であると説明していた。形態上の特徴がオスとメスとで異なる場合には、彼はとくにその違いを性選択に簡単に結びつけた。いくつかの場合、両性が同様な形態上の特徴をしていても、そのような特徴をも性選択の原則によって説明することをやめなかった。

もちろんダーウィンは優れた観察者であり分析の天才であったから、動物が声で敵を脅す場合についても書いている。★4 別の場所では、戦闘に赴く前にボディ・ペインティングをする伝統がある理由の一つとして、獰猛な見せかけで敵を怖がらせることだと指摘しているが、★5 そのような例は性選択の力を示す場合の山のような例の多さに比べれば、まったく僅かなものに過ぎない。

メスが相手となるオスたちのどういう色や体型や行動を好むか、あるいは嫌うか、その理由について明確な基準はなかったので、理論的にはどのような体型上の特徴や行動も「メスによる選択」の力によるものだと説明することは可能であった。ダーウィンの「性選択」のモデルは、まさにその性格からして、形態上や行動上の変化を説明する手段として、それまでの霊魂創造論者の考え方よりもはるかに有効であったので、それに取って代わったのである。

だが彼はチョウやガの幼虫の鮮やかな色彩を説明しようとしたときに、突然、壁につき当たってしまった。鮮やかな色彩は通常は容易に性選択に結びつけることができたが、この場合、性的には活動しない幼虫がとても鮮やかな色彩をしているので、これを性選択の原理では説明することができなかった。このようなジレンマに陥って、ダーウィンはウォレスに手紙を書いて、何かその説明ができないかと訊ねた。

このことについては少し前に述べたが、ウォレスは、幼虫の鮮やかな色は捕食者に対して、幼虫が食べるには適さないぞと警告のサインを出しているのだと指摘した。ダーウィンがウォレスの説明に喜んだのはよく知られているが、残念なことに、ウォレスの示唆はダーウィンの性選択の力に対するあまりにも熱心な態度に影響を与えることはなかった。

驚くにはあたらないが、動物の防御システムを扱う学問的な出版物では、ウォレスの名前の方がダーウィンよりもはるかに多く引用されるのである。たとえば、『攻撃の回避 Avoiding attack』[★6]という表題の最近の研究書で、ウォレスはこの重要な領域の創設者のひとりとして十数回も言及されているが、ダーウィンのほうは、ウォレスとヘンリー・ベイツ[★7]のアイデアに対して熱心に反応したということだけで、二、三度しか引用されていないのである。

進化について何らかの側面に取り組んでいる学者なら、チャールズ・ダーウィンを批判するなど簡単にはできないことである。もちろん、この偉大な学者の自己検証的な態度と、異なる意見に耳を傾ける能力とが、進化のどのような側面に関しても、自由に彼と議論することを可能にしているが、さまざまな理由から今でも彼の説を批判するのは容易ではない。

column

チャールズ・ダーウィン　私自身のヒーロー

われわれの惑星における生命の進化の過去に取り組んでいる多くの学者と同様に、ダーウィンは私の生涯を通しての手本であり、英雄であり続けている。私は一九九四年に初めてケンブリッジ大学を訪れたとき、ダーウィンがかつてこの同じ場所を歩いていたのだ、と思い、崇敬の念が湧いてきたものである。十代の頃に私がチャールズ・ダーウィンと同じ誕生日（二月十二日）だと気づいたとき、どれほど感激したか想像していただけるだろうか。

もう一つ、私のこの偉大な学者に対する深い尊敬の念と、彼が私に与えた個人的な影響がある。つまり、ダーウィンの作品を読んだことで、私はいっそう宗教的な人間になったのである。これは奇妙に聞こえるかもしれないが、私のように無宗教で厳密な科学的精神をもつ人間（そのうえソ連という無宗教国家で育った）が、ダーウィンの著作を読んでいて彼が自分を無神論者だと考えていなかったことを知って、本当に啓示のようなものを感じたのである。

本書の読者がもしこれを奇妙だと感じられるようなら、ダーウィン自身の文章の中から、彼自身の言葉を少し読んでいただきたい。「私は……神の存在を信じないという意味での無神論者ではない」「この偉大で不思議に満ちた宇宙が、われわれの理性ある自己とともに偶然を通して生まれてきたことが、私にとっては神の存在を認める根拠である……」。一八七六年に彼は「私は有神論者と呼ばれるに値する」と宣言さえもした。ダーウィンの言葉によると、人は「熱心な有神論者でありながら、進化論者でもありうる」[★8]のである。宗教的信条が幸福感と同じくらいに個人的なものであることには誰もが賛成するだろう。つまり、あなたは他人が幸福か不幸か宗教的であるかないかを決めることはできない。したがって、私よりはるかに宗教的な友人たちにとって、私は（ダーウィンと同様に）やはり教会に行かない無宗教者かもしれないが、私自身は自分に信仰がないとは考えない。さて、どれだけの人がダーウィンの著作を読んでいっそう宗教的な人になるかは分からないが、まさにそれが私に起こったのである。そして、私のダーウィンの著作に対する批判的な指摘への言い訳になるかもしれないが、「厳格な生存競争を通した自然選択」という原則にもとづく私のモデルは、性選択にもとづくダーウィンの人間の起源に関するモデルよりも、いっそうダーウィン的であるように私には思われるのである。

あるいは性選択と警告擬態の両方が協働しているのかもしれない。明るい色彩、音響、臭いや行動は、潜在的に性選択（相手の性に対し、美しさや力強さや健康な遺伝子を印象づけようとすること）によっても、警告（より大きいサイズ、明るい色彩、音響、そして特異な行動によって、敵や競争相手に警告しようとすること）によっても説明することができるのである。

性選択には（1）メスからの選択と（2）オスとオスの競争（通常は「オス同士の闘い」とされる）という、非常に異なる二つの戦略がある。この良く知られた区別とは別に、オス同士の競争に際しては、「威嚇」と「格闘」という、互いに関係はあるが、きわめて異なる戦略を区別しなくてはならないと私は考えている。自然は、直接的な暴力と不必要な殺傷を避けるために、威嚇を選択するのである。だから私は、さらに**オス対オス（または同性同士）の競争では威嚇が主要な役割を果たす**と考える。多くの種族で、男性が体に着けるさまざまな実用性のない飾りも、異性に自らを印象づけるためよりも、同性を脅《おびや》かすためのものだと考えるのである。競争相手を脅すために動物のオス対オスが競争で用いる、同じ形態上の特徴（体を大きく見せたり、色彩を誇示したり、異様な行動を見せること）は、やはり威嚇／警告をしながら、攻撃する側が防御として用いていることも容易に認められる。**防御作戦としての威嚇**は、動物種の生活には非常に大きな意味があるのに、ほとんどその重要性が認められていない。昆虫からライオンまで多くの種を通じて、オスは儀礼化された誇示の形式によって、たがいに競い合うのである。

動物の世界では生死を賭けた闘いが唯一の生き方であると一般に信じられているが、実際にはその反対であって、動物は出来るかぎり不要な闘争を避けようとしている。徹底して肉体的に対峙することは、いずれの側にとっても危険だからである。直接の肉体のぶつかりあいを避けるために、自然淘汰が巧みな作戦を作り出した。直接的暴力の回避は、形態的に誇張された特徴、音響、臭い、行為を儀礼的に示すことによって達成される。戦いの最初の瞬間でさえ儀礼化された誇示の一部であり、戦いは原則として相手を殺すことを目的とするような深刻なものにはならない。反対に、最初に体が接触した後、普通は、小さくて弱い方の動物がすぐに退散する。

たとえば、オスのライオン同士が対峙する映像を見ると、彼らは互いを打ち倒そうとして闘っているように見えるが、実際には、ライオンが本気で戦うことはきわめて稀で、闘いそのものはほとんど数秒も続かない。睨み合っているあいだに、両者はまずそれぞれの体の大きさと牙のサイズを誇示して威嚇し合い、それから少しのあいだだけ「闘争心の誇示」を行う。闘争心そのものは威嚇する吠え声によって強力に示される。たいていの場合に、一瞬のあいだ闘うだけで片方が退散し、両者ともに満足して闘いが終わる。いっぽうのライオンがひどく傷ついたり、殺されたりする映像を見たことがおありだろうか？　そのような場合もあり得るが、そうした対決はきわめて稀なため、映像に撮るのは非常に難しいのである。

以上のように、体の大きさや、色、行動などの儀礼的な誇示行為は、闘わずして争いを収めるうえで重要な機能をもっている。その意味で私は、通常用いられる「オス対オスの格闘 combat」ではなく、「オス対オスの競争 competition」という概念を用いたい。本気で雌雄を決する格闘は、進化を続ける生存作戦としては望ましくないのである。

私は言葉遊びをしているわけではないが、AVOID（聴覚・視覚・嗅覚の威嚇行為）という術語は、本来、不必要な肉体的闘争を文字通り「避ける avoid」ために、自然淘汰の力によって設計されたものなのである。警告を行わない種でも、防衛のために警告的な注意信号を使うこともあることは、記憶しておくべきだろう。たとえば、傷ついたライオンが自分の身を守ろうとして隠れている草深い場所に猟師が入っていったときに、ライオンが威嚇的に唸っていれば、これは猟師に対する警告的なシグナルであり、ライオンは放っておいて欲しいと信号を送っているのである。もし狩人が近づけば、襲ってくるであろう。ライオンが何かを襲おうと決めているのであれば、あるいは実際に獲物を狩ろうとしているのであれば、ライオンはどんな音も出さずにじっと待っているだろう。唸り声をあげている肉食獣は一人にしておいて欲しいのであり、何も音を出さない肉食獣こそが、ずっと危険なのである。したがって、警告を発しない種もまた警告的な注意信号を用いることができるが、だからといって、これらすべての種が警告的であるわけではない。警告的な種と呼べるのは、警告の原則がその種の防御システムの中心的原則として用いられているものである。スカンク、ゾリラ、色鮮やかな蜘蛛や蛇は、防御の中心的手段として警告的誇示を用いる。

われわれの原人たちもそのようにしたのであった。彼らは攻撃してきそうな相手にはすべて、自分たちが割りの合わない餌であることを警告する警告的誇示を用いた。彼らははっきりと見える直立姿勢、頭にある大きなもじゃもじゃの髪、長い足、ゆっくりとした歩行、強い体臭、大声の歌唱とドラミング、ボディ・ペインティングや動物の皮の使用などによって、警告的誇示を行った。

われわれの祖先は何百万年にもわたるアフリカのサバンナでの生活で、捕食獣にとっては高くつくレッスンを忍耐強く行ったのであった。つまり、自分たちを攻撃するなら、彼らはグループ全員を相手にしなくてはならず、このグループは宗教的に献身する戦士たちであって、殺された仲間の死体を取りもどすためなら、どんな捕食獣とも闘う集団であるということを教えたのだった。グループのメンバー同士と集団の利益に対して、このように熱狂的に献身する永く血なまぐさい歴史が、捕食獣たちに、われわれの祖先には手を出さないように教えたに違いない。これがたいていの野生動物たちが（ライオンやトラを含めて）通常は人間を襲わない理由であろう。もちろん、現代の銃を持つ猟師が、すべての動物の恐怖に大いに貢献していることは間違いないが、人間が銃を持たない地域や文化においてさえも、人間に対する攻撃はやはり比較的まれなことだったのである。

したがって、多くの色彩豊かな鳥の羽や、昆虫の彩色のケースや、さえずる習慣を、「メスによる選択」のような不確かな要素とするよりも、「防御信号 aposematism」と考える方がうまく説明できると私は考える。ここでわれわれはウォレスの「性的選択は昆虫のような下級な種の場合には作用しないように思われる」という有名な指摘も思い起こすことができる。つまり、昆虫の場合には、美的感覚とか意識的な「メスによる選択」などが存在するようには思えないからである。

性選択説の支持者たちは、形態的特徴や行動上の特性が自然淘汰の原則で説明できないときに勢いづいてくる。性的選択説が持ち出されるのは、とくに形態上または行動上の特徴がその保持者の生存に不利に見えるような場合が多いのである。クジャクの色彩豊かな尾（垂れ尾として知られている）はこのような形態上の特徴の最も有名な例であるが、次にそのことに触れよう。

クジャクの尾　美と威嚇の話

長い華麗な尾をもつクジャクは、わが惑星において最も驚異的な視覚的特性を持つものの一つである。それが「不利な条件の原理《ハンディキャップ》」について書かれた、一九九七年のアモツ・ザハヴィの著書[★9]の表紙を飾っているのは有名である。この原理によれば、危険という代価を払ってでも生じる形態上または行動上の要素だけが、それを保持するものの偽りのないサインとなるのである。したがって、たとえば性選択の場合には、相手の性を魅了する力が非常に大きいので、この形態上または行動上の特徴によって引き起こされる生死に関わる問題よりも、そのほうが勝るということである。クジャクの尾（または羽）はまさにこの原則の最も有名な例なのである。

この議論から分かるように、異常に誇張された形態上の特徴（鮮やかな色彩、際立った形、あるいは羽音）は、未来の伴侶を惹きつけるサインであるだけでなく、捕食獣やライバルへの注意信号でもありえる。したがって、ある場合にはそれが美しさや健康な遺伝子の誇示であるとしても、別の場合には大きさや色や行動を通した警告と威嚇でもありうるのである。

こう見ると、クジャクの尾もまったく変わらない。それは非常に大きく、華やかであり、両方の機能を持っている。つまり、それはほとんど美的センスを持ちあわせない見物人をも魅了するし、またその並はずれた大きさと色彩によって、潜在的な敵対者すべてを怖がらせもするだろう。問題はクジャクの尾のどちらの機能が主要なのか、メスを惹きつけることか、それとも、競争相手や捕食者を怖がらせ、警告を発することなのか、という点である。

この疑問に対する答えを見出す最も簡単な方法は、放し飼いのクジャクを長期間にわたって、尾の大きさや色彩が、いかにメスたちの人気とその生殖上の成果と関係があるかどうかを調べ上げることであろう。メスを惹きつけることが本当にクジャクの尾の華やかさの主要な理由であるならば、より良い尾を持つオスの方が子孫を残すのにより成功するはずである。驚くことに、このような研究はこれまで一度も行われていないのである。おそらく学者たちはクジャクの派手な誇示の性的本質を完全に確信していたので、この暗黙の了解（というよりもむしろ信仰）を、長期間にわたるじゅうぶんな野外研究で確認する必要があるとは考えもしなかったのである。

一九九〇年代初めになって、マリオン・ペトリ、ティム・ハリデイ、キャロライン・サンダースがクジャクの生殖行動に関する研究成果を公刊した。★10 彼らの研究結果によると、期待された通り、メスは一番多くの「目玉模様」があり、より大きな尾をもつオスを選んでいた。しかし残念なことに、この研究はじゅうぶんな規模のものではなかった（研究者たちは十羽のオスを短期間研究しただけであった）。ところがついに、一九九〇年代後半になって、七年間という複数の交配期間を含む長期の研究が日本で行われた。一九九五年から二〇〇一年にかけて高橋麻理子を中心とした東京大学大学院総合文化研究科の研究者たちにより、静岡県の「伊豆シャボテン公園」で放し飼いされている一群のインドクジャクの調査が行われたのである。研究者たちは、性選択の作用が確認されるものと思っていた。ところが、「メス選択」説の支持者たちが驚いたことに、研究者たちの結論はメスのクジャクたちはオスの尾の長さや色彩には無関心で、尾の状態は生殖成功率とは無関係であった。「Discovery News」に掲載された記事の表題「メスのクジャクはオスの尾には無関心」も、この研究の主要な結論に対する驚きを表している。

この記事によると、「オスのクジャクの上尾筒《じょうびとう》（飾り羽）は、自然界における最も印象的で美しい特徴を持つものの一つであるが、最近の研究によると、メスを興奮させたり、特別の興味を湧かせたりはしないようである。このような結論は、オスのクジャクの尾がメスのつがい選択に応えて進化してきたという長いあいだの通念を破るものである。それはまた七面鳥、鶏、雷鳥、ウズラ、キジ、そしてクジャクも含む、他のキジ目グループの手の込んだ見かけ上の特徴が、必ずしも適性や交配の成功とは結びついていないことを示しているかもしれない」のである。

そこで、もしメスがその美しさに関心がないとすれば、クジャクの尾が発達した理由は何なのか？　イギリスのルイーズ・バレット[★11]は、たとえば、大きく派手な色をした尾は退化した徴《しるし》であって、それが大きくなったのはメスを惹きつけることではなく、別の要素（オスにはエストロゲン（女性ホルモンの一種）がないなど）と関係があるのではないか、と考えた。

大きく色彩豊かな尾を誇示することで、競争相手を威嚇したという考えに関してはどうだろうか？　もし、より大きく見せることが捕食獣や競争相手を追い払って直接対決を避けるという、自然淘汰上の好適な作戦の一つであることを考慮するなら、クジャクの尾が本来自然淘汰によって他のオスを（またおそらく肉食獣を）追い払うために設計されたと考えるのは、きわめてあり得ることであるように思われる。つまり私は、**クジャクの尾の大きさと美しさは、メスを興奮させ魅了するための性選択の力によるものではなく、競争相手を威嚇するために自然選択の力によって作り上げられた**、と考える。

クジャクの尾は名高い「メスによる選択」の象徴であるから、私の考えが学者仲間に否定的な反応を引き起こすに違いないと思うが、私に反対する人々が、私の提案の長所と短所を、偏りのない明晰な心をもって検討して下さるように望む。クジャクの尾を、その際立つ美しさの誇示という面だけにとらわれてしまうのは、動物やその心情を人間化して捉えてしまうわれわれの抗い難い情動によるものだと思う。

メスが選ぶ性選択ではなく、威嚇による自然淘汰の力がクジャクの尾の華麗さの背景にあった可能性を示す要素が、少なくともさらに二つはある。

(1)クジャクの尾には数多くの「目玉模様」があるが、この目玉模様は多くの動物種において、捕食獣や競争者を追い払うための、お得意の作戦の一つであることが分かっている。

(2)クジャクは大きな尾だけでなく、大きな声も持っている。その大きな声もまた捕食獣や競争相手を追い払うえで、大きな進化上の道具であることも分かっている。ついでながら、この日本人の研究によると、メスのクジャクの気を惹くには、派手な尾よりもオスの声の方が効果があるように思われるという。

オスの美しさを誇示する欲望について、ダーウィンは「オスたちは求愛の場でのライチョウやクジャクにときどき見られるように、メスがいなくても自分たちの飾りを見せびらかすことがある。しかし、このクジャクといえば、誰か観客がいることを望んでいるのは確かで、私はニワトリやブタの前でさえ、その美しい羽を広げているのを見かけたことがある」★12と書いている。残念ながら、われわれはオスのクジャクに、こういう奇妙な場面で〈羽を広げて〉見せる真の目的が何なのかを訊ねることはできないが、もし豚がクジャクに近寄って来れば、クジャクはこのような歓迎できない客に対しては、美しさを見せようとするより、むしろブタから自分の縄張りと安全を確保することに気を配ったであろう、と私は考える。

オスの誇張した形態やさまざまな顕示行動が、競争相手や捕食獣を威嚇することによる安全確保の機能を持った可能性を、ダーウィンは「メスが考えもしなかったことを示す、もう一つの証拠がある。性淘汰の重要性を論じながら、ダーウィンは「メスがオスの美しさに無関心であるとすれば、オスたちの素晴らしい装飾も華麗さも誇示も、すべて無用だと認めることになるが、それはあり得ないことである」[★13]と書いたのはよく知られている。さて、私は、「素晴らしい装飾」や「華麗さやその誇示」が間違いなく進化の力の発現であるとする偉大な学者の説にまったく賛成であるが、この誇示の受け手が**異性だけであったか**どうかは疑問に思う。

私は動物界での（視覚、聴覚、行動上の）誇示のさまざまな方法の第一の目的は、競争相手を威嚇することであり、**威嚇を通して不必要な肉体的闘争を避けることである**と考える。すでに述べてきたように、多くの動物種が闘争の代わりに、ずっと受け入れやすく安全な、儀礼化された、大きさや色彩の誇示を行っているのである。私はクジャクもこのような種であると考える。

つまり、メスのクジャクが強力な捕食者を怖がらせようとして、そのずっと小さい羽を積極的に使う証拠があれば、オスのクジャクがその華麗ではるかに大きな羽で同じことを行うことを否定する理由はないのである。

われわれ二十一世紀に生きる人間は、自然界のほとんどの動物種にとって生活そのものである肉体的生存を脅かすものへの恐怖を無視してしまいがちである。うっかりすると、しばしば動物を人間と同じように考え、無意識のうちにわれわれの考えや精神的な性質を彼らに当てはめてしまい、彼らの生活の基本的な関心事のいくつかに気づかずにいる。たとえば、自然界に住むほとんどの動物とは異なり、われわれは毎日の生活のなかで殺されたり食べられたりすることは考えてもみない。だから、かれらの行動や身体的特徴の発達の背後にある動因を理解しようとするなら、かれらを肉体的生存のための必要性を理解し、多くの事柄についてそれらを実際的な視点からよく注意して見なくてはならない。もし人間の美的な偏りを持った考え方から自由になることができれば、動物の行動や形態を最も実際的な生存的動因の見地から理解することができるだろう。

このことは、美の真の目的は何か？という哲学的な疑問をもたらす。もちろん、それは人の心を動かすことである。しかしわれわれが心を動かしたいとのぞむ問題は、われわれの生活の条件や必要に依存していることを忘れてはならない。このような欲求は、現代の都市に住む人間とジャングルに住む鳥や数百万年前のアフリカのサバンナに住む原人とでは大きく異なる。われわれは安全と感じているからこそ、隕石と惑星の衝突や、竜巻、火山の噴火、あるいはライオンの襲撃といった力の顕れを、恐るべき美として受け取ることができる。安全を感じていなければ、恐るべき美は恐怖そのものになってしまうのだ。そしてもちろん多くの人々が、恐るべき美はそれ自体が威嚇そのものであることに同意されるであろう。

人類の進化と歌唱行動の歴史（年表）

現代の学界は、各学問分野の多様な分化に向かって驚異的なスピードで進んでいるが、諸問題に対する学際的、集学的な見方がやはり必要であることに疑問の余地はない。より広範な学際的研究は確かに欠陥も避けられないが、古くからの問題に対して新鮮な見方を与えてくれる。

どんな方法も問題解決の処方箋を保証してはくれない。しかし私は読者諸氏に、私が困難に直面したときにしばしば用いる方法を推奨したい。その方法とは、もし問題の解決を模索しているなら、どこかの時点で、いま得ている事実に、より大きな距離をとって、より広い視点から見ることである。私は人間の歌唱行動に関する研究をめぐって模索していたときに、ほかの多くの学者たちもすでにしてきたことだが、われわれ以外の種における歌唱の分布に目をやって、われわれと近親関係にあるアフリカの大型の類人猿が歌わないことに気づいた。

この事実は何を語っているのか？　人間やチンパンジーの祖先が歌わなかったことを意味するのだろうか。そして、歌唱は人間が後の時代になって発達させたものなのか、いや、発明したものなのだろうか？　この問題を不思議に思いながら、私は「一歩退き」、歌唱という現象をもっと広い視野から、すべての動物種の観点から見たのである。そして突然驚くべき事実に気づいた。木の上に住む何千という種が歌うのに、地上に住む種は、人間を除いて、一つとして歌わないのである。同時にまた、木に住む多くの騒がしい動物（鳥や猿）が、地上に降り立つや否や、捕食者を怖れてほとんど無音になることも分かった。このような事実から、私は人間の歌唱行動の起源についての見方に、まったく新しい見通しを得たのである。

チンパンジーと人間の共通の祖先は木に住む歌い手であったが、類人猿は地上に降りてからは安全上の理由から（多くの鳥や木に住む猿が今でもそうであるように）歌うのをやめた、という考え方が自然に生まれてきた。つまり、動物の王国における歌唱行動の分布をより広い視点から見ることによって、私は自分のモデルを組み立てる際の決定的な事実に行き当たったのである。

本書は非常に複合的で多層にわたる学際的研究の一つの例であり、私はこの長年にわたる研究を行うあいだ、きわめて幸運なことに、諸領域の最も著名な専門家たちと、いつも非常に実り豊かな連携を得ることができた。私はさまざまな領域の研究者間の対話を強く支持しているが、少なくとも本書で言及している諸領域の何人かの専門家が、いくつかの古い問題に対して本書で示している視点の新鮮さと、多くの新しい疑問や見通しを評価してくださるものと思う。

最後に、人間の進化という文脈においてみた歌唱行動の歴史の主要な事件を、大まかな年代記風の一覧で示しておこう。

まとめ　人類の進化と歌唱行動の歴史

700万年前　サヘラントロプス・チャデンシスまたは、愛称「トゥーマイ〈現地語で「生命の希望」の意〉」が、アフリカに現れた。これはおそらく猿人とチンパンジーの共通の祖先であった。私はそれがおそらくまだ樹上に住んでいた、歌う霊長目の動物であったと考える。

630万～540万年前

人間とチンパンジーが分化した。チンパンジーの祖先は「隠蔽擬態 crypsis」作戦にもとづく地上生活動物の一般的な生存作戦にしたがった。結果として、彼らは歌うことをやめ、犬歯のサイズを大きくした。反対に人類の祖先は歌う機能を保持し、それを捕食獣からの防御のための重要な要素に変えていった。この新しい接触のない防御作戦は非常に成果を上げ、サヘラントロプス・チャデンシスの犬歯のサイズはさらに縮小した。

540万～250万年前

この年代は人類の形態や行動のほとんどの要素が形成された時期である。捕食獣に対する防御的威嚇作戦にしたがい、聴覚─視覚─嗅覚─威嚇誇示（ＡＶＯＩＤ）を用いて、人類へと導く人間の形態上および行動上のほとんどの類型がしだいに形成されていった。

・ＡＶＯＩＤにおける聴覚的要素は、集団歌唱、リズム感、ドラミング（足踏み、体叩き、石の打ち合わせ）、そして「ボー・ジェスト Beau Geste 効果」（小人数のグループの母音唱が実際以上に大きなグループであるかのような印象を与える現象）を生みだすために、組み合わされた不協和な歌唱を含む。

・ＡＶＯＩＤにおける視覚的要素は、直立した二足立ちの姿勢、より大きな身体、より長い両足、長いもじゃもじゃした頭髪、威嚇的な身体運動、ボディ・ペインティング、そして動物の毛皮の使用などである。

・夜間の安全を確保するために、夕方に大声による「コンサート」を行い、近辺の肉食獣に警告を発する。同じ理由で（睡眠中の人間の顔に目玉模様を作る）眉毛が形成され、過剰に汗をかくようになり、特に汗をかく場所には毛の密集する部分が生じて、強い体臭（嗅覚効果）を生み出した。

・聴覚─視覚─嗅覚─威嚇誇示が、肉食獣に対する効果的な無接触防御形式となったことで、原人たちは体毛と硬い皮膚を失った。警告的誇示による新しい防御作戦の成功とともに、原人たちの走行速度や体力が減じた。

・リズミカルな大声の歌とドラミングは、肉食獣に直面したときの感情的な熱狂も加わって、神経化学的に生じる特別の精神状態である「戦闘トランス」へと参加者を導き、彼らは恐怖も痛みも感じなくなり、我を忘れて集団的自己《アイデンティティ》を獲得し、集団の利益に全身を委ねる。

・屍肉をめぐる争奪戦、あるいは肉食獣を死体から追い払うことが、蛋白質の豊かな食物確保の主要な作戦になっていく。聴覚視覚誇示という強力な手段とともに、至近距離からの重い石の投擲が肉食獣から身を守り、攻撃的な屍肉食を行う重要な要素になっていく。数百万年にわたる実践のうちに、男性の肩は理想的な投擲マシンとして形成されていった。

・人肉食の習慣は肉食獣を支配する上で重要な作戦となる。全集団が、殺されたグループ・メンバーの体を守って戦い、宗教的儀礼を伴いながら、その体を食べる。このような行為は肉食獣に対して、ヒト科の人間を食するのが割に合わないという強いメッセージを与える。

・ライオンと原人たちはアフリカのサバンナにおける宿命的ライバルとなっていく。このような対立関係のなかで、両方が極めつきの誇示の方法（大きな髪の毛、低く力強い声、集団的な防御と攻撃手法）を発達させる。ライオンは原人たちを回避しようとするが、原人たちは仲間の死体を求めてライオンを追跡するので、ライオンはさらに殺戮を続けることになる。

・大声のリズミカルな合唱歌唱とドラミング、舞踊、ボディ・ペインティング、動物の皮やおそらく仮面の使用を含む最初の儀礼が、戦闘トランスを達成するために行われ、個々人を宗教的に献身する闘士の集団へと変身させる。

２５０万年前

身を守るために石器（ときに削《そ》ぎ取られた鋭い刃を持つ）が最も広く用いられたようだが、最初の一般的な石器がホモ・ハビリスによって作られた。道具にはさまざまな大きさがあった。小さい石器は死体の解体に用いられ、大きい石器は非常に近い距離からライオンを襲うために両手で投げつけられた。

250〜200万年前

社会構造がしだいに複雑化し、道具の使用、ボディ・ペインティング、儀礼的行為などによって、しっかりした認識上の飛躍への基礎が準備され、遺伝子の突然変異によって最初の質問する人類が生まれた。自己発達する脳、仲間意識、そして精神的協働をともなう人間の知性が生まれる。質問に答える能力はあるが、質問を発しない原人たちのなかで、最初に質問した人は明らかに生存上の優位性を持ち、したがって、質問する人間の数は世代が変わるたびに急速に増大する。

180万年前

人類はおそらく獲物の群れを追って移動するライオンに従って、初めてアフリカを出た。彼らは大声の不協和な歌唱の伝統をたずさえていた。彼らは中東、コーカサス、南東アジア、東アジア、ヨーロッパに到達する。彼らはまだ完全に分節化した言語は持たず、顔の骨格は多くの古い時代の特徴を保っていたが、認識能力としてはホモ・サピエンスとなっていた。彼らは古人類学では「原始的ホモ・サピエンス」と呼ばれ、ときには「直立原人《ホモ・エレクトゥス》」とも呼ばれている。彼らは百万年以上ものあいだ、世界のさまざまな場所で進化を続け、断続的に接触を保った。

35万年前〜1万1千年前

世界のさまざまな場所や環境に住む異なる人間集団が、さまざまな時期に分節化した発話へと転じた。分節される発話の出現が人間の顔の形態に重大な変化をもたらし、この時代の人類の化石の型と現代の人類との形態的連続性が明らかとなる。

・古人類学的証拠によれば、分節される発話への転換は、約三十五万年前に東アジアの人間の祖先に初めて起こり、その後約二十万年前にオーストラリア・アボリジニに、ほぼ十万年から十二万年前に西アジアのヨーロッパ系人種に、約四万年前に西ヨーロッパ人に、そして一万年より少し前にサハラ砂漠以南のアフリカ人のあいだで起こった。
・分節化した発話の出現により、人間の日常生活や社会の中での歌うことの役割は減少していき、発話がコミュニケーションの主要な手段となる。いっぽうで旋律による歌とリズムの意味がだんだんと減少し、他方、次第に発話（ことば）を制御することができるようになっていった。
・早く発話に移行した人々は、それだけ長い時間、多くの世代にわたり発話に関する変化に慣れ親しむことになり、結果として発話障害（吃音のような）の数がだんだんと減少した。同時に、ますます多くの人々が歌唱の声をコントロールする能力を失っていき、ポリフォニー歌唱がしだいに失われていった。〝聴衆〟という音楽活動の新しいカテゴリーが生まれ、音楽実践が専門的な要素を持つようになっていく。
・より遅い時期に分節化した発話へ移行した人々のあいだでは、合唱歌唱の伝統がより長期間残存している。このような社会では全員が音楽活動に参加するので、人々は演奏家と聴衆に分化されることはあまりない。
・日常のコミュニケーションから発生したため、歌唱と音楽とはあまねく宗教的儀礼において欠くことのできない要素として重要な役割を果たす。ある文化ではリズミカルなドラミングや節をつけた呪文の助けを借りて（シャーマンのように）個々に宗教的トランス状態に入るが、別の文化では集団歌唱と舞踊が人間の大集団をトランス状態へと導く。音楽に聴き入ることで無痛状態や無恐怖状態になることもできるし、緊張している人をリラックスさせたりもできるので、音楽はあらゆる人類文化において、その治癒力が利用されている。

・文明や国家構造の出現にともない、音楽は国家や民族祝典の重要な役割を持ち続けている。宮廷アンサンブルやオーケストラが組織され、皇帝、王、支配者たちはその市民や客人たちを感服させるために、より大きなオーケストラを持とうとする。ある文明（例えば古代ギリシャ）では哲学者たちが音楽の感情的な力や、さまざまな楽器、さまざまな音階の役割を分析し、そこに音楽の起源に関する最初の考えが提示されている。職業的な音楽家たちは主として宗教的な中心や宮廷と結びついている。

16世紀

十六世紀には、重要な軍事上の発見がある。兵士たちがリズム的に一致した訓練教程によって鍛えられると、彼らの戦闘能力が顕著に改善されるのである。戦闘トランスを達成するための方法としての、原人たちのリズムに合わせた足踏みやドラミングが、何十万年も経って、軍事用として強力な復帰を果たすのである。この発見があってから、すべての現代的な軍隊は兵士たちの心理的訓練の手段として、この訓練教程を用いている。

17世紀〜19世紀

職業的作曲家たちは社会的な役割を確立しようと試みるが、大作曲家たちでさえ音楽で生計を立てるためには苦心している。裕福な保護者や強力なパトロンを得ることが、職業としての作曲を支える最も安全な手段である。社会における音楽家の役割が職業音楽家たちにとって大きな問題となり、論議の的となるのである。

・チャールズ・ダーウィンが人間の起源に関して進化論的な道筋を提示するなかで、音楽は女性選択だけの性選択の手段として、不可思議な「神秘的」現象と見なした。学者たちは音楽の強力な感情的喚起力に対する説明を見出そうと苦心するいっぽう、日常生活において、音楽が一見実用価値がないように見えることに対して説明を見出すことができない。

19世紀後半

音を録音して再現するという革命的な発見がなされる。学者たちは世界のさまざまな地域で、音楽の録音を始める。彼らはさまざまな音楽様式の分布の類型を理解しようと試みる。ヨーロッパの職業的音楽の歴史にしたがって、学者たちは和声による歌唱が中世ヨーロッパの修道士たちによる新しい発明であると考える。

20世紀〜

無意識の心が発見され、二人の指導的な学者が音楽に対してまったく反対の立場をとった。ジークムント・フロイトはその感情的な力の由来を理解できなかったので音楽を信じなかったが、反対にカール・ユングは音楽やその他の芸術を、人間が自身の無意識の魂に達するための鍵を握る手段として受け止めた。

・オーストリアの作曲家アルノルト・シェーンベルクは、音楽の感受力は遺伝とは何の関係もなく聴衆が聴き取ることができるものだと考え、調性組織や音程間の自然な関係を無視した新しい音楽体系を創出する。一世紀を経て、この試みはほぼ失敗と考えられており、人々は以前考えられていたよりも、音楽的思考や趣味においてずっと安定した態度を示している。

・二十世紀前半に学者たちは、合唱歌唱の起源に対する態度を徐々に変化させている。それはもはや中世の修道士たちによる発見とは考えられていない。二十世紀末までに、ポリフォニーがおそらく最初の人類によってアフリカから持ち出されたのではないかという、新しい考えが表明される。

・全体主義的な社会主義国家では、すべての文化が合唱ポリフォニー歌唱の伝統を持つべきであろうと、新しい共通の社会主義音楽文化を発展させようとして不毛な試みを行う。

・音楽産業は自由主義経済の重要な要素になる。一部の西欧の国では、健康よりも音楽に多くのお金を使う。ＢＧＭとしての音楽が、実際にあらゆる場所で聴かれている。

・音楽は、国やサッカー・チームや政党などと関わって、人間集団のシンボルになっている。会社には社員たちがいっしょになって歌う社歌があり、人々はプロテスト・ソングによって人種差別や戦争や全体主義組織と闘っている。

・マス・メディアの発達により、音楽はラジオやテレビ番組の主要部分を占め、ロック・コンサートやロック・フェスティバルが音楽や音楽家の人気のバロメータになっている。人気のあるロック・ミュージシャンは途方もない富を得ている。したがって、古典派音楽の時代の、裕福な貴族への奉仕者としての作曲家の経済的な立場は、世界でも非常に裕福で媚びへつらいを受ける人々に変化している。「ロック・スター扱い」という言葉は最も人気のある人々（政治家、俳優、スポーツマンなど）への誇張された追従《ついしょう》の言葉となっている。

・学者たちは音楽の聴取、演奏、そして創作がわれわれの脳の最も深い中枢部を活性化させることに気づいており、音楽に関わる神経組織の研究が積極的に進められている。音楽療法は医学のなかでも急速に成長している領域の一つになっており、医療を受ける患者たちの回復や治療を助けるのに積極的に利用されている。

・使いやすく安価な再生装置（CDやiPod）の導入によって、音楽の聴取は何百万という人々の日常生活のなかで活発に行われている。音楽の役割を進化という観点から理解するうえで最も重要なことは、大音量のリズミカルな音楽の聴取が、現代の戦闘部隊の兵士たちをきわめて危険な戦闘任務へと向かわせる心理的な準備のための方法として、広く用いられているということである。

・合唱運動は多くの国々で広まっている。合唱での歌唱が明らかに健康に良いことは研究からも分かっている。

21世紀～

音楽の起源は最も盛んに研究される主題の一つになっている。この主題に関しては、特別な国際会議が開催され、個別の論文や、論文集、書籍が出版されている。

以上が、人間の進化全体を通した音楽活動の主要な発達段階と、人間の音楽に対する態度とを簡潔にまとめた一覧表である。この一覧がすべてを網羅するものでも、精密なものでもないにしても、原人・チンパンジー共通の祖先から現代の人類まで、人間の音楽性に関わる発達の主要な道筋を再現するものである。このモデルでは、歌唱は人間進化の歴史における決定的に重要な一部分であり、われわれ人類の先史時代における人体組織、行動、認識、言語、話し言葉、道徳性、また宗教の形成を含む、すべての主要な形態上および行動上の発達に実質的に関与するものなのである。

おわりに

分節化した発話が発達した後、われわれの多くが、しだいに日常生活で歌うことをやめていったが、それでもなおわれわれは地球上で最も音楽的な種の一つなのである。音楽はストレスを和らげ、エネルギーや活力を与えてくれる。われわれは実際のところ沈黙に耐えることのできない種である。長時間にわたる沈黙はわれわれに緊張や不安を与えるが、それは何か不都合があることをわれわれに知らせる進化上のサインなのである。また、われわれは孤独を感じたり、周囲に音がないことを好まないので、鼻歌をうたったり、口笛を吹いたり、自分に話しかけたり、とくに意識的に耳を傾けていなくても、iPodやラジオやテレビをつけたままにする。学者たちはわれわれの音楽能力の遺伝的性質の理解へと近づきつつあるが、人間の音楽的な響きに対する嗜好については、非常に興味深くて不可解な話が、まだ数限りなく存在している。

column

音楽の記憶は最後まで失われないか?

もし読者がオリバー・サックス[★14]の『音楽嗜好症 Musicophilia』をまだ読んでおられないようなら、本書を読み終わったあとですぐにでも読んでいただきたい。この本は人間の音楽的感情の力について、魅力的で、しばしば説明不能な物語で満たされている。それも感情だけではない。過酷な病的状況や厳しい身体的なトラウマ（精神的外傷も含む）のために、人間の記憶や知性の大部分が失われても、音楽はしばしば最後まで失われないのである。

私はモスクワの言語障害治療院でロシア人の若者と会ったのを思い出す。彼は共産党指導者によって一九八〇年代にアフガニスタンに送られた多くの不幸なソ連兵士の一人であったが、戦闘による銃弾が彼の頭を貫通していた。（私は彼のこめかみの穴をはっきりと思い出す）。銃弾が彼の頭を直撃したが、奇跡的に彼は命をとりとめた。しかし通常の歩行能力や言語能力など、多くの能力を失った。

病院長のピョートル・シュクロフスキーが彼に「名前を言ってごらん」というと、彼はゆっくりもぐもぐと「セーエ ェージャ」（セリョージャ、セルゲイの愛称）と言った。シュクロフスキー教授がさらに「セリョージャ、歌ってごらん！」というと、この若い戦争犠牲者は有名なロシア歌謡「カチューシャ」を大声で歌い始めた。この歌の歌詞を「リンゴの花ほころび、川面にかすみ立ち……」とすべて明確に発音しながら大声で歌ったのである。明らかにセリョージャは歌を楽しんでいた。歌は、恐ろしい外傷を受けたあとに、彼に残された数少ない前向きなものの一つであった。私は確信したが、もしシュクロフスキー教授が何とかこの若いロシア兵士の言語を回復することができるとするなら、それは、致命的なトラウマを受けた後でも、彼の脳に実際にそのまま残されている深い音楽的記憶の助けによるものに違いないのである。

われわれは心底から社会的であり、心底から音楽的である。われわれの音楽性と社会的本性は何百万年ものあいだ、相携えて進んできた。音楽を競争《コンペティション》の手段として用いる多くの他の種とは異なり、われわれにとって音楽は何よりもまず協同するためのツールである。それが、和声が歌う人々を一つのグループにまとめ上げた理由であり、おそらくそれが、われわれの社会的本質の最良のシンボルと言えるだろう。もちろん、あらゆる協同作業がそうであるように、この音楽的協同もより大きな集団のレベルにおいて、(肉食獣等との)闘いに、より成功するためのツールとして形成された。今日、われわれは人間性をつなぎ合わせるさまざまな要素を探し求めているが、もしわれわれを一つに結びつけてくれる音楽を見つけ出すことができれば、人類の融和を達成するうえで大きな一歩となるだろう。

本書の主要な論点は、音楽的感情の大きな力と、われわれの脳における音楽中枢の驚くべき位置の深さとが、何百万年にもわたって歌唱がわれわれの種の肉体的生存に決定的な役割をもってきた、進化上の過去に由来するということである。われわれの遠い祖先が捕食獣の群がる地上で、他のどの種も恐れて歌おうとしなかった歌をうたい続けてきた進化上の選択が、ホモ・サピエンスへと導く長い変容の連鎖を誘発したのである。われわれの祖先が二足歩行へと進む以前でさえ、不断の歌唱こそがホモ・サピエンスへと進化していく上で、最初の決定的な一歩であった、と私は考える。

地上に住み、できるだけ目につくようにし、また、できるだけ騒がしくしながら、われわれの祖先は、今日でもわれわれが保持している、より大きな体、より長い両足、長い頭髪、無毛の皮膚、眉毛、小さい歯、低い男性の声といった、多くの形態上の特徴を発達させた。同じように、生き残るためのモデルであるAVOIDに基づくその他の多くの行動上の特徴、つまり二足歩行、石器製作、舞踊、不協和音による歌唱、ボディ・ペインティングの使用、着衣の使用、利他的な行動、有史以前の人肉食、集団の規範や目的への狂信的な献身が、道徳性や宗教性、質問を発する能力、人間的認識力や知性、言語、さらには、発話の出現への引き金となったのである。

本書で提示されているモデルは、ジョン・ブラッキングが示唆し、他の多くの学者たちが支持した「音楽は人間社会の〝結びつきの手段〟としての役割を持つ」という考え方に近い。特にトマス・ガイスマンやブルーノ・ネトルの、「音楽は本来、攻撃者や競争相手たちを脅して退ける道具であった」という考え方に近いものである。同時に、本書で描かれている新しいモデルを通して音楽の起源を見れば、かつて多くの学者によって提案された多くの音楽の機能は、音楽が〔人類の進化の過程で〕実際に果たしてきた機能であることに気づくだろう。

音楽はカール・シュトゥンプが言うように離れた場所の間での通信に役だっているし、カール・ビュヒャーが言うように組織的に作業するのを助けるし、ダーウィンやジェフリー・ミラーの主張のように異性を魅惑することもできる。また、ジーグフリート・ナーデルの言うように宗教的な変身に用いられる超自然的な言語でもあるし、イヴァン・フォナジーが考えたように音程操作によって意味を伝達することもできるし、ジュアン・レーデラーの言うように人間が言語を獲得するのに役立ったし、ヴャチェスラフ・イヴァーノフやダニエル・レヴィティンの考えるように、われわれの祖先が重要な情報を記憶するのを助けたし、ネイサン・コーガンが示唆したように、狩猟の際に集団動作を一致させて協同作業を助けるのに必要であった。

音楽はエレン・ディッサナヤケの主張するように、母子間のコミュニケーションに最も大切な手段なのであり、エドワード・ハーゲンやグレゴリー・ブライアントが言うように、音楽と舞踊は集団の結びつきの質を示す上で素晴らしい手段でもある。多くの人々が主張するように、音楽は人間の言語の起源に重要な役割を果たした。そして最後に、フィロデモスやスティーヴン・ピンカーが考えたように、音楽はわれわれの五感を楽しませてくれる素晴らしい「チーズケーキ」でもあることを、誰が否定できるだろうか？

音楽は車の中にも、ショッピング・モールやエレベーターの中にも、あらゆる場所に存在しているが、最も重要なことは、それが人の心の中にあることだ。それは何百万年ものあいだ、ずっとわれわれとともにあり続けたのである。それは生存への長い進化の過程を生き残り、今なおわれわれの周囲とわれわれ自身の生活をより快適にするのに役立っている。

音楽がわれわれの心の中に響いている限り、われわれはいっそう利他的にも道徳的にも、献身的にも幸福にもなりうる。音楽はわれわれの深く社会的な本性の生きた証言なのである。われわれはおたがいを必要としているように、音楽を必要としている。これこそが、人の歌う理由なのである。

解説

岡ノ谷一夫
（東京大学大学院総合文化研究科 教授）

本書は、音楽の起源と進化についてのきわめて独自性の高い仮説をまとめたものである。ジョーゼフ・ジョルダーニアは、旧ソビエト連邦、グルジア（ジョージア）出身でオーストラリア在住の音楽家・音楽学者である。多声部歌唱（ポリフォニー）の世界分布についての研究で、二〇〇九年度の小泉文夫音楽賞を受賞している。ジョルダーニアの著書が邦訳されるのは今回が初めてであり、これを機会に音楽の起源と進化についての議論が日本でも深化することを期待する。

音楽の起源

読者はまず、本書の目次を見て少なからず驚くはずだ。音楽の起源の本がなぜポリフォニーから始まるのか。ポリフォニーはむしろ最近になって発明された音楽形態であり、初期の歌唱は独唱または斉唱だったに違いない。

私も読者と同様、こうした疑問を持った。しかし、こうした疑問を持つこと自体、音楽の進化についての偏見であることが、読み進めるにつれわかる。音楽の進化について、多くの人が共有する仮定はこうだ。まず、同じメロディを一人ないし数人で歌う段階（独唱・斉唱）

がある。次に、あるメロディを数人で交互にうたう段階（交唱）があり、最も進化した段階では、数人が異なるメロディを歌いながら和声を作る（合唱）。著者はしかし、この仮定こそ偏見であることを、多声部歌唱についての広範な知識から説明する。著者は、多声部歌唱がそもそもの音楽の起源であり、独唱ないし斉唱は、多声部歌唱の崩れとして出てきたものであると主張する。すなわち、歌から分節化した発話が生じ、そこから改めてモノフォニーが生じたのである。この説は、読み始めは荒唐無稽に感じたが、読み進めるにつれ、私は著者に説得されていった。

私は数年前、トスカナで開催された言語の起源についての学会に招待され、バヤカ・ピグミーの多声部合唱についての講習会に参加したことがある。バヤカ・ピグミーが日常生活でよく歌を歌い、歌を中心とした社会結束を作っていることは知っていたが、バヤカ・ピグミーが複雑なポリフォニーを歌うことは知らなかった。バヤカ・ピグミーの歌を数十人で歌うと、気分が高揚して非常に楽しくなる。ポリフォニーが多様な起源を持つことをこのとき初めて知った。

その後、コルシカ島で行われた学会に参加した際、地元の音楽家による演奏を聞く機会を得、ここでも独自なポリフォニーを伝承していることを知った。本書を読みながら、これらの経験が生き生きとよみがえり、多声部歌唱が音楽の起源であると考えたほうがより説得力があるという著者の意見に同意したという訳である。

人間の発声学習と小鳥の発声学習

私自身は、小鳥のさえずりの研究から、ヒトの進化においては歌をうたう行動が言語に先立ったのではないかと考えるようになった。小鳥はさえずりを父親から学び、求愛となわばり防衛に利用する。同様に、ヒトの祖先においても、歌は社会的に学習され、当初は求愛に限定して使われていたのであろう。

次の段階として、歌は求愛のみならず、さまざまな社会的状況で歌われるようになる。さまざまな歌がさまざまな状況で歌われ、歌どうしの共通部分が、状況どうしの共通部分と対応することで、歌の一部が特定の意味を持つようになる。この過程が繰り返されることで、歌から単語が切り出されてきたのではないか、という仮説を、ビヨルン・メルケルと共に「相互分節化仮説」として発表した。ビヨルン・メルケルの名前は本書にも現れる。一九九九年に"The Origins of Music"（『音楽の起源』）という本を編集し、音楽の起源と進化についての興味を喚起し、現在の音楽進化学の隆盛を導いた人物である。

小鳥のさえずりは、行動としては人間の発話のアナロジーでしかない。しかし、人間の発声学習と小鳥の発声学習とは、共通の脳構造によって可能になる行動であり、相互に発声学習のモデルとして有効である。霊長類の中で発声学習するのはヒトのみであり、他の霊長類はモデルとして使うことができない。だから小鳥との比較研究に意義がある。この分野の研究は、本書にも登場するエリック・ジャービスらによって、今や分子レベルまで進められてきた。それでも、ヒトは言葉を使い出す前から歌をうたっていたという仮説をどのように検証するかについてはまだまだ方法論的な迷いがある。

集団歌唱と産声起源説

私はこれを打開するため、ヒトの乳児の泣き声に注目することにした。泣き声は連続する発声である点が歌に似ているが、このような泣き声は他の霊長類は発しない。生後二週間は、乳児は単純な泣き声しか出さない。しかし生後一ヶ月を過ぎると、多様な泣き声を出すようになる。乳児は泣き声によって母親の行動を制御しており、そのことが意味と音声を結びつける上での訓練になっているのではないか、というのが私の仮説である。これを言語の産声起源説という。霊長類の中でもヒト乳児だけが大きな声で泣き続ける。これは、ヒトが集団生活と武器の使用により天敵の攻撃を共同防衛できるからである、と私は考えていた。なぜなら、大きな声で泣く行動は天敵をむしろ引きつけてしまうから、それに対する防御がなければならないからである。しかし、この説の弱点は、ヒトが武器により天敵の攻撃を共同防衛するようになったのは比較的最近（数千年前）であると思われる点だ。

本書ではしかし、ヒトの歌の起源として、集団歌唱が肉食獣への威嚇として進化したのではないか、という仮説が提示されている。つまり、集団による発声それ自体が武器になったのである。こう考えることで、集団歌唱がヒトに普遍的であること、ヒトが霊長類の中ではずば抜けてリズム同調の能力を持つことを説明できる。

さらに、この説は、武器の発明以前から声で集団防衛が可能であったことを示唆することで、私の産声起源説と相補的であり、産声起源説の弱点を補強するものである。大人たちが集団歌唱で肉食獣を威嚇することで、乳幼児の捕食率が減り、ヒト祖先の住居の安全性が増した。そのことで乳幼児は泣き声で親を制御することが可能になったのかも知れない。子供も大人も、発声をすることの適応価（生存や繁殖に有利であること）があるとすれば、発声学習が霊長類の中でもヒトにのみ進化したことの説明にもなる。威嚇説と産声起源説を融合し、どのように実験的に検証してゆくのか、まだ手がかりはつかめないが、これも本書が与えてくれた洞察である。

戦闘トランス

著者は、ヒトの祖先が敵と戦う際、リズムに乗って大声で歌っていたと考える。これを著者は戦闘トランス状態と呼ぶ。著者はこのトランス状態は、宗教の起源でもあると考える。血縁者や同族を敵から守りたいという思いは、脳内にオキシトシンやエンドルフィンの分泌を促し、戦闘能力を上げ、恐怖や痛みを感じさせなくなるという。著者の、闘いの準備状況として、戦闘トランス状態を作ることが適応的であったという説は魅力的である。しかしながら、このあたりの記述においては、まだ証明されていない神経科学的仮説を濫用気味であることも、読者は注意してほしい。

また、威嚇としての音声は、進化生物学で言うところの正直な信号（信号を発する個体の力量に応じた発声）でなくなる可能性があり、そのような信号は進化的には維持されにくいことがわかっている。同様に、ボディペインティングや着衣も威嚇のための正直な信号としてその効果が維持されるかどうかは疑わしい。多様な、断片的な事実から、ある程度整合的なストーリーを作るためには、若干の飛躍はやむを得なかったのであろう。このような飛躍はあるが、音楽の起源という難問に、整合性のある説を提示した点は評価すべきだと思う。

威嚇起源説

著者の「集団発声の威嚇起源説」は、従来ある程度当然と受け入れられていた「発声学習の性選択起源説」とは真っ向から対立するように見える。性選択起源説とは、ヒトの歌は小鳥のさえずりや鯨の歌のように、歌い手の力量を直接示すものである、という考えである。メスはオスの歌を聴いて、そのオスが自分の相手としてふさわしいかどうかを見極める。いっぽう、威嚇起源説は、人間集団の歌が、肉食獣に捕食困難な相手であることを思い知らせる。しかし、いずれの説も聞き手に対して自己の力量を伝える機能があるという点で、重要な共通点を持つ。さらに、「威嚇起源説」はヒトにおいてオスのみならずメスも歌うことを示す。このことから考えると、威嚇起源説は性淘汰起源説と両立するのではないかと私は考える。多様な歌のうち一部は闘争の準備に、一部は性的誘因に使われたのではないだろうか。多様な感情を引き起こすことが音楽の重要な性質であることを著者も認めている。

質問抑揚

本書後半において著者は、歌と言語の関係を扱う。世界の言語は、音調、ストレス、モーラ（拍）と多様なアクセントを利用するが、どの言語であろうとも、語尾のピッチを上げることで質問であることを示すことができる。これを質問抑揚と言う。なぜ質問抑揚は普遍的なのか。ここに歌から言語が生じた証拠があるのではないか、と著者は考えている。さらに、吃音や失読症の世界分布から、音楽からそれぞれの個別言語が分節化された時期が特定できるのではないかという仮説を展開する。

以上のきわめて挑発的、かつ示唆深い仮説が豊富なエピソードとともに語られる本書は、音楽進化学の入門として非常に魅力的なものである。最終章はまとめとして、本書全体の要約が載せられており、こちらを先に読んでしまうのも、理解効率を上げるためには有効であろう。何よりも大切なことは、本書はある完成した学問を体系的に教示するものではなく、これから発展するであろう学問について挑戦的な仮説を突きつけ、読者を知的闘争に呼び込むものであることを自覚して読むことだ。本書に挙げられ数々の仮説が検証の手段を持つためには今後数十年が必要かも知れない。これに挑戦しようという読者を、本書は歓迎している。

訳者あとがき

本書の著者ジョーゼフ・ジョルダーニア（一九五四年、トビリシ生まれ）は、二〇〇九年度（第二十一回）小泉文夫音楽賞の授賞者である。授賞の対象となったのは、"Who Asked the First Question? ──The Origins of Human Choral Singing, Intelligence, Language and Speech"（『誰が最初の質問を発したか？ 人間の合唱歌唱、知性、言語と発話の起源』）という、ネット上で出版・発表された著作であった。

小泉文夫音楽賞は、世界の民族音楽研究に生涯を捧げた故小泉文夫（元東京藝術大学教授）を記念して、毎年民族音楽の分野でユニークな音楽研究または音楽活動を行った個人あるいは団体の業績を顕彰するために、故小泉三枝子夫人によって一九八九年に創設された。第一回の受賞者、故ジョン・ブラッキング、東京藝術大学民族音楽ゼミナールをはじめ、毎年、国外・国内を問わず数々の優れた音楽研究者、実践者が受賞してきた。

二〇〇九年度（第二十一回）の受賞者であるジョルダーニア博士の授賞式と記念講演は、翌年の五月二十七日に東京で行われ、翌二十八日には東京音楽大学でジョルダーニア博士の公開講演会が開催された。私はそのいずれにおいても通訳を務めたが、引き続き、ジョルダーニア博士夫妻を案内して北海道を訪れ、白老のアイヌ村でアイヌ舞踊を見学し、さらに札幌では北海道立アイヌ研究所を訪問して資料蒐集を行った。

元北海道教育大学学長・谷本一之氏（一九三二〜二〇〇九）は、北海道立アイヌ研究所初代所長を務めておられたが、二〇〇九年七月に急逝された。谷本先生は小泉文夫音楽賞選考委員として、ジョルダーニア博士を本賞に推薦しておられたが、残念ながら、この時、博士は先生とお会いすることはできなかった。しかし先生の未亡人が札幌でわれわれを迎えて下さり、われわれは谷本先生のお宅を訪れて、御霊前にお参りすることができた。

本書『人間はなぜ歌うのか？』（"Why do people sing? Music in Human Evolution"）は、小泉賞授賞式でジョルダーニア博士の記念講演を聴いた、公益信託小泉文夫民族音楽基金の信託管理人でアルク出版企画社長の秋山晃男氏の依頼に基づき、ジョルダーニア博士が小泉賞受賞後に、一般読者向きに新たに英語で書き下ろしたもので、英語版が二〇一一年に受賞作と同じグルジア（現ジョージア）のロゴス社から先に出版されている。

受賞作はＡ４判四八〇頁にも及ぶ大著で、古代シュメール文明から現代に至るまで、音楽に関わる記録をことごとくとりあげ、それらを広範な角度から検討し、人類の歌唱行動（合唱歌唱《ポリフォニー》）について考察し詳述したものであるが、本書はその学問的考証の単なるダイジェスト版ではなく、本書はそこから見えてくる人類進化と合唱歌唱との関わりを、分かりやすく語り直し、人間が長い進化の歴史の中で、音楽とともに言語を獲得して行く過程を、多面的に、また新しい視点を加え、きわめて説得的に語ったものである。

本書はその日本語版であるが、翻訳の過程で訳者や編集者からの質疑などをもとに、著者が加筆したり、書き直した部分も少なくないし、また、関連した地図や図表を新たに加えて、いっそう洗練された読みやすいものとなっている。

なお、ジョルダーニア博士は、その後も、二〇一四年にロゴス社より"Tigers, Lions and Humans: History of Rivalry, Conflict, Reverence and Love"（『虎、ライオン、そして人間：対抗、抗争、そして愛の歴史』）という、四百頁にも及ぶ大著をまとめているし、さらに引き続いて、二〇一五年には、ドイツのLAMBERT Academic Publishing社から、六百頁にも及ぶ"Choral Singing in Human Culture and Evolution"（『人類文化と進化における合唱歌唱』）を出版しており、非常に活発な著作活動を続けている。もちろん、三年ごとに開催されるトビリシでのポリフォニーに関する国際会議の主宰者としての活動も続けており、さまざまな国際会議にも積極的に参加して、今や「合唱の起源」に関する世界的な権威者と呼んでも過言ではないだろう。

最後に、本書の出版に当たり、アルク出版企画の秋山晃男氏には、訳文の推敲はもちろん、地図や図表の作成など、さまざまなご支援をいただいた。とくに記して、訳者の感謝の気持ちを表したい。

森田　稔

二〇一六年十二月

謝辞

すべての同僚とさまざまな国々の民族音楽学者に対して、惜しみないご支援をいただいたことに、著者は心から感謝している。彼らの支援がなければ、世界の合唱ポリフォニー伝統に関する私の知識は、きわめて不完全なものにとどまっていたであろう。また、民族音楽学者だけでなく、自然人類学者、遺伝学者、霊長類学者、鳥類学者、神経学者、言語学者、言語音声病理学者からいただいたご意見や助言にも感謝したい。そして、年長の友人で同僚でもあるスタンフォード大学のイザーリイ・ゼムツォーフスキイ、ロシアの明晰な自然人類学者である故ヴァレーリイ・アレクセーエフ、グルジアのマルハズ・アブドゥシェリシヴィリに対しては、個人的に最も深い感謝の気持ちを述べたい。

また、私の特別な感謝の気持ちは、日本の同僚、森田稔教授と故谷本一之教授、そしてアルク出版企画に向けられる。本書はアルク出版企画の依頼を受けて執筆されたものである。

さらに、妻の民族音楽学者ニーノ・ツィツィシヴィリには、私の文章に対して批判的な指摘や意見を寄せてくれたことに、そして、息子アレクサンドル・ジョルダーニアには、本書全体の文体を校閲してくれたことに、特別な感謝の気持ちを述べたい。

そして最後に、本書の読者に対して、本書を批判的に読んで下さることを願いながら、最大の謝意を表したい。読者諸氏が本書に新鮮な興味と予期せぬ考えを見出して下さることを願う。

私の結論や意見に賛同できないときには、どうぞ私に対して直接、困難な質問を投げかけて欲しい。覚えておられると思うが、つまるところ、互いに質問し合うことが、われわれを「人間」にしてくれるのであるから……。

日本語版への謝辞

私の本が日本語で出版されることになり、とても嬉しく、心から感謝しています。アルク出版企画の秋山晃男さんが、小泉文夫音楽賞の授賞式で、私の話を聞いて下さった直後に、本書の執筆を依頼してくれました。何よりも、このことに感謝します。また、翻訳を引き受けて下さった森田稔教授にも、お礼を申し上げます。そして最後に、生物心理学者、動物行動学者として国際的に高名な岡ノ谷一夫教授が本書を通読され、私の研究に対して行き届いたコメントを下さったことに、心からお礼を申し上げます。

日本の読者の方々が、ここで思わぬ新しい視点に出会い、ここで論議されている様々な問題に注目してくださり、批判的に読んでくださることを希望します。

ジョーゼフ・ジョルダーニア

出典と註

■序　音楽の起源をめぐる探究の広がり

★1　Darwin, Charles. *The Descent of Man and Selection in Relation to Sex*, New York, Penguin Books, 2004[1871], p.636.　邦訳：長谷川眞理子訳『人間の進化と性淘汰』（I・II）文一総合出版（1999-2000）II 巻 p.404, I 巻 p.18-20

★2　Wallin, Nils L.; Merker, Björn; Brown, Steven (editors). *The Origins of Music*, Cambridge, The MIT Press, 1999.　邦訳：山本聡訳『音楽の起源』人間と歴史社（2013）

★3　Pinker, Steven. *How the mind works*, NewYork, W.W. Norton & Company, 1997, p.528.　邦訳：山下篤子訳『心の仕組み』（上・中・下）NHK ブックス(2003) 下巻 p.115

★4　Jordania, Joseph. *Who asked the first question? ――The Origins of Human Choral Singing, Intelligence, Language and Speech*, Tbilisi University Press, LOGOS, 2006.　以下の URL を参照。http://www.scribd.com/doc/43295620/Tese-Sobre-Cantos-Polifonicos-Populares-No-Mundo（2017 年3月現在）

★5　**小泉文夫音楽賞**　世界の民族音楽の研究に生涯を捧げた故小泉文夫（元東京藝術大学教授）を記念して、民族音楽の分野でユニークな音楽研究・音楽活動を行った個人・団体の業績を顕彰するために 1989 年に設定され、毎年4月4日（小泉文夫の誕生日）に発表される。本書の著者はその第 21 回（2009 年度）の受賞者。東京藝術大学小泉文夫記念資料室：http://www.geidai.ac.jp/labs/koizumi/（2017 年3月現在）

■第１章　モノフォニーとポリフォニー

★1　Darwin, Charles. *The Descent of Man and Selection in Relation to Sex*, New York, Penguin Books, 2004[1871], p.635.　邦訳：長谷川眞理子訳『人間の進化と性淘汰』（I、II）文一総合出版（1999-2000）II 巻 p.404
ダーウィンはこの箇所に註を付して、Helmholtz, Hermann von. *Theorie physiologique de la musique, fondée sur l' étude des sensations auditives*（『聴感覚研究に基づく音楽生理学研究』）, Paris, Masson, 1868, p.187 を参照したとしている。

★2　**Schneider, Marius**（1903-82）ドイツの音楽学者。1934 年に *Geschichte der Mehrstimmigkeit*（『多声音楽の歴史』）を出版して、地球上における多声音楽の分布状況とその歴史的関係を論じ、アフリカやコーカサスの多声音楽に対して特別の関心を示した。

★3　Collaer, Paul. “Polyphonies de tradition populaire en Europe méditerranéenne”

(「地中海岸ヨーロッパの民謡ポリフォニー」), *Acta Musicologica* vol.32, International Musicological Society, 1960, p.51-66.

★4 Schneider, Marius. *Geschichte der Mehrstimmigkeit*（『多声音楽の歴史』）Vol.1 and 2, Berlin, Borntraeger, 1934-1935.

★5 Jordania, Joseph. *Georgian traditional polyphony in international context of polyphonic culture : The problem of origins of polyphony*, Tbilisi, Tbilisi State University Press (In Russian with English summary), 1989.

★6 Jordania, Joseph. *Choral Singing in Human Culture and Evolution*, Saarbrucken, Lambert Academic Publishing, 2015.

★7 Arom, Simha. *African Polyphony and Polyrhythm:Musical Structure and Methodology*, Cambridge, Cambridge University Press, 1991, p.15.

Arom, Simha（1930- ） フランス国立科学研究センター名誉研究部長。中央アフリカ音楽のポリフォニーとポリリズムの研究で知られている。第20回（2008年度）「小泉文夫音楽賞」受賞者。

★8 Merriam, Alan. "The African idiom in music", *Journal of American Folklore* Vol.75, University of Illinois Press on behalf of American Folklore Society, 1962, p.129.

Merriam, Alan（1923-80） 歴史に残るアメリカの民族音楽学者。SEM（Society for Ethnomusicology）設立者の一人で、その会長も務めた。主著 *Anthropology of Music*, Northwestern University Press, 1964. 邦訳：藤井知昭・鈴木道子訳『音楽人類学』音楽之友社（1980）では、従来、音響や音楽構造の音楽学的分析が中心であった比較音楽学的研究に対して、音楽構造だけでなく、音楽と音楽家や聴衆を社会的文脈の中において捉える文化人類学的な研究モデルを提示した。

★9 Rouget, Gilbert; Grimaud, Yvette. *Bushmen Music and Pygmy Music*, Cambridge, Peabody Museum of Archaeology and Ethnology; Musée de l'homme (Muséum national d'histoire naturelle). Département d'ethnomusicologie, 1956.

★10 Lomax, Alan. *Folk song style and culture*, Washington D.C., American Association for the Advancement of Science, 1968, p.18.

Lomax, Alan（1915-2002） アメリカの民謡学者。アメリカ議会図書館の民謡収集家であった父親の下で、アメリカ南部の農園や教会などを広く訪ねて黒人の民謡に接し、いわゆるブルースのルーツがアフリカの黒人の音楽にあることを突き止めた。彼の調査録音の出版が1997年に始まり、CD100枚の出版が進行中。→2章★34

★11 Blacking, John. *How Musical is Man?*, The University of Washington Press, 1974. 邦訳：徳丸吉彦訳『人間の音楽性』岩波現代選書（1978）

Blacking, John（1928-90） イギリスの民族音楽学者。1956-58年の南アフリカ

連邦での実地調査をもとに、*How Musical is Man?* を著し、これによって民族音楽学者としての名声を確立した。音楽学的な方法を順守しながら、人類学的方法を縦横に駆使して、民族音楽学に新しい領域を開いた。クイーンズ大学ベルファスト教授、民族音楽学会会長などを歴任した。第1回(1989年度)「小泉文夫音楽賞」受賞者。

★12 **新しいヨーロッパ様式** 西欧芸術音楽におけるルネサンス・バロック期以降の様式を指している。

★13 **トラッラレロ trallalero** 伝統的には男性によって、近年では女性も加わって歌われるポリフォニー歌唱様式。「tra-la-la」のような単音節の意味のない言葉で歌われることからこの名で呼ばれる。

★14 小泉文夫は、1977年の7月から8月にかけて実施された第1回「民音シルクロード音楽舞踊考察団」の調査時に、パキスタンの深い谷あいの村に住むカラーシュ族(アレクサンダー大王遠征軍屯田兵の末裔とも言われる人々)を訪ねている。この調査の目的の一つは、正倉院に22個も現存しながら、同じ形のものが日本に存在しない幻の鼓(呉の鼓と呼ばれる長くくびれた細腰鼓)の由縁を確かめることであった。カラーシュ族の歌と踊りで使われる腰鼓ワッチがこの楽器にそっくりであったことが、小泉文夫によって報告されている。

★15 **黒沢隆朝**(1895-1987) 日本の音楽学者。第二次大戦中、主に東南アジアで音楽調査を行う。1943年に行った台湾の高砂族の音楽調査を基にした音楽の起源に関する学説は、黒沢学説として知られる。著作に『台湾高砂族の音楽』雄山閣(1973)、『音階の発声よりみた音楽起源論・黒沢学説』音楽之友社(1978)など。

★16 **谷本一之**(1932-2009) ハンガリー音楽やアイヌや北方諸民族の音楽を専門とした民族音楽学者。北海道教育大学学長、北海道立アイヌ民族文化研究センター所長などを歴任。ハンガリー学術文化交流勲章(1990)、第8回(1996年度)「小泉文夫民族音楽賞」授賞。主著『アイヌ絵を聴く――変容の民族音楽誌』北海道大学出版会(2000)で毎日出版文化賞と田辺尚雄賞を受賞。

★17 **対比的ポリフォニー contrastive polyphony** 音楽的には互いに関係のない旋律を同時に歌うようなポリフォニー。たとえば、アイヌ民族博物館(北海道白老町)ではいくつかのグループが歌いながら次々と登場する舞台があるが、ここでは各グループが音楽的には互いに関係の無い個別の歌を歌う。したがって、これは本書冒頭の5つのポリフォニー分類とは別のパターンになる。

★18 Nettl, Bruno. “Polyphony in North American Indian Music”, *Musical Quarterly* vol.47, 1961, p.360.

Nettl, Bruno (1930-) アメリカの民族音楽学者。「世界音楽」という概念を唱道。主著に *Folk and Traditional Music of Western Continents*, Englewood Cliffs, Prentice-Hall, 1965. 邦訳:佐藤馨他訳『西洋民族の音楽』東海大学出版会(1974)、*Western impact on World Music*, Schirmer Books, 1985. 邦訳:細

川周平訳『世界音楽の時代』勁草書房（1989）ほか。第5回（1993年度）「小泉文夫音楽賞」授賞者。

★19 Seeger, Anthony; Olsen, Dale A.; Sheehy, Daniel E. "The tropical-forest region", *The Garland Encyclopedia of World Music* vol.2, South America, Mexico, Central America, and Caribbean, NewYork, Garland Publishing, 1998, p.135.

Seeger, Anthony（1945-） アメリカの民族音楽学者。チャールズ・シーガー See-ger, Charles（1886-1979）に始まるアメリカの有名な音楽家一族に属し、始祖の孫に当る。

★20 Kaeppler, Adrienne L. "Encounters with the Other", *The Garland Encyclopedia of World Music* vol. 9, Australia and the Pacific Islands, NewYork, Garland Publishing, 1998, p.15.

★21 Kunst, Jaap. *Music in Flores : a Study of vocal and instrumental music among the Tribes living in Flores*, Leiden, E. J. Brill, 1942.

Kunst, Jaap（1891-1960） オランダの民族音楽学者。オランダが植民地支配していたインドネシアのさまざまな民族の音楽を調査した。1950年に、それまで学会で用いられていた「比較音楽学」という術語に代えて「民族音楽学」という名称を提唱し、これが一般化された。

★22 Messner, Florian（1937-） ドイツ生まれの民族音楽学者。1975年にウィーン大学で学位を得て、1986年からメルボルンのディーキン大学で教鞭をとる傍ら、オセアニアやインドネシアの音楽を研究し、多くの論文を発表している。

→2章★37

★23 **ディジュリドゥ** オーストラリア先住民の筒状の管楽器。直径10㎝前後、長さ1～1.5m程度。シロアリに喰われて空洞になったユーカリの木を利用して作られる。

■第2章　人類の「歌う」文化の歴史

★1 ヨーロッパ職業音楽ポリフォニーのコーカサス／グルジア起源という仮説

→1章★4

★2 **Siegfried Nadel**（1903-56） オーストリア出身の英国の音楽学者。主にアフリカで現地調査を行った。

★3 Rice, Timothy. "Disciplining ethnomusicology : A call for a new approach", *Ethnomusicology* vol.54, 2010, p.318-325.

Rice, Timothy（1944-）アメリカの民族音楽学者。*Garland Encyclopedia of World Music*（『ガーランド世界音楽百科』）監修者の一人。

★4 **Zemtsovsky, Izaly**（1936-） ロシアの民族音楽学者。レニングラード劇場・音楽・映画研究所の教授を長く勤め、旧ソ連各地の指導的民族音楽学者を養成した。著書多数。現在はアメリカに本拠を移して、国際的な研究活動を行っている。

第 23 回（2011 年度）「小泉文夫音楽賞」受賞者。

★5 Alekseyev, Valery Pavlovich. *Origin of the people of the Caucasus* (Происхождение народов кавказа) , Moscow, Nauka (In Russian), 1974, p.197-200.

★6 Alekseyev, Valery Pavlovich. 前掲書 p.200-203.

★7 **ディナル型** ディナルは、スロベニアからモンテネグロにかけて、アドリア海沿岸を北西から南東に走る山脈。

★8 **Heyerdahl, Thor** (1914-2002) ノルウェーの探検家・民族学者。

★9 **変奏ヘテロフォニー variant heterophony** 各声部が変奏に基づいているヘテロフォニー。

★10 **Cambrensis, Giraldus** (1146-1223) 12 世紀のノルマン系ウェールズ人の聖職者、学者。英国王室の外交官でもあった。 邦訳：有光秀行訳『アイルランド地誌』青土社 (1996)

★11 Hibberd, Lloyd. "Giraldus Cambrensis and English 'Organ' music" , *Journal of the American Musicological Society* vol. 8, 1955, p.208-212.

★12 **Gaffurio, Franchino** (1451-1522) イタリアの音楽理論家、作曲家、合唱指揮者。繋留音を和声学に理論化した音楽学者としても知られる。

★13 **D'Arezzo, Guido** (991-1033 以後没) ut, re, mi, fa, sol, la という階名による正確な音程表記法を考案したことで知られる。多数の著作を残した。

★14 **Cook, James** (1728-79) イギリスの探検航海家。

★15 Lederer, Victor. *Über Heimat und Ursprung der mehrstimmigen Tonkunst* (『多声音楽芸術の祖国と起源』), Leipzig, C.F.W. Siegel, 1906.

★16 Hornbostel, Erich Moritz von. "Über Mehrstimmigkeit in der außereuropäischen Musik" (「非西欧音楽における多声性について」), *Bericht über den Dritten Kongreß der Internationalen Musikgesellschaft* 3 (『国際音楽学会第 3 回大会報告』), Wien, 1909.

Hornbostel, Erich Moritz von (1877-1935) オーストリア生まれの音楽学者。ロベルト・ラッハマン、マリウス・シュナイダー、クルト・ザックス、ヴァルター・ヴィオラなど、興隆し始めた比較音楽学のベルリン学派指導者。1903 年に "Studien über das Tonsystem und Musik der Japaner" (日本人の音組織と音楽に関する研究) と題した論文で音楽学界にデビューした。

★17 Kuba, Ludvik. *Pjesme i napjevi iz Bosne i Hercegovina* (『ボスニアとヘルツェゴヴィナの歌謡と旋律』), Sarajevo, Svjetlost, 1984.

Kuba, Ludvik (1863-1956) チェコの風景画家、民謡収集家。ロシアの民謡ポリフォニーや南スラヴの民謡ポリフォニーの研究でも名を残した。

★18 Sachs, Curt. *Musik des Altertums* (『古代世界の音楽』), Breslau, Ferdinand Hirt, 1924.

Sachs, Curt (1881-1959) ドイツ生まれアメリカの音楽学者。*The Wellspring of Music*, Martinus Nijhoff, 1962. 邦訳：福田昌作訳『音楽の源泉』音楽之友社

(1970) を始め、数多くの著書が知られている。
★19　Stoïn, Vasil. “Hypothese sur l’ origine bulgare de la diaphonie”（多声性のブルガリア起源に関する仮説）, Conférence faite à l’ Académie de musique le 28 mai 1925 (1925年5月28日に音楽アカデミーで行われた会議), *La Bulgarie d’ aujourd’ hui* 8 (『今日のブルガリア』第8号), Imprimerie de la Cour Sofia, 1925, p.3-44.
★20　Ballanta, George. “Gathering folk tunes in the African country”, *Musical America* vol.44, 1926, p.3-11.
★21　Yasser, Joseph. *A Theory of Evolving Tonality*, American library of musicology, 1932.
★22　Nadel, Siegfried. *Georgische Gesänge*, Berlin, Leipzig, Harrassowitz, 1933.
★23　Schneider,Marius.　→1章★4
★24　Seeger, Charles. “Contrapuntal style in the three-voice shape-note Hymns”, *The Musical Quarterly* vol. 26, Oxford University Press, 1940, p.483-493.
★25　Hickmann, Hans. “La musique polyphonique dans l’ Egipte ancienne”（古代エジプトにおけるポリフォニー音楽）, *Bulletin de’ Institut d’ Egipte* (『エジプト研究所紀要』) XXIV, 1952, p.229.
★26　Kunst, Jaap. *Kulturhistorische Bezieungen zwischen dem Balkan und Indonesien* (『バルカンとインドネシアの間の文化史的関連』), Amsterdam, Koninklijk Instituut voor de Tropen, 1953. English translation, 1954.
★27　Stockmann, Erich. “Kaukasische und Albanische Mehrstimmigkeit ”（「コーカサスとアルバニアの多声性」), *Bericht über den Internationalen Musikwissenschaftlichen Kongress Hamburg 1956, Gesellschaft für Musikforschung*, (『ハンブルグ国際音楽学会議1956年度学会報告書』), Bärenreiter Verlag, 1957, p.229-231.
★28　Rihtman, Cvjetko. “On Illyrian origins of the polyphonic forms of folk music of Bosnia and Herzegovina”, *Rad Kongressa Folklorista Jugoslavje*（『ユーゴスラヴィア民族学会議報告書』), Zagreb, Kongres folklorista Jugoslavije, 1958, p.99-104.
★29　Lloyd, Albert. Review: Sokoli, Ramadan. “Polifonia jone popullore (Polyphonie populaire albanaise)”（ラマダン・ソコリ「アルバニアの民謡ポリフォニー」）; Kaufman, Nikolai. “Triglasnite narodni pesni ot Kostursko (ニコライ・カウフマン「コストゥルスコ村の三声の民謡」)”; Alexandru, Tiberiu. “armonie si polifonie in cintecul popular rominesc”(ティベリウ・アレクサンドルゥ「ルーマニア民謡における和声と多声」), *Journal of the International Folk Music Council* vol.13, 1961, p.143-146.
★30　Elschek, Oscar. “Comparative introductive study of the European polyphonic folk song”, *Hudobnovedne Studies* vol.6, Bratislava, SAV(In Slovak with En-

glish summary), 1963, p.79-114.

★31 Emsheimer, Ernst. "Some remarks on European folk polyphony", *Journal of the International Folk Music Council* vol.16, 1964, p.43-46.

★32 Kaufman, Nikolai. "Polyphony in vocal folklore of Balkan Nations", *Bulgarska Muzika* (Bulgarian) vol.2, 1966, p.30-40.

★33 Kubik, Gerhard. *Mehrstimmigkeit und Tonsystem in Zentralund Ostafrrika* (『中央および東アフリカの多声性と音組織』), Vienna, Osterreichische Akademie der Wissenschaften (オーストリア科学アカデミー), 1968.

★34 **カントメトリック** 「計量音楽学」と和訳されることもある。アメリカの民族音楽学者アラン・ロマックス (→1章★10) が 1960 年代に創始した音楽構造の研究方法で、全世界の歌 cantus を録音として集積し、音楽構造のプロフィールを定量的に計量して、社会構造との相関関係を記述・比較する方法。1980 年代まで民族音楽学に一定の影響を与えた。計量音楽学については、柿沼敏江訳『アラン・ローマックス選集』みすず書房 (2007) に詳しい。

★35 Kilmer, Anne Draffkorn. "The Discovery of an Ancient Mesopotamian Theory of Music", *Proceedings of the American Philosophical Society* vol.115, Philadelphia, American Philosophical Society, 1971, p.131-149.

★36 Gerson-Kiwi, Edith. *Migrations and mutations of the music in East and West: Selected writing*, Telaviv, Tel Aviv University, Faculty of Visual and Performing Arts, Department of Musicology, 1980.

★37 Messner, Florian. *Die Schwebungsdiaphonie in Bistrica : Untersuchungen der mehrstimmigen Liedformen eines mittelwestbulgarischen Dorfes* (『ブリストリカの唸る複旋律：南西ブルガリア村落における多声歌謡形式の研究』), Wiener Veröffentlichungen zur Musikwissenschaft 12, Tutzing, Hans Schneider, 1980.

★38 Elschekova, Alica. "Vergleichende typologische analysen der vokalen Mehrstimmigkeit in den Karpaten und auf dem Balkan" (「カルパチアとバルカンにおける声楽多声性の比較類型学的分析」), *Stratigraphische Probleme der Volksmusik in den Karpaten und auf dem Balkan* (『カルパチアとバルカンにおける民俗音楽の層位学的諸問題』), Bratislava, Verlag der Slovakischen Akademie der Wissenschaften, 1981, p.159-256.

★39 Brambats, Karl. "The vocal drone in the Baltic countries, Problems of chronology and provenance", *Journal of Baltic Studies* vol.14, Association for the Advancement of Baltic Studies, 1983.

★40 Tallmadge, William. H. "Folk organum: A study of Origins", *American Music* vol.2, 1984, p.47-65.

★41 Nketia, J. H. Kwabena; Sadie, Stanley (editor). "Ghana", *The New Grove Dictionary of Music and Musicians* (『ニューグローヴ世界音楽大事典』) vol.9,

London, Macmillan, 2001, p.792-799.

★42 Brandl, Rudolf M. "Zum gesang der Kafiren" (「カフィールの歌謡について」), *Neue ethnomusikologische Forschungen : Festschrift Felix Hoerburger zum 60. Geburtstag am 9. Dezember 1976*, Laaber, Laaber-Verlag, 1977, p.191-207.

"Konstantinopolitanische Makamen des 19. Jahrhunderts in Neumen: Die Musik der Fanarioten", *Konzeptionen und Prinzipien der Musikproduktion*, Berlin, 1989, p.156-169.

"Universale Basis-Definitionen von Mehrstimmigkeit, Polyphonie und Heterophonie (= multiple Abläufe) aus Sicht der Vergleichenden Musikwissenschaft", *Mehrstimmigkeit und Heterophonie*, Frankfurt/M., Berlin, Bern, Bruxelles, NewYork, Oxford, Wien, 2005, p.9-35.

★43 Tsitsishvili, Nino. "Musical-Ethnographic Parallels Between the South Slavs and Georgians", *Sovietskaya Etnografia* 2, 1991, p.114-123.

"Table and Work Song Genres from Kartli-Kakheti, Eastern Georgea: Context of Performance, Musical Style, and Culture Contact", Mel-bourne, MA Thesis, Monash University, 1998.

★44 Boiko, Martin. "Traces of sutartines in Latvia", *Baltic Musicological Collection, 'Articles on musicology along the Baltic coast'* vol.4, Muzika Publisher Vilnius, 1992, p.61-81.

★45 Oliver, Emmanuelle; Fürniss, Susanne. "Pygmy and Bushman Music: A new Comparative Study", *Central Afican Hunter-Gatherers in a Multidisciplinary Perspective: Challenging Elusiveness*, Research School for Asian, African and Amerindian Studies (CNWS), Universiteit Leiden, 1999, p.117-132.

★46 Muszkalska, Bozena. "Dirty singing", *The Second International Symposium on Traditional Polyphony 2004, Tbilisi, Georgia, Proceedings* (『伝統的ポリフォニーについての国際シンポジウム第2回(2004年度)議事録』), Edited by Rusudan Tsurtsumia and Joseph Jordania, Tbilisi State Conservatory 2005, p.195-204.

★47 Grauer, Victor. *Echos of Our Forgotten Ancestors*, Berlin, Verlag für Wissenschaft und Bildung, 2006, P.5-59.

Grauer, Victor (1937-) アメリカの音楽学者、作曲家。アラン・ロマックスとともにカントメトリックスの研究に携わった。

★48 **遺伝子マーカー** ある生物個体を遺伝学的に解析する際、目印(マーカー)となるような特定のDNA、またはその配列のこと。

★49 Grauer, Victor. *Sounding the Depths: Tradition and the Voices of History*, Create Space Independent Publishing Platform, 2011, p.287.

★50 Rachuinaite-Vychinienne, Daiva. "Some Parallels Between the Lithuanian

and Ainu Vocal Polyphony" , *Materials of the 5th International Symposium for Traditional polyphony*, Edited by Rusudan Tsurtsumia and Joseph Jordania, 2012, p.290-333.

★51　Yurian, Andres. *Material for Latvian folk music*（『ラトヴィア民俗音楽資料集』全3巻より第2巻）, Riga, 1907.

★52　Tampere, Herbert. Le bouronisme et ses developments dans le chant populaire de l' Estoni de Sud.（『エストニア南部の民謡におけるブルドンとその発達』）, Tartu, K. Mattiseni Turukikoda, 1938, p.1-8.　または『ニューグローヴ世界音楽大事典』第14巻361頁参照。ここには譜例も入っている。

★53　Gippius, Evgeni V. *Pesni Pineshiya*（『ピネガ地方の民謡』）, Moskva, 1937.

★54　Arets, Izabel. "The polyphonic chant in South America", *Journal of the International Folk Music Council* vol.19, International Council for Traditional Music, 1967, p.49-53.

★55　Rappaport, Dana. "Chanter sans être ensembles: des musiques juxtaposées pour un public invisible（「合わせずに歌う：見えない聴衆のための音楽」）", *L' Homme* vol.39, 1997, P.143-162.

★56　Kaeppler, Adrienne. "Tongan musical genres in ethnoscientific and ethnohistoric perspective" , paper presented at the 17th Annual Meeting of the Society for Ethnomusicology, Toronto, Canada, 1972.

★57　Laade, Wolfgang. "Corsica" , *The Garland Encyclopedia of World Music* vol.8, Edited by Timothy Rice; James Porter; Chris Goertzen, NewYork, Garland Publishing, 2000, p. 569.

★58　**シュメール人**　紀元前3000年紀にメソポタミア南部ユーフラテス川下流地方に住んだバビロニアの先住民で、世界最初の都市文明を形成し、楔形文字を初めて使用した。

■第3章　人類の歌唱の起源

★1　Dissanayake, Ellen. "Antecedents of the temporal arts in early mother-infant interaction", *The Origins of Music*, Cambridge, The MIT Press, 1999. p. 389-410.

★2　Miller, Geoffrey. "Evolution of human music through sexual selection" , 前掲書, p.329-360.

★3　1866年のパリ言語学会（La Société de linguistique）において、学術的会議では言語の起源に関する議論は扱わないことが議決された。

★4　**脳の古層**　ヒトの脳の聴覚を司る部分は、大脳の側頭葉の中でも、脳の最も深いところに位置している。

★5　**「A（イ）音」の音程で泣く**　生まれたばかりの健康な新生児は、地域を問わずほとんど反射的に産声をあげるが、面白いことにその音の高さは、楽器のチュー

ニングの国際規格である［A= ラ］の音程に一致している。

★6　**Pythagoras**（B.C.582 または 571-500 または 496）　ギリシャのサモス島生まれの哲学者・数学者・宗教家。「ピタゴラスの定理」の発見や、純正 5 度を重ねて作る「ピタゴラス音階」で知られる。

★7　**Helmholtz, Hermann Ludwig Ferdinand von**（1821-94）ドイツの物理学者・生理学者・解剖学者。

★8　**Platon**（B.C.427-347 頃）　古代ギリシャの哲学者。『国家論』で、音楽の本質と用途について語った。

★9　**Aristoteles**（B.C. 384-322）　古代ギリシャの哲学者、プラトンの弟子。

★10　**Aristoxenus**（B.C.374 頃 - 没年不詳）　ピタゴラス派の哲学者。著書『ハルモニアの原理』で知られ、音階音は数学的な比率ではなく、耳によって決めるべきだという経験論的な立場を主張した。

★11　**Epicurus**（B.C.341 頃 -270 頃）快楽主義で知られる古代ギリシャの哲学者。

★12　**Phylodemus**（B.C. 1 世紀頃）古代ローマのエピクロス派の哲学者。フィロデモスによれば、音楽は理性とは無縁なもので、快さはあっても、魂には全く影響を与えないものである。(『ニューグローヴ世界音楽大事典』第 19 巻 p.600 および 第 6 巻 p.875 参照)

★13　**Rameau, Jean-Philippe**（1683-1764）　ルイ 14 世・15 世の時代、いわゆるフランス古典音楽期を代表する作曲家・音楽理論家。主著に *Traité d' L 'Harmonie*（『和声論』）, Paris, Ballard, 1722 がある。

★14　**Rousseau, Jean-Jacques**(1712-78)　フランスの思想家・作曲家。有名な「ブフォン論争」で旋律的なイタリア音楽を賞賛し、ラモーらのフランス音楽を批判した。

★15　**Gardiner, William**（1769-1853）　イギリスのアマチュアの作曲家。ベートーヴェンやハイドンの紹介に努めた。その熱心な音楽愛好ぶりによって、彼自身もまた敬愛を集めた。

★16　**Spencer, Herbert**（1820-1903）　イギリスの哲学者・社会学者、進化論的哲学の樹立者。

★17　Wallaschek, Richard."On the origin of music", Mind vol.16, 1891, p.375-386.
Wallaschek, Richard(1860-1917)　オーストリアの音楽学者、ウィーン大学教授。音楽美学や音楽心理学を講じた。音楽の「リズム衝動起源説」の提唱で知られる。

★18　Jespersen, Otto. *Progress in language, Amsterdam*, John Benjamins Publishing, 1983 [1895].
Jespersen, Otto（1860-1943）　デンマークの言語学者。

★19　Newman, Ernst. *Gluck and the Opera*, London, 1985.
Newman, Ernst（1868-1959）　イギリスの音楽評論家。

★20　Stumpf, Carl. *Die Anfänge der Music*, Leipzig, 1911. [Russian edition, Leningrad, 1926]

Stumpf, Carl (1848-1936)　ドイツの音響学者・音楽学者。1900 年に弟子のホルンボステルとともにベルリン大学にフォノグラム・アルヒーフを設立し、発明間もない蓄音機を使って非西欧の音楽研究を始めた。*Die Anfänge der Musik*(『音楽の始原』) によって、「比較音楽学」の始祖となった。

★21 Bücher, Karl, *Arbeit und Rhythmus* (『労働とリズム』), Leipzig, Reinicke, 1919. 邦訳 : 高山洋吉訳『作業歌　労働とリズム』刀江書院 (1970)

★22 Yavorsky, Boleslav. *Main elements of Music* (Основные элементы музыки) Moscow, 1923.

Yavorsky, Boleslav (1877-1942)　ロシアの音楽学者、モスクワ音楽院教授。

★23 Asafiev, Boris. *Musical form as a process* (2nd edition), (Асафьев , Борис . Музыкальная форма как процесс), Leningrad, Muzika, 1971[1930].

Asafiev, Boris (1884-1949)　ロシアでもっとも尊敬されている音楽学者・アカデミー会員。

★24 Sachs, Curt. *The rise of music in the ancient world*, NewYork, 1943.　邦訳: 皆川達夫他訳『音楽の起源』音楽之友社 (1969)

The wellspring of music: an Introduction to Ethnomusicology, 1962.　邦訳: 福田昌作訳『音楽の源泉』音楽之友社 (1970)

★25 Nettl, Bruno. *Music in primitive culture*, Cambridge, Harvard University Press, 1956.

★26 **アウストラロピテクス**　1924 年に最初に発見された人類の古い先祖と思われるアウストラロピテクス属 (Australopithecus) の猿人。主として更新世前期 (約 100-300 万年前) に生存していた。

★27 Wescott, Roger. “Linguistic iconism”, *Language* vol.47, 1971, p.416-428.

★28 Kharlap, Miron G. “Russian folk musical system and the problem of origins of music”, *Early forms of the art*, Edited by Eleazar M. Meletinski, Moscow, 1972. p.221.

★29 Fonagy, Ivan. “Emotions, Voice and Music”, *Research Aspects on Singing* No.33, 1981, p.51-79.

★30 Livingstone, Frank B. “Did the australopithecines sing?” , *Current Anthropology* vol.14, University of Chicago Press, 1973, p.25-29.

★31 Livingstone, Frank B. “Evolutionary theory and the evolution of language”, *Glosso-genetics: The origin and evolution of language* (Models of scientific thought), Edited by Eric de Grolier, Switzerland, Harwood Academic Publishers, 1983, p.163-193.

★ 32 Juan, Roederer. “The Search for a survival value of music”, *Music Perception: An Interdisciplinary Journal* vol.1, No.3, University of California Press, 1984, p. 350-56.

★33 Zemtsovsky, Izaly. “The problem of the musical dialogue: Antiphony and

Diaphony" , *Problems of folk polyphony*, Edited by Joseph Jordania, Tbilisi, Georgian Musical Society Press, 1986. p.9-11.

★34 Ivanov, Viacheslav Vs. "Neuro-semiotic approach to the origin of musical tradition" , *Problems of genesis and early forms of musical culture, extended abstracts of the conference, held in Dilijan*, Armenia, 1986, p.38-40. Erevan, Armenian Academy of Sciences (In Russian), 1986, p.29-30.

★35 Demirkhanian, Aramazd R.; Frolov, Boris A. "Establishment of the early forms of musical culture in an ancient society" , 前掲書 , p.29-30.

★36 Brown, James C.; Greenhood, Willam. "Paternity, jokes, and song: A possible evolutionary scenario for the origin of language and mind" , *Journal of social and biological structures* vol.14, 1991, p.255-309.

★37 Wallin, Nils. *Biomusicology: Neurophysiological, neuropsychological and evolutionary perspectives on the origins and purposes of music*, Bedford-Stuyvesant, NewYork, Pendragon Press, 1991.

★38 Levman, Bryan G. "The genesis of music and language" , *Ethnomusicology*, Spring / Summer, 1992, p.147-170.

★39 Richman, Bruce. "On the evolution of speech: singing the middle term" , *Current Anthropology* vol.34, 1993, p.721-722.

★40 Barrow, John D. *The artful universe*, Oxford, The Clarendon Press, 1995. (2nd edition: Oxford University Press, 2005)　邦訳 : 桃井緑美子訳『美しい宇宙』（1・2）青土社 (2010)

★41 Sperber, Dan. *Expanding Culture : A Naturalistic Approach, Oxford, Black well*, 1996.　邦訳 : 菅野盾樹訳『表象は感染する――文化への自然主義的アプローチ』新曜社 (2001)

★42 Pinker, Steven. *How the mind works*, NewYork, W.W. Norton & Company, 1997. 邦訳 : 山下篤子訳『心の仕組み』（上・中・下）NHK ブックス (2003)

★43 Kogan, Nathan. "Reflections on Aesthetics and Evolution" *Critical Review*, vol.11, 1997.

★ 44 Miller, Geoffrey. "Evolution of human music through sexual selection", *The Origins of Music*, Edited by Nils Wallin; Björn Merker; Steven Brown, Cambridge, The MIT Press, 1999, p.329-360.　邦訳 : 山本聡訳『音楽の起源』人間と歴史社 (2013)

★45 Mâche François-Bernard. "The necessity of and problems with a universal musicology" , 前掲書 , p.473-479.

★46 Merker, Björn. "Synchronous chorusing and human origins", 前掲書 , p.315-328.

★47 Brown, Steven. "The Musilanguage model of human evolution" , 前掲書 , p.271-300.

★48 Brown, Steven. "Contagious heterophony: A new theory about the origins of music" , *The First International Symposium on Traditional Polyphony 2002*, Edited by Rusuda Tsurtsumia; Joseph Jordania, Tbilisi State Conservatory, 2003, p.54-78.

★49 **ミラーニューロン mirror neuron** 自分が行動するときと、他の個体が行動するのを観察しているときとで同じ反応を示す神経細胞組織。たとえば、あるサルがリンゴを取ろうとして自分の手を動かすときと、他のサルがリンゴを取ろうとして手を動かすのを見ているときでは、サルの脳の同じ神経細胞部位が活動する。このことから、この神経細胞部位を"鏡(ミラー)"ニューロンと呼ぶ。1996年にマカクザルの脳から発見されて以来、神経科学におけるもっとも重要な発見の一つとして知られ、人間の発達段階での模倣や、言語の獲得能力、また共感能力などに重要な役割を持つと考えられている。

★50 Geismann, Thomas. "Gibbon songs and human music from an evolutionary perspective", *The Origins of Music*, Edited by Nils Wallin; Björn Merker; Steven Brown, Cambridge, The MIT Press, 1999, p.103-124. 邦訳:山本聡訳『音楽の起源』人間と歴史社 (2013)

★51 Marler, Peter. "Origins of speech and music : insights from animals", 前掲書, p. 49-64.

★52 Molino, Jean. "Toward an Evolutionary Theory of Music and Language", 前掲書, p.165-176.

★53 Cross, Ian. "Music, Cognition, Culture, and Evolution", *Annals of the New York Academy of Sciences*, The New York Academy of Sciences, 2001, p.28-42.

"The origins of music: Some stipulations on theory", *Music Perception* vol.24, An Interdisciplinary Journal, 2006, p.79-82.

★54 Benzon, William. *Beethoven' s Anvil: Music in mind and culture*, the United States, Basic Books 2001. 邦訳:西田美緒子訳『音楽する脳』角川書店(2005)

★55 Hagen, Edward; Bryant, Gregory. "Music and dance as a coalition signaling system", *Human Nature* vol.14, 2003, p.21-51.

★56 Peretz, Isabelle. "Brain specialization for music: New evidence from congenital amusia", *The Cognitive Neuroscience of Music*, Edited by Isabelle Peretz; R. Zatorre, 2003, p.247-268.

★57 McDermott, Josh; Hauser, Marc. "The evolution of the music faculty: a comparative perspective" , *Nature Neuroscience* vol.6, 2003, p.663-668.

★58 Dunbar, Robin. *The human story*, London, I. M. Faber and Faber, 2004.

★59 Mithen, Steven. *The Singing Neanderthals: The Origins of Music, Language, Mind and Body*, London, Weidenfeld & Nicolson Ltd, 2005. 邦訳:熊谷淳子訳『歌うネアンデルタール——音楽と言語から見るヒトの進化』早川書房(2006)

同著者の邦訳書に、松浦俊輔・牧野美佐緒訳『心の先史時代』青土社（1998）がある。

★60 Justus, Timothy; Hutsler, Jeffrey. "Fundamental issues in the evolutionary psychology of music: Assessing innateness and domain specificity" , *Music Perception*, University of California Press, 2005, p.1-27.

★61 Fitch, Tecumseh. "The biology and evolution of music: a comparative perspective" , *Cognition*, 2006, P.173-215.

★62 Huron, David. *Sweet Anticipation: Music and the Psychology of Expectation*, Cambridge, Massachusetts, The MIT Press, 2006, p.512.

★63 Jarvis, Eric. "Computational Inference of Neural Information Flow Networks" , *PLOS Computational Biology*, 2006.

★64 Levitin, Daniel. The World in Six Songs: How the Musical Brain Created Human Nature, the United States , Dutton Penguin and Canada, Viking Penguin, 2008. 邦訳：山形浩生訳『「歌」を語る――神経科学から見た音楽・脳・思考・文化』P-Vine Books（2010）

★65 Livingstone, Steven R.; Thompson, William F. "The emergence of music from the Theory of Mind" , *Musicae Scientiae, 2009-2010 Special Issue "Music and Evolution"* , p.83-115.

★66 Rinaldi, Andrea. "Speak to me, melody" , 2009. 以下のURLを参照。http://www.ncbi.nlm.nih.gov/pmc/articles/PMC2799200/（2017年3月現在）

★67 Perlovsky, Leonid . "Music. Cognitive Function, Origin, And Evolution of Musical Emotions" , 2011. 以下のURLを参照。http://www.webmedcentral.com/article_view/1494（2017年3月現在）

★68 Catchpole, Clive K.; Slater, J. B. Peter. *Bird Song: Biological Themes and Variations*, Cambridge University Press, 1995, p.76-78.

★69 Goodall, Jane. *The chimpanzees of Gombe: Patterns of behavior*, Cambridge, The Belknap Press of Harvard University Press, 1986.

★70 Kortlandt, Adriaan. "Marginal habitats of chimpanzees" , *Journal of Human Evolution*, Journal of Human Evolution Editorial Board, 1983, p.231-278.
同著者の邦訳に、杉山幸丸訳『人類の出現』思索社（1974 ）がある。

★71 Heinrich, Berndt. *Why We Run: A Natural History*, Ecco, 2002. 邦訳：鈴木豊雄訳『人はなぜ走るのか』清流出版（2006）
Heinrich, Berndt（1940-） アメリカの動物行動学者。バーモント大学教授を務める。著書多数。

★72 Langdon, John. *The Human Strategy: An Evolutionary Perspective on Human Anatomy*, NewYork, Oxford, Oxford University Press, 2005.

★73 **オッカムの剃刀** ある事柄を説明するために、必然性なしに多くの仮説を立てるべきではない、という原則。中世イギリスのスコラ哲学者オッカムが議論で多

用したため、この名がついた。

★74 Estreicher, Zygmund. *Le rythme des Peuls Bororo,* Congrès et colloques de l' Université de Liège v.29, French, Université de Liège, 1964, p.185-228.

★75 Pieslak, Jonathan. *Sound Targets: American Soldiers and Music in the Iraq War*, Bloomington and Indianapolis, Indiana University Press, 2009.

★76 **Durkheim, Emile** (1858-1917) フランスの社会学者。個々人の心意に還元できない社会的事実を社会学の対象とすることによって、社会学の客観的方法を確立。M.ウェーバーと共に現代社会学を定立した。

★77 Binford, Louis R. "Human ancestors : Changing views of their behavior", *Journal of Anthropological Archaeology* vol.3, 1986, p.235-257.

★78 Blumenschine, J.Robert. *Early hominid scavenging opportunities: Implications of carcass availability in the Serengeti and Ngorongoro ecosystems*, Oxford, England: B.A.R, 1986.

★79 Livingstone, Frank B. "Did the australopithecines sing?", *Current Anthropology* vol.4, 1973. p.25-29.

★80 Chaplin, George; Jablonski, N. G. "Physiology, thermoregulation and bipedalism", *Journal of Human Evolution* vol.27, 1994, p.497-510.

★81 Morris, Desmond. *The Naked Man : A Study of the Male Body*, London, Jonathan Cape, 2008, p.21.

★82 McBrearty, S.; Brooks, A. "The revolution that was not : A new interpretation of the origin of modern human behavior", *Journal of Human Evolution* vol.39, 2000, p.453-563.

★83 Morris, Desmond. *The Naked Man: A Study of the Male Body*, London, Jonathan Cape, 2008, p. 92.

★84 Holloway, L. Ralph. "Human brain evolution : A search for units, models, and syntheses", *Canadian Journal of Anthropology* vol.3, 1983, p.215-30.

★85 Wrangham, Richard. "The Cooking Enigma", *Evolution of the Human Diet: The Known, the Unknown, and the Unknowable*, Edited by Peter S. Ungar, Oxford, Oxford University Press, 2006, p.308-323.

★86 Lucas, Peter. "Cooking clue to human dietary diversity", 2011. 以下のURLを参照。http://www.pnas.org/content/108/48/19101.extract (2017年3月現在)

★87 **ボノボのカンジ** 1980年に米ジョージア州立大学言語研究所でボノボに言葉を教えるプロジェクトがスー・サベージ・ランボー博士らにより行われており、カンジとその妹のパンバニーシャという2頭のボノボは、英語を文法もふくめ理解することが確認された。

★88 Calvin, H. William. "Did throwing stones shape hominid brain evolution?", *Ethology and Sociobiology* vol.3, 1982, p.115-124.

★89 Miller, Geoffrey. "Evolution of human music through sexual selection" ,The

Origins of Music, Edited by Nils Wallin; Björn Merker; Steven Brown, Cambridge, The MIT Press, 1999, p. 331.　邦訳：山本聡訳『音楽の起源』人間と歴史社（2013）
★90 ライオンの進化の２つのモデルについては、それぞれ下記の論文を参照されたい。
・多地域進化モデル
Hemmer, Helmut. *Untersuchungen zur Stammesgeschichte der Pantherkatzen (Pantherinae) 3 Zur Artgeschichte des Löwen Panthera (Panthera) leo (Linnaeus 1758)*, Veröffentlichungen der Zoologischen Staatssammlung München, Bd. 17, München 1974, p.167–280.
・単一起源モデル
Yamaguchi, Nobuyuki; Cooper, Alan; Werdelin, Lars; Macdonald, David W. "Evolution of the mane and group-living in the lion (Panthera leo): a review", *Journal of Zoology* vol.263, 2004, p.329–342.
また、下記の論文では上記の２つの説がともに論じられている。
Barnett, Ross; Nobuyuki, Yamaguchi; Barnes, Ian; Cooper, Alan. "The origin, current diversity and future conservation of the modern lion (Panthera leo)", *Proceedings: Biological Sciences* vol.273(1598), 2006, p.2119-2125.
この論文は下記のWebサイトでも閲覧することができる。http://www.ncbi.nlm.nih.gov/pmc/articles/PMC1635511/（2017年３月現在）
★91 McNeill, William. *Keeping together in time: Dance and drill in Human History*, Cambridge, Harvard University Press, 1995.
★92 Corbett, Jim. *Man-Eaters of Kumaon*, Oxford University Press, 2003(1944).
★93 White, Tim D. "Once Were Cannibals", *Scientific American*, 2001, p.58-65.
★94 Taylor, Orlandol. "Communication and communication disorders", *An Introduction to communications sciences and disorders*, Edited by F. M. Minifie, San-Diego, CA, 1994.
★95 Arens, William. *The Man-Eating Myth: Anthropology and Anthropophagy*, Oxford University Press, 1979.
★96 **Vogt, C.Carl**（1817-1895）　スイスの動物学者。
★97 Roach, John. "Cannibalism normal for early humans ?", *National Geographic News*, April 10, 2003.
★98 **大型ネコ科の仲間**　大型ネコ科にはライオンやトラ、ヒョウ、ジャガー、チーターなどがいる。肉食によく適応した哺乳類で、彼らはいずれも眼点を持っている。
★99 アドレナリン、オキシトシン、エンドルフィンはいずれも脳内で分泌される神経伝達物質。アドレナリンは副腎髄質より分泌されるホルモンで、動物が敵から身を守る、あるいは獲物を捕食する必要にせまられた場合などに、ストレスに対する反応を全身の器官に引き起こす。オキシトシンが分泌されると安心感や信頼感が生まれ、親子の間に強い絆ができる。人が他人を信用したり愛したりする

時には、脳内でオキシトシンが分泌されていると言われている。オキシトシンはヒト以外の犬や猿、ネズミなどの脳内でも分泌されている。エンドルフィンは「体内で分泌されるモルヒネ」の意味で、多幸感をもたらすと考えられている。

★100 **Titon, Jeff Todd** (1943-) ブラウン大学教授。主著に *A Musical and Cultural Analysis and Powerhouse for God* , University of Texas Press, 1988 など。

★101 Darwin, Charles. *The Descent of Man and Selection in Relation to Sex*, New York, Penguin Books, 2004[1871], p.123. 邦訳：長谷川眞理子訳『人間の進化と性淘汰』(I・II) 文一総合出版 (1999-2000) I 巻 72 頁

■第4章　誰が最初の質問を発したのか？

★1 Cruttenden, Alan. *Intonation*, Cambridge University Press, 1986, p.171.

★2 例えば、Krantz, Grover. "Sapienization and speech", *Current Anthropology* vol. 21, p.773-792. Byrne Richard. *The Thinking Ape: Evolutionary origins of intelligence*, Oxford, Oxford university Press, 1995. Armstrong, David; Stokoe, William; Wilcox, Sherman. *Gesture and nature of language*, Cambridge, Cambridge University Press, 1995.

★3 Zemtsovsky, Izaly. "Dialogue musicale" , *Cahiers de musiques traditionelles* vol.6, Geneve, Polyphonies, 1993, p.23-37.

★4 Rumbaugh, Duane M.; Savage-Rumbaugh, E. Sue; Sevick, Rose A. "Biobehavioural roots of language: A comparative perspective of chimpanzee child and culture" , Chimpanzee Culture. Edited by R. W. Wrangham, W. C. McGrew, F. de Waal, and P. G. Heltne, Cambridge, Harvard University Press, 1994. p.321

★5 Savage-Rumbaugh, E. Sue; Murphy, J.; Sevick, Rose A.; Brakke, Karen E.; Williams, Shelly L.; Rumbaugh, Duane M. "Language comprehension in ape and child", *Monography of the Society for research in child development* No.233, vol.58, 1993, p.109

★6 **ウォーショウとニム** ウォーショウ (雌) は 1965 年から 2007 年、ニム (雄) は 1973 年から 2000 年まで生存。ウォーショウはおよそ 350 ほどのサイン言語を学習し、自分が教えられたのと同じ方法で他のチンパンジーにも教え、数頭のチンパンジーは 150 かそれ以上の単語を覚えたと記録されている。

★7 Premack, David; Premack, Ann J. "Teaching language to an ape" , *The emergence of language development and evolution, Readings from Scientific American Magazine*, Edited by William S. Y. Wang, 1991, P.20-21.

★8 Premack, David; Premack, Ann J. *The mind of an ape*, NewYork, London: W.W. Norton & Company, 1983, P.29.

★9 Gardner, R.A.; Gardner, B.T. "Teaching Sign Language to a Chimpanzee", *Science* vol.165, 1969, p.664-672.

★10　Theory of Mind（心の理論）とは、ヒトや類人猿などが、他者の心の動きを類推したり、他者が自分とは違う信念を持っているということを理解したりする機能のこと。類似の概念は古くから断片的に想定されていたが、心の理論と言う用語は1978年にデビッド・プレマックとガイ・ウッドラフによる論文 "Does the chimpanzee have a theory of mind?" において初めて使用され、体系化された。

★11　Goodall, Jane. *The chimpanzees of Gombe: Patterns of behavior*, Cambridge, The Belknap Press of Harvard University Press, 1986, p.134.

★12　Bickerton, Derek. *Roots of language*, Ann Arbor Michigan, Karoma Publishers, 1981.　邦訳：筧 寿雄訳『言語のルーツ』大修館書店（1985）

★13　**Chomsky, Noam**（1928-）アメリカの言語学者・思想家。赤ん坊がごく僅かな時期に母語の複雑な文法規則を完璧に身につけてしまうことから、種としての人間が固有に持っている言語能力は普遍的で、生得的に人間の脳に組み込まれていると考える。チョムスキーの文法記述のモデルは一般に「生成文法」と呼ばれ、人間の普遍的な言語能力と個別言語に見られる多様性の両方を説明しようとしている。

★14　Hewes, Gordon W. "Primate communication and the gestural origin of language", *Current Anthropology* vol.14, The University of Chicago Press, 1973, p.5-24

★15　**Morse, Samuel Finley Breese**（1791-1872）　アメリカの画家、発明家。

★16　**Vail, Alfred Louis**（1805-1859）　アメリカの技術者。

★17　Brown, Steven. *The Origins of Music*, Cambridge, The MIT Press, 1999, p.271-300.

Brown, Steven　スウェーデン・カロリンスカ研究所、治療神経科学研究所所属、音楽人類学者。

★18　Cowan, George. "Mazateco whistle speech", *Language* vol.24, Linguistic Society of America, 1948, p.280-286.

★19　Abramson, Arthur S. "The Plausibility of Phonetic Explanations of Tonogenesis", 2004.　以下のURLを参照。http://www.haskins.yale.edu/Reprints/HL1336.pdf（2017年3月現在）

■第5章　人類はいつ分節した発話に転じたか？

★1　**グルジアにおける初期人類の存在**　1999年にグルジアのドマニシで見つかった180万年前の原人（学名ホモ・ゲオルギクス）。ホモ・ハビリスの子孫でホモ・エレクトゥスの先祖に当たると考えられている。

★2　Stopa, Roman. "Clicks, their form, function and their transformation: or How our ancestors were sticulating, clicking, and crying", *Current Anthropology* vol.14, The University of Chicago Press, 1973.

★3　Krantz, Grover. "Sapienization and speech", *Current Anthropology* vol.21, The University of Chicago Press, 1980. p.773-792.

★4　**Walpoff, Milford H.** (1942-)　先史人類学者、ミシガン大学人類学教授。

★5　**Cavalli-Sforza, Luigi L.** (1922-)　イタリアの遺伝学者。特にヒトの遺伝学的性質と人類集団の歴史に関する先駆的研究で知られる。

★6　Templeton, Alan R. “The Eve” hypothesis: A genetic critique reanalysis”, *American Anthropologist* vol.95, 1993, p.51-72.
多地域進化説では、人類の起源を200万年前のアフリカとし、そこから東アジア、南アジア、西アジア、オーストラリア、ヨーロッパに拡散して、各地で人類がさらに進化していったものとしている。最近のアフリカ起源モデルでは、人類は10万年から20万年前にアフリカを出たものとされ、この説は分子生物学的に支持されているが、テンプルトンはこの考えを批判している。

★7　Weidenreich, Franz. “The “Neanderthal Man” and the ancestors of “Homo Sapiens”” , *American Anthropologist* vol.45, American Anthropological Association, 1943. p.39-48.

★8　West, Robert; S. Nelson,; M. Berry. “The heredity of stuttering” , *Quarterly Journal of Speech* vol.25, the United States, the National Communication Association, 1939. p.23-30

★9　Bloodstein, Oliver. *A handbook on stuttering* [5th edition], San Diego, Singular Publishing Group, Inc., 1995, p.140-141.

★10　Hunt, James. *Stammering and stuttering: Their nature and treatment*, New York, Hafner, 1967 [1861].

★11　Johnson, Wendell. “The Indians have no word for it: Stuttering in Children” , *Quarterly Journal of Speech* vol.30, the United States, the National Communication Association, 1944. p.330-337

★12　Snidecor, John. “Why the Indians does not stutter”, Quarterly Journal of Speech vol.33, the United States, the National Communication Association, 1947, p.493-95.

★13　Cooper, Eugine B.; Cooper, Crystal S. “Fluency disorders” , *Communication disorders in multicultural populations*, Edited by Dolores E. Battle, Mosby, 1993, p.197.

★14　Morgenstern, John J. “Psychological and social factors in children' s stammering”, PhD. Dissertation, University of Edinburgh, 1953.

★15　Reese, Sheree; Jordania, Joseph. “Stuttering in the Chinese population in some South-East Asian countries: A Preliminary investigation on attitude and Incidence” , 2001.　以下のURLを参照。https://www.mnsu.edu/comdis/isad4/papers/reese2.html (2017年3月現在)

★16　**Shklovsky, Viktor** (1928-)　モスクワ大学医学部教授。専門は神経機能回復学、心理療法学、神経障害学。言語病理学者としてカザフ人の吃音発症率の予備調査を行った。2009年、医学における先進分野の開発に対し国家賞を授与された。

★17　**宇野 彰**　筑波大学人間総合科学科教授、認知神経心理学専攻、失語症などに関する論文・著作多数。公式ホームページは以下の URL 参照。http://unoakiralab.web.fc2.com/index.html（2017 年 3 月現在）

★18　Makita, Kiyoshi. “The rarity of reading disability in Japanese Children” , *American Journal of Orthopsychiatry* vol.38, 1968, p.599-614.
牧田清志（1915-2007）慶応大学医学部教授、東海大学医学部特任教授。日本図書センター刊『子ども精神衛生講座』全 15 巻（2008）を編纂。ジャズ評論家、牧芳雄としても知られた。

★19　Flores D’ Arcais; Giovanni B. “Graphemic, phonological, and semantic activation processes during the recognition of Chinese Characters” , *Language processing in Chinese*, Edited by Hsuan-Chih Chen; Ovid J.L. Tzeng, Nortn Holland, Elsevier Science Publishers B.V., 1992, p.37-66.

★20　Menyuk, Paula. “The role of distinctive features in children’ s acquisition of phonology” , *Journal of Speech and Hearing Reserch* vol.11, American Speech-Language-Hearing Association, 1968, p.138-146.

★21　Nakajima, Sei. “Comparative study of the speech development of Japanese and American English in childhood” , *Studia Phonologica* vol.3, 1962, p.27-39.
この論文は京都大学学術情報リポジトリ（http://repository.kulib.kyoto-u.ac.jp/dspace/）で閲覧することが出来る（2017 年 3 月現在）。

★22　So, Lydia K.H.; Dodd, Barbara. “The acquisition of phonology by Cantonese-speaking children” , *Journal of Child Language* vol.22(3), 1995, p473-495.

★23　Hull, Clark Leonard. *Hypnosis and Suggestibility: An Experimental Approach*, Crown House Pub Ltd, 1933.
Hull, Clark（1884–1952）アメリカの心理学者。

■まとめ　人類の進化と歌唱行動の歴史

★ 1　**Wallace, Alfred R.**（1823-1913）イギリスの博物学者・生物学者・人類学者・地理学者。19 世紀の進化理論家の一人。ダーウィンと同時期に独自に自然選択説を導き出し、共同発見者としてダーウィンの自然選択の理論の公表を促した。

★ 2　Paulton, Edward. *The Colours of Animals*, Kegan Paul, Trench & Trübner, 1890.

★ 3　**ベイツ擬態 Batesian mimicry**　実際には毒をもっていないのに、外見などを毒を持っている他の生物に似せて、天敵からの補食を逃れるようなケースをいう。→★ 7

★ 4　Darwin, Charles. *The Descent of Man and Selection in Relation to Sex*, New York, Penguin Books, 2004[1871], p.589-90.　邦訳：長谷川眞理子訳『人間の進化と性淘汰』（I・II）文一総合出版（1999-2000）II 巻 p.360

★ 5　前掲書 , p. 643.　邦訳：同上　p.411

★ 6　Ruxton, Graeme D.; Sherratt, Thomas N.; Speed, Michael P. *Avoiding attack: The evolutionary ecology of crypsis, warning signals, and mimicry*, Oxford University Press, 2004.

★ 7　**Bates, Henry W.**(1825-92)　イギリスの昆虫学者・博物学者。ウォレスとダーウィンの自然選択による進化論を支えた著名な博物学者の一人。「ベイツ擬態」によって知られている。

★ 8　Darwin, Charles. *The Descent of Man and Selection in Relation to Sex*, New York, Penguin Books, 2004[1871], p.454.　邦訳：長谷川眞理子訳『人間の進化と性淘汰』（I・II）文一総合出版（1999-2000）II 巻 p.222

★ 9　Zahavi, Amotz. *The handicap principle: a missing piece of Darwin' s puzzle*, Oxford University Press, 1997.　邦訳：大貫昌子訳『生物進化とハンディキャップ原理——性選択と利他行動の謎を解く』白揚社（2001）

★10　Petri, Marion; Halliday, Tim; Sanders, Carolyn. "Peahens prefer peacocks with elaborate trains" , Brain and Behaviour Research Group, Department of Biology, The Open University, Milton Keynes, U.K. vol.41, 1991, p.323-331.

★11　Barret, Louise. *Beyond the Brain: How Body and Environment Shape Animal and Human Minds*, Princeton University Press, 2011.

★12　Darwin, Charles. *The Descent of Man and Selection in Relation to Sex*, New York, Penguin Books, 2004[1871], p.444　邦訳：長谷川眞理子訳『人間の進化と性淘汰』（I・II）文一総合出版（1999-2000）II 巻 p.213

★13　前掲書 , p.557.　邦訳：同上　p.326

★14　Sacks, Oliver. *Musicophilia: Tales of Music and the Brain*, 2007.　邦訳：大田直子訳『音楽嗜好症——脳神経科医と音楽に憑かれた人々』早川書房（2010）
Sacks, Oliver（1933-2015）　ニューヨーク大学医学部神経学教授、精神科医。代表作『レナードの朝』は映画化されアカデミー賞を受賞した。

著者紹介　ジョーゼフ・ジョルダーニア　Joseph Jordania

1954年にグルジア共和国に生まれる。1987年にトビリシ音楽院を卒業後、同音楽院大学院民族音楽学科の博士号を取得。トビリシで2002年に開催された「伝統的ポリフォニーに関する第一回国際シンポジウム」、およびユネスコと日本政府の助成を受けた「国際伝統ポリフォニー研究センター」の組織・設立にも携わり、現在所長を務めている。これらの功績と、2006年に出版された『誰が最初の質問を発したか？ 人類の合唱歌唱、知性、言語、発話の起源』によって、2009年に「小泉文夫音楽賞」を受賞。現在はオーストラリアのメルボルン大学教授を務めながら、多数の論文・著作を発表している。上記の主著ののほか、近著に、Tigers, Lions and Humans: History of Rivalry, Conflict, Reverence and Love (Logos, 2014)、Choral Singing in Human Culture and Evolution (Lambert Academic Publishers, 2015) などがある。

訳者略歴　森田 稔

1935年に満州国奉天市（現中国瀋陽市）に生まれる。東京外国語大学ロシア語科、東京藝術大学楽理科を卒業後、東京都立高校教諭、弘前大学講師、宮城教育大学助教授、教授などを経て、現在は宮城教育大学名誉教授。旧ソヴィエト連邦諸民族の民俗音楽研究の基礎を築いたの長年の功績が認められ、2015年春の叙勲で瑞宝中綬章を受章する。主著に『新チャイコフスキー考 没後一〇〇年によせて』（日本放送出版協会 1993）、『ロシア音楽の魅力 グリンカ・ムソルグスキー・チャイコフスキー』（東洋書店 2008）、訳書にフランシス・マース『ロシア音楽史』（春秋社 2006）などがある。

人間はなぜ歌うのか？
人類の進化における「うた」の起源

二〇一七年四月一八日　初版発行

著　者　ジョーゼフ・ジョルダーニア
訳　者　森田 稔
発行人　秋山 晃男
発行所　株式会社アルク出版企画
東京都千代田区神田神保町一―四四
竹本ビル二階
電話 〇三―五五七七―六一三一
http://www.arcpublishing.co.jp/

装　幀　小林 哲也
印刷所　シナノ印刷株式会社

ISBN978-4-901213-59-2　C1073